6,90€

ACCESO GRATIS *a la Lectura en la Nube + Actualizaciones*

Para visualizar el libro electrónico en la nube de lectura envíe junto a su nombre y apellidos una fotografía del código de barras situado en la contraportada del libro y otra del ticket de compra a la dirección:

ebooktirant@tirant.com

En un máximo de 72 horas laborables le enviaremos el código de acceso con sus instrucciones.

La visualización del libro en **NUBE DE LECTURA** excluye los usos bibliotecarios y públicos que puedan poner el archivo electrónico a disposición de una comunidad de lectores. Se permite tan solo un uso individual y privado.

Ley de la Jurisdicción Social

COMITÉ CIENTÍFICO DE LA EDITORIAL TIRANT LO BLANCH

María José Añón Roig
Catedrática de Filosofía del Derecho de la Universidad de Valencia

Ana Cañizares Laso
Catedrática de Derecho Civil de la Universidad de Málaga

Jorge A. Cerdio Herrán
Catedrático de Teoría y Filosofía de Derecho. Instituto Tecnológico Autónomo de México

José Ramón Cossío Díaz
Ministro en retiro de la Suprema Corte de Justicia de la Nación y miembro de El Colegio Nacional

María Luisa Cuerda Arnau
Catedrática de Derecho Penal de la Universidad Jaume I de Castellón

Manuel Díaz Martínez
Catedrático de Derecho Procesal de la UNED

Carmen Domínguez Hidalgo
Catedrática de Derecho Civil de la Pontificia Universidad Católica de Chile

Eduardo Ferrer Mac-Gregor Poisot
Juez de la Corte Interamericana de Derechos Humanos Investigador del Instituto de Investigaciones Jurídicas de la UNAM

Owen Fiss
Catedrático emérito de Teoría del Derecho de la Universidad de Yale (EEUU)

José Antonio García-Cruces González
Catedrático de Derecho Mercantil de la UNED

José Luis González Cussac
Catedrático de Derecho Penal de la Universidad de Valencia

Luis López Guerra
Catedrático de Derecho Constitucional de la Universidad Carlos III de Madrid

Ángel M. López y López
Catedrático de Derecho Civil de la Universidad de Sevilla

Marta Lorente Sariñena
Catedrática de Historia del Derecho de la Universidad Autónoma de Madrid

Javier de Lucas Martín
Catedrático de Filosofía del Derecho y Filosofía Política de la Universidad de Valencia

Víctor Moreno Catena
Catedrático de Derecho Procesal de la Universidad Carlos III de Madrid

Francisco Muñoz Conde
Catedrático de Derecho Penal de la Universidad Pablo de Olavide de Sevilla

Angelika Nussberger
Catedrática de Derecho Constitucional e Internacional en la Universidad de Colonia (Alemania) Miembro de la Comisión de Venecia

Héctor Olasolo Alonso
Catedrático de Derecho Internacional de la Universidad del Rosario (Colombia) y Presidente del Instituto Ibero-Americano de La Haya (Holanda)

Luciano Parejo Alfonso
Catedrático de Derecho Administrativo de la Universidad Carlos III de Madrid

Consuelo Ramón Chornet
Catedrática de Derecho Internacional Público y Relaciones Internacionales de la Universidad de Valencia

Tomás Sala Franco
Catedrático de Derecho del Trabajo y de la Seguridad Social de la Universidad de Valencia

Ignacio Sancho Gargallo
Magistrado de la Sala Primera (Civil) del Tribunal Supremo de España

Elisa Speckmann Guerra
Directora del Instituto de Investigaciones Históricas de la UNAM

Ruth Zimmerling
Catedrática de Ciencia Política de la Universidad de Mainz (Alemania)

Fueron miembros de este Comité:
Emilio Beltrán Sánchez, Rosario Valpuesta Fernández y **Tomás S. Vives Antón**

Procedimiento de selección de originales, ver página web:
www.tirant.net/index.php/editorial/procedimiento-de-seleccion-de-originales

Ley de la Jurisdicción Social

Ley 36/2011, de 10 de octubre, reguladora de la jurisdicción social (BOE 11 de octubre de 2011)

14ª Edición preparada por

JOSÉ Mª GOERLICH PESET

LUIS ENRIQUE NORES TORRES

Catedráticos de Derecho del Trabajo y de la Seguridad Social
Universitat de València

tirant lo blanch
Valencia, 2024

Copyright ® 2024

Todos los derechos reservados. Ni la totalidad ni parte de este libro puede reproducirse o transmitirse por ningún procedimiento electrónico o mecánico, incluyendo fotocopia, grabación magnética, o cualquier almacenamiento de información y sistema de recuperación sin permiso escrito de los autores y del editor.

En caso de erratas y actualizaciones, la Editorial Tirant lo Blanch publicará la pertinente corrección en la página web www.tirant.com incorporada a la ficha del libro. En www.tirant.com dispondrá de un servicio con los textos legales básicos y sectoriales actualizados como complemento de su libro.

Los textos jurídicos que aparecen se ofrecen con una finalidad informativa o divulgativa. Tirant lo Blanch intentará cuidar por la actualidad, exactitud y veracidad de los mismos, si bien advierte que no son los textos oficiales y declina toda responsabilidad por los daños que puedan causarse debido a las inexactitudes o incorrecciones de los mismos.

Los únicos textos considerados legalmente válidos son los que aparecen en las publicaciones oficiales de los correspondientes organismos autonómicos o nacionales.

© José Mª Goerlich Peset
Luis Enrique Nores Torres

© TIRANT LO BLANCH
EDITA: TIRANT LO BLANCH
C/ Artes Gráficas, 14 - 46010 - Valencia
TELFS.: 96/361 00 48 - 50
FAX: 96/369 41 51
Email: tlb@tirant.com
www.tirant.com
Librería virtual: www.tirant.es
DEPÓSITO LEGAL: V-475-2024
ISBN: 978-84-1056-644-6

Si tiene alguna queja o sugerencia, envíenos un mail a: *atencioncliente@tirant.com*. En caso de no ser atendida su sugerencia, por favor, lea en *www.tirant.net/index.php/empresa/politicas-de-empresa* nuestro procedimiento de quejas.

Responsabilidad Social Corporativa: http://www.tirant.net/Docs/RSCTirant.pdf

ÍNDICE

LIBRO SEGUNDO. DEL PROCESO ORDINARIO Y DE LAS MODALIDADES PROCESALES

ABREVIATURAS

CC	Código Civil
CE	Constitución Española, de 27 de diciembre de 1978
CP	Código Penal
ET	Texto Refundido de la Ley del Estatuto de los Trabajadores aprobado por RDLeg 2/2015, de 23 de octubre
EBEP	Texto Refundido de la Ley del Estatuto Básico del Empleado Público aprobado por RDLeg 5/2015, de 30 de octubre
DA	Disposición adicional
DD	Disposición derogatoria
DF	Disposición final
DT	Disposición transitoria
LETA	Ley 20/2007, de 11 de julio, del Estatuto del trabajo autónomo
LEC	Ley 1/2000, de 7 de enero de Enjuiciamiento Civil
LETT	Ley 14/1994, de 1 de junio, por la que se regulan las Empresas de Trabajo Temporal
LGSS	Texto Refundido de la Ley General de Seguridad Social aprobado por RDLeg 8/2015, de 30 de octubre
LIT	Ley 42/1997, de 14 de noviembre, Ordenadora de la Inspección de Trabajo y Seguridad Social
LISOS	Texto Refundido de la Ley sobre Infracciones y sanciones en el orden social, aprobado por RDLeg. 5/2000, de 4 de agosto
LOLS	Ley Orgánica 11/1985, de 2 de agosto, de Libertad Sindical.
LOI	Ley Orgánica 3/2007, de 22 de marzo, para la igualdad efectiva de mujeres y hombres.
LOPJ	Ley Orgánica 6/1985, de 1 de julio, del Poder Judicial
LPAC	Ley 39/2015, de 1 de octubre, del Procedimiento Administrativo Común de las Administraciones Públicas
LPRL	Ley 31/1995, de 8 de noviembre, de Prevención de Riesgos Laborales

RDLRT Real Decreto-Ley 17/1977, de 4 de marzo sobre relaciones de trabajo

RPRE Real Decreto 801/2011, de 10 de junio, por el que se aprueba el Reglamento de los procedimientos de regulación y de actuación administrativa en materia de traslados colectivos.

RSOS Real Decreto 928/1998, de 14 de mayo, por el que se aprueba el Reglamento general sobre procedimientos para la imposición de sanciones por infracciones de orden social y para los expedientes liquidatorios de cuotas de la Seguridad Social

LEY 36/2011, DE 10 DE OCTUBRE, REGULADORA DE LA JURISDICCIÓN SOCIAL

(BOE 11 de octubre de 2011)

PREÁMBULO

I

El ordenamiento laboral regula un ámbito fundamental de las relaciones sociales, esencial para el desarrollo económico y el bienestar de la sociedad. La naturaleza singular de las relaciones laborales y sus específicas necesidades de tutela explican y justifican la especial configuración de la tradicionalmente conocida como rama social del Derecho. La articulación de las relaciones laborales a partir de desiguales posiciones negociadoras influidas por el contexto socioeconómico, la multiplicidad de formas en las que se sustancian esas relaciones o la importancia de la negociación colectiva constituyen peculiaridades sobresalientes con trascendencia en el terreno normativo, tanto sustantivo como procesal.

La configuración de los mecanismos de solución de los conflictos y reclamaciones en el ámbito laboral, en particular la determinación de las reglas específicas de procedimiento, integran esa especialidad del Derecho del Trabajo, reconocida en nuestro país desde antiguo, a través de las normas de procedimiento laboral, caracterizadas por su agilidad, flexibilidad y capacidad de adaptación, y también por posibilitar una más rápida y eficaz resolución de conflictos, así como por las amplias potestades del juez o tribunal de dirección del proceso y la proximidad e inmediación de aquéllos respecto de las partes y del objeto litigioso, normas que han inspirado en uno u otro grado la mayoría de las reformas procesales adoptadas en otros órdenes jurisdiccionales a partir de la Constitución. La nueva Ley reguladora de la jurisdicción social desarrolla los mandatos constitucionales de tutela judicial efectiva y de seguridad jurídica para reforzarlos y adaptarlos a las particularidades de esta esfera del derecho. Toda disposición ritual está estrechamente vinculada con el derecho fundamental recogido en el artículo 24 de la Constitución Española. Su aplicación efectiva en el orden jurisdiccional laboral es la razón de ser de esta Ley.

En definitiva, la norma aspira tanto a ofrecer una mayor y mejor protección a los trabajadores y a los beneficiarios de la Seguridad Social, fortaleciendo la tutela judicial en un espacio vertebrador de la vida social y económica. Al mismo tiempo se refuerza la seguridad jurídica del marco de encuentro entre los operadores sociales y económicos, así como en la actuación de las entidades u organismos gestores o colaboradores de las referidas prestaciones sociales. La presente Ley persigue dotar a los órganos judiciales de instrumentos que agilicen los procesos de resolución de controversias, eviten abusos equilibrando la protección y tutela de los distintos intereses en conflicto, protejan mejor a los trabajadores frente a los accidentes laborales y proporcionen mayor seguridad jurídica al mercado laboral. Esta Ley presenta, en definitiva, una respuesta más eficaz y ágil a los litigios que se puedan suscitar en las relaciones de trabajo y seguridad social, y ofrece un tratamiento unitario a la diversidad de elementos incluidos en el ámbito laboral para una mejor protección de los derechos.

II

La presente Ley mantiene la estructura de su antecesora, el Texto Refundido de la Ley de Procedimiento Laboral, aprobado por Real Decreto Legislativo 2/1995, de 7 de abril. De esta manera, el texto actual consolida los principios rectores, distribución de reglas y organización interna de la anterior, de probada eficacia para la resolución de los conflictos en un tiempo menor al que se requiere en otros órdenes jurisdiccionales y altamente valorada por los profesionales que han debido aplicar la misma. La continuidad en el diseño procesal ha permitido respetar la evolución tradicional de nuestra legislación en este ordenamiento, evitando una reforma que pudiera distorsionar, siquiera mínimamente, el normal funcionamiento del mercado de trabajo o los marcos laborales asentados.

No por ello se renuncia a introducir importantes mejoras que implican una estimulación de la jurisdicción para proyectarla como auténticamente social. Se modifica en consecuencia el ámbito de conocimiento del orden jurisdiccional social, que se amplía, racionaliza y clarifica respecto a la normativa anterior, lo que constituye la principal novedad. La presente Ley reguladora de la jurisdicción social concentra en el orden social, por su mayor especialización, el conocimiento de todas aquellas materias que, de forma directa o por esencial conexión, puedan calificarse como sociales. La mayor nitidez del contorno competencial de la jurisdicción requería de una expansión para unificar el conocimiento de los conflictos y pretensiones que se produzcan en el ámbito laboral, sindical o en el de la Seguridad Social. El objetivo último es conseguir la efectividad, coordinación y seguridad de la respuesta judicial, generándose así un marco adecuado al ejercicio efectivo de los derechos y libertades por parte de la ciudadanía. Un marco que se articula a partir de la comprensión del trabajo no exclusivamente como medio en los sistemas productivos sino como un fin en sí mismo del que se derivan derechos necesitados de una especial tutela jurídica.

Un segundo eje explicativo de esta nueva Ley es su inequívoca voluntad modernizadora del procedimiento. La norma se incardina en el Plan Estratégico de Modernización del Sistema de Justicia (2009-2012), como marco de reforma estructural de la Administración de Justicia española. La garantía a los ciudadanos, de manera efectiva, de un servicio público de la justicia ágil, transparente, responsable y plenamente conforme a los valores constitucionales constituye un objetivo crucial e inaplazable de nuestro tiempo y determina el progreso social y económico.

La modernización de la Justicia, con el objetivo de mejorar su calidad y hacer más eficiente y ágil el servicio, alcanza necesariamente a las normas rituales. Una primera fase de la actualización y agilización procesal tuvo lugar con la aprobación de la Ley 13/2009, de 3 de noviembre, de reforma de la legislación procesal para la implantación de la nueva oficina judicial, donde ya se modificaban varios preceptos de la norma que regula el proceso en el orden social. La presente Ley completa la modernización procesal en ese orden, racionalizando y fijando un nuevo texto normativo consolidado y actualizado a la realidad de la organización actual del trabajo.

A estos dos nuevos aspectos se añaden otras mejoras técnicas y adaptaciones a la normativa vigente que, en su conjunto, justifican esta iniciativa legislativa. Razones de técnica normativa y en concreto las Directrices al respecto aprobadas mediante Acuerdo del Consejo de Ministros de 22 de julio de 2005 han aconsejado la adopción de una nueva disposición que evite la dispersión normativa y las dificultades en la localización de los preceptos vigentes y por tanto la fragmentación en la respuesta jurídica.

Por otra parte, la presente Ley pretende dar cumplimiento a lo dispuesto en la Ley 35/2010, de 17 de septiembre, de medidas urgentes para la reforma del mercado de trabajo, cuya disposición adicional decimoquinta dispone que "en el plazo de 6 meses el Gobierno aprobará un Proyecto de Ley de reforma del Texto Refundido de la Ley de Procedimiento Laboral, aprobado por el Real Decreto Legislativo 2/1995, de 7 de abril, que contemple la atribución al orden jurisdiccional social, entre otras cuestiones, de los recursos contra las resoluciones administrativas de la autoridad laboral en los procedimientos de suspensión temporal de relaciones laborales, reducción de jornada y despido colectivo, regulados en los artículos 47 y 51 del Texto Refundido de la Ley del Estatuto de los Trabajadores, aprobado por el Real Decreto Legislativo 1/1995, de 24 de marzo".

III

El objetivo principal de esta nueva Ley es establecer, ampliar, racionalizar y definir con mayor claridad el ámbito de conocimiento del orden jurisdiccional social, con fundamento en su mayor especialización, conocimiento más completo de la materia social y marco procesal especialmente adecuado a los intereses objeto de tutela de este orden.

En efecto, el Texto Refundido de la Ley de Procedimiento Laboral hasta ahora vigente ya recogía en el apartado 3 de su artículo 3 la habilitación legal al Gobierno para incorporar al mismo las modalidades y especialidades procesales correspondientes a pretensiones sobre impugnación de resoluciones administrativas, tradicionalmente tuteladas en el orden contencioso-administrativo. En el año 1998 el legislador quiso abordar de forma global y racional la cuestión del reparto de competencias entre los órdenes jurisdiccionales social, contencioso-administrativo y civil, pero circunstancias posteriores evitaron el desarrollo previsto, con lo que las previsiones competenciales del orden social recogidas en el citado artículo no fueron objeto de desarrollo.

Igualmente, la necesidad de consolidar el ámbito material del orden social también se ha hecho patente en la práctica jurisdiccional, donde han sido frecuentes los conflictos dimanados de la heterogeneidad en las resoluciones de órganos judiciales inscritos en órdenes distintos. Hasta ahora, los tribunales que integran el orden social, a pesar de su razonable funcionamiento, no estaban siempre en condiciones de asegurar la tutela judicial efectiva en un tiempo razonable y con respeto al principio de seguridad jurídica. Esto se ha debido fundamentalmente a la disgregación del conocimiento de determinadas y esenciales materias sociales entre diversas jurisdicciones distintas de la social, como la contencioso-administrativa o la civil. He aquí las dificultades que han generado el denominado "peregrinaje de jurisdicciones", que provocaba hasta ahora graves disfunciones y una merma en la efectiva protección de los derechos de las personas.

Ha llegado pues el momento de racionalizar la distribución competencial entre los órdenes jurisdiccionales en el ámbito de las relaciones laborales. Con la nueva Ley reguladora de la jurisdicción social se afronta una modernización de la norma a partir de la concentración de la materia laboral, individual y colectiva, y de Seguridad Social en el orden social y de una mayor agilidad en la tramitación procesal. De esta manera, se pretenden superar los problemas de disparidad de los criterios jurisprudenciales, dilación en la resolución de los asuntos y, en consecuencia, fragmentación en la protección jurídica dispensada. Estos problemas son incompatibles con los principios constitucionales de seguridad jurídica y tutela judicial efectiva, así como con el funcionamiento eficiente del sistema socioeconómico.

Con esta consolidación competencial se cierra el proceso de maduración del proceso social iniciado por la Ley de 1908 y continuado por el Texto Refundido de 1995, como jurisdicción con competencia unificada para conocer todos los litigios sobre materias sociales.

La ordenación de las materias objeto de conocimiento por el orden social se lleva a cabo en los tres primeros artículos de la Ley, donde cabe destacar algunas novedades significativas.

Por un lado, se produce una unificación de la materia laboral que permite dar una cobertura más especializada y coherente a los distintos elementos de la materia laboral. Es el caso de la concentración en el orden jurisdiccional social de todas las cuestiones litigiosas relativas a los accidentes de trabajo y que hasta ahora obligaban a los afectados a acudir necesariamente para intentar lograr la tutela judicial efectiva a los distintos juzgados y tribunales encuadrados en los órdenes civil, contencioso-administrativo y social.

Con esta fórmula se pretende que la jurisdicción social sea competente para enjuiciar conjuntamente a todos los sujetos que hayan concurrido en la producción del daño sufrido por el trabajador en el marco laboral o en conexión directa con el mismo, creándose un ámbito unitario de tutela jurisdiccional para el resarcimiento integral del daño causado. En este punto la Ley sigue al pacto social concretado en la Estrategia Española de Seguridad y Salud en el Trabajo (2007-2012), así como a un amplio consenso de la doctrina científica.

Asimismo, esta unificación permite de manera general convertir el orden social en el garante del cumplimiento de la normativa de prevención de riesgos laborales, aun cuando no se hayan derivado daños concretos por tales incumplimientos. De este modo no sólo se fortalecen los instrumentos judiciales para proteger a las víctimas de accidentes de trabajo, sino que además se disponen los recursos para hacer efectiva la deuda de protección del empresario y la prevención de riesgos laborales. Esta asignación de competencias se efectúa con carácter pleno, incluyendo a los funcionarios o personal estatutario, quienes deberán plantear, en su caso, sus reclamaciones ante el orden jurisdiccional social en igualdad de condiciones con los trabajadores por cuenta ajena, incluida la responsabilidad derivada de los daños sufridos como consecuencia del incumplimiento de la normativa de prevención de riesgos laborales que forma parte de la relación funcionarial o estatutaria o laboral. Se incluyen además competencias sobre medidas cautelares. Por último, se asigna al orden social la competencia sobre las cuestiones relativas a los órganos de representación de personal en materia relacionada con la prevención de riesgos en el trabajo, a través, en su caso, de los Delegados de Prevención y los Comités de Seguridad y Salud, con independencia del tipo de personal que intervenga en su designación o composición.

Modernizar la normativa procesal laboral facilita, en consecuencia, el efectivo cumplimiento de las políticas de promoción de la salud y seguridad en el lugar de trabajo, evita la necesidad de intervención sucesiva de diversos órdenes jurisdiccionales, que ocasiona dilaciones, gastos innecesarios y pronunciamientos diversos contradictorios, al tiempo que proporciona un marco normativo que garantice la seguridad jurídica.

Por otro lado, la unificación de la materia laboral en el orden social convierte también a éste en el garante ordinario de los derechos fundamentales y libertades públicas de empresarios y trabajadores en el ámbito de la relación de trabajo. Además de la mencionada atracción competencial de los litigios vinculados a la salud y seguridad en el trabajo, se unifica el conocimiento de cualquier otra vulneración de derechos fundamentales y libertades públicas conectada a la relación laboral, como puede ser el caso del acoso.

En este punto, se pretende asimismo dar respuesta a las exigencias de la doctrina constitucional emanada de la Sentencia del Tribunal Constitucional 250/2007, de 17 de diciembre. Esta sentencia posibilita la extensión competencial del orden social frente a los terceros sujetos causantes de la vulneración de un derecho fundamental e interpreta que también puede ser sujeto activo del acoso el trabajador de una tercera empresa. Corresponde al orden social conocer de cuantas pretensiones se deduzcan al respecto, contra el empresario o contra los terceros citados, puesto que la actuación de éstos se produce en conexión directa con la relación laboral, excluyéndose expresamente por esta Ley la competencia residual que tradicionalmente ha venido asumiendo el orden jurisdiccional civil respecto de litigios sobre daños en cuya intervención haya intervenido alguna persona distinta del directo empresario o empleador.

Otra de las cuestiones de mayor trascendencia en el ámbito laboral es la impugnación de los actos administrativos, singulares o generales, en materia laboral y de seguridad social y, en especial, de las resoluciones contractuales colectivas por causas objetivas, por lo que, por último, se especifica su atribución al orden social. Esta Ley pretende clarificar la jurisdicción competente sobre las esenciales materias relativas a la asistencia y protección social pública, asignando al orden jurisdiccional social, las relativas a la valoración, reconocimiento y calificación del grado de discapacidad y las incluidas en la Ley 39/2006, de 14 de diciembre, de promoción de la autonomía personal y atención a las personas en situación de dependencia, y continuando las restantes como objeto de conocimiento del orden contencioso-administrativo. Con ello se adapta la normativa procesal laboral a la doctrina constitucional en su interpretación de la protección social, conforme al artículo 41 de la Constitución y, de esta manera, la jurisdicción social queda configurada como el juez natural de todas las esenciales políticas públicas relativas a la protección social. No obstante, la entrada en vigor de la atribución competencial sobre las prestaciones de dependencia en favor del orden jurisdiccional social se demora en cuanto a su efectividad, concediendo a tal fin al Gobierno el plazo de tres años para que remita a las Cortes el correspondiente Proyecto de Ley, para poder tener en cuenta la incidencia de las distintas fases de aplicación de la Ley de Dependencia en orden a una más ágil respuesta judicial.

No obstante, se han mantenido las excepciones recogidas en la normativa concursal, así como la competencia del orden contencioso-administrativo con respecto a determinados actos administrativos en materia de seguridad social más directamente vinculados con la recaudación de las cuotas y demás recursos de la misma y la actuación de la Tesorería General de la Seguridad Social.

IV

En un segundo eje se desenvuelve la modernización de la normativa del procedimiento social hacia una agilización de la tramitación procesal. En la consecución de un procedimiento más ágil y eficaz, se ha realizado un ajuste íntegro de la normativa procesal social a las previsiones de la supletoria Ley 1/2000, de 7 de enero, de Enjuiciamiento Civil, así como a la interpretación efectuada de la normativa procesal social por la jurisprudencia social y constitucional. Dicho ajuste ha permitido precisar armónicamente unos principios más acordes con el proceso social en aspectos como la regulación de las medidas cautelares, esenciales cuando se trata de vulneraciones de derechos fundamentales y libertades públicas, la reforma de las modalidades procesales de tutela de derechos fundamentales y libertades públicas, de conciliación de la vida personal, familiar y laboral y de materia electoral para incluir en su ámbito la impugnación del preaviso de elecciones sindicales.

Se agiliza la tramitación procesal a partir del establecimiento de un conjunto de medidas y de reglas entre las que se incluyen disposiciones especiales sobre acumulación y reparto, en materias relativas a accidentes de trabajo y enfermedades profesionales, supresión de trámites superfluos o eliminación de traslados materiales de actuaciones innecesarios con las nuevas tecnologías, a cuya progresiva implantación la Ley se muestra abierta en distintas disposiciones. En la misma línea, se refuerza la conciliación extrajudicial y la mediación, el arbitraje, con regulación de una modalidad procesal de impugnación del laudo y con previsión de la revisión de los laudos arbitrales firmes, y la posibilidad de transacción judicial en cualquier momento del proceso, incluida la ejecución.

También en fase de recurso se ha procurado racionalizar el procedimiento. Se sistematiza así el recurso de suplicación, para actualizar sus cuantías, que permanecían inalteradas a pesar de la evolución de las posibles magnitudes económicas de referencia como los índices de precios y los salarios mínimos y pensiones, y ajustarlo a las nuevas competencias, siguiendo, respecto de estas últimas, criterios similares a los contenidos en la Ley 29/1998, de 13 de julio, reguladora de la Jurisdicción Contencioso-Administrativa, así como a las propuestas efectuadas por el Pleno del Consejo General del Poder Judicial el 28 de enero de 2010, relativas al proceso social. Se generaliza el acceso a la suplicación en supuestos de cierre anticipado del proceso, situación que, al carecer hasta ahora de recurso, ha dado lugar a un excesivo número de recursos de amparo, precisamente en la fase en la que la garantía de la tutela judicial efectiva se despliega con mayor intensidad. Se trataba de una deficiencia estructural, cuya subsanación contribuirá a reducir la carga del Tribunal Constitucional. Esta preocupación ha inspirado igualmente otras reglas a lo largo de la Ley, como la exigencia de especificación del derecho o libertad fundamental vulnerados, tanto en la demanda como en la sentencia, en los procesos de tutela de tales derechos, la reestructuración del proceso de tutela de los mismos, como medio de obtener el amparo judicial ordinario, la sistematización de la nulidad de resoluciones definitivas, la revisión y la audiencia al rebelde, la posibilidad de utilizar las sentencias del Tribunal Constitucional y del Tribunal Europeo de Derechos Humanos como doctrina de contraste y, en general, la asignación al juez de lo social de la función de garante ordinario de los derechos fundamentales, tanto en las relaciones de trabajo como en el proceso social. El presente texto normativo también amplía el ámbito del recurso de casación para la unificación de doctrina, facultando al Ministerio Fiscal para su planteamiento a instancia de asociaciones empresariales o sindicales y entidades públicas, ampliando, de esta forma, el ámbito de las materias que podrán ser objeto de una rápida unificación doctrinal en casación.

En otros casos se introducen, con la misma finalidad, normas que la práctica forense aconsejaba para una mayor certeza y unificación en el orden social, así como mayores garantías para la defensa. Es el caso de las normas específicas sobre procesos complejos para mantener la oralidad sin indefensión en el examen y práctica de la prueba y conclusiones, o los supuestos en los que se evitan como regla las meras ratificaciones innecesarias del personal médico o inspector en sus previas intervenciones durante la tramitación administrativa, así como las pruebas testificales de escaso valor probatorio. En la misma línea se incardina una importante reforma de las reglas de acumulación, en aras de favorecer la economía procesal, la homogeneidad y la rapidez en la respuesta judicial.

Mediante este segundo eje de reforma, la nueva Ley permite integrar y aprovechar las potencialidades que ofrece la nueva oficina judicial. Se articulan las previsiones legales necesarias para la plena implantación de las nuevas tecnologías, se armoniza el texto con las recientes modificaciones de la citada Ley 13/2009, de 3 de noviembre, y se completa el diseño procesal necesario para la implantación de la nueva estructura funcional de los juzgados y tribunales.

La agilización de la tramitación procesal pretende ofrecer a los tribunales españoles y a quienes actúen ante ellos, un marco procesal que asegure mayor precisión y eficacia en la definición y aplicación jurisdiccional de los derechos y deberes de trabajadores y empresarios, así como de los niveles de cobertura de seguridad social ante situaciones de necesidad. Estos efectos redundan en una mayor certeza, seguridad y confianza de los agentes sociales y económicos en el marco del espacio social europeo.

V

La agilización del proceso no ha de ir en detrimento de la tutela judicial efectiva y la protección de los intereses de las partes. En este sentido, se recogen una serie de reglas sobre la carga probatoria, en especial en materia de accidentes de trabajo, conforme a la jurisprudencia social, para garantizar la igualdad entre las partes. Se regulan, asimismo, la posible utilización de procedimientos de presentación y de formularios, que faciliten la labor de los interesados y profesionales, y los procedimientos de señalamiento inmediato de la vista, que igualmente puedan establecerse, así como la formulación de peticiones iniciales monitorias, en supuestos de presumible determinación, liquidez y falta de controversia de la deuda y con aportación de un principio de prueba al respecto que, en caso de oposición, dará lugar a la conversión del procedimiento en ordinario. Todas estas medidas, en relación con la nueva estructura de la oficina judicial, pueden permitir una más ágil tramitación y tratamiento informático de un número no desdeñable de procedimientos, permitiendo así concentrar la atención del órgano jurisdiccional en otros procesos de mayor entidad cuantitativa y cualitativa.

También, el nuevo texto normativo refuerza la presencia en juicio del Fondo de Garantía Salarial (FOGASA) y de las entidades gestoras y colaboradoras, en su función de velar por los intereses públicos. En particular, se destaca el papel del FOGASA en el proceso social, otorgándole los poderes procesales necesarios para llevar a cabo su función de tutela de intereses públicos, y se recaba su colaboración activa desde el primer momento. Se han tenido en cuenta las conclusiones de la doctrina jurisprudencial, Sentencias del Tribunal Supremo de 22 de octubre de 2002 y de 14 de octubre de 2005, y constitucional, Sentencias del Tribunal Constitucional 60/1992 y 90/1994, en la línea de clarificar la incidencia de las alegaciones del FOGASA y su eventual efecto preclusivo.

Se establece también una forma de interrelación entre los órganos judiciales sociales y el FOGASA, para recabar y aportar información en defensa de los intereses públicos, como también se hace con respecto a la Tesorería General de la Seguridad Social y entidades u organismos gestores de prestaciones de Seguridad Social. Debe destacarse igualmente, con análoga finalidad, la expresa previsión de notificación a estos organismos públicos de las resoluciones que pudieran depararles perjuicios. La norma ahora prevista puede, además, resultar de utilidad en litigios de los que pudieran derivarse en el futuro prestaciones de garantía salarial, aun cuando en dicho momento no esté la empresa desaparecida o en situación de insolvencia actual.

Cabe destacar por otra parte la exención expresa que se hace a favor de los sindicatos de efectuar depósitos y consignaciones en sus actuaciones ante el orden social. Existía el riesgo de que, en ausencia de concreta indicación legal, se pudiera cuestionar para los titulares de las acciones colectivas en defensa de los intereses de los trabajadores, la exención de depósitos y consignaciones en los recursos de reposición y en otros distintos de los de suplicación y casación. Se favorece así la intervención colectiva sindical que, en un plano de economía de recursos, hace innecesarios múltiples y costosos procesos individuales. La Ley refuerza, por otra parte, la legitimación de los sindicatos con implantación en el ámbito del conflicto para la defensa de los intereses colectivos conforme a la doctrina constitucional, destacando que, en la fase de ejecución, ese interés debe estar referido esencialmente al mantenimiento de la actividad y a la conservación de los puestos de trabajo.

La Ley también ha querido regular a través de distintas previsiones concretas las consecuencias de la atribución al orden social, por Ley 20/2007, de 11 julio, del Estatuto del trabajo autónomo, de las reclamaciones de los trabajadores autónomos económicamente dependientes, con el objetivo de mejorar su tutela jurisdiccional ante las decisiones del empresario-cliente que está en una posición de preponderancia económica frente a ellos. El planteamiento de la delimitación jurídica entre dos relaciones posibles de orden materialmente distinto, como son la relación civil o mercantil de servicios y la relación laboral, puede generar inconvenientes procesales con riesgo de pérdida de derechos para los demandantes. Se procura así establecer reglas para los supuestos, frecuentes en la práctica, en los que el demandante, al accionar por despido, pueda pretender que la relación es laboral y no de trabajo autónomo económicamente dependiente, posibilitando que, con carácter eventual, y para el caso de desestimación de la primera, se ejerciten las acciones que corresponderían al tratarse de un trabajador en el régimen de autónomos, sin obligar a un nuevo procedimiento en esta segunda hipótesis. De otro modo, se puede generar, o bien el efecto de que se sigan dos procesos sucesivos cuando el primero no califica de laboral la relación, o bien de que precluya su derecho si no lo hizo valer en la primera ocasión. Se aprovecha igualmente esta Ley para modificar la Ley del Estatuto del trabajo autónomo en el punto relativo a considerar meramente declarativo y no constitutivo el contrato escrito entre el trabajador autónomo económicamente dependiente y su cliente, así como a clarificar el acceso a la jurisdicción como vía de reconocimiento de tal condición.

La nueva Ley incluye novedades muy destacadas, llamadas a agilizar la jurisdicción social, entre las que merece destacarse el impulso que se da tanto a la mediación previa como a la intraprocesal. También merece especial mención la ampliación del ámbito del recurso de casación unificadora al regularse una modalidad del mismo que puede interponerse por el Ministerio Fiscal en defensa de la legalidad y sin necesidad de que concurra el presupuesto de contradicción de sentencias, con lo que se logrará una mayor celeridad en la unificación de doctrina y en temas que hasta ahora serían de muy difícil acceso a dicho recurso.

Es también destacable en materia de ejecución, la extensión de los efectos de las sentencias en materia de conflicto colectivo, reforzando la eficacia real de las sentencias recaídas en este tipo de procesos, que podrá ir más allá de la mera interpretación o declaración con eficacia general de la nulidad o validez de normas convencionales o prácticas empresariales, para comprender la ejecución individualizada de los pronunciamientos susceptibles de tal determinación, con legitimación de los sujetos colectivos, no solamente en condenas con traducción económica sino incluso en procesos sobre movilidad geográfica o modificación sustancial de condiciones de trabajo de efectos colectivos u otras prácticas empresariales de posible desagregación en actuaciones individuales. E, igualmente, cabe resaltar la previsión expresa, hasta ahora solamente posible por la vía, no exenta de dificultades, de la aplicación subsidiaria de la regulación procesal civil, sobre condenas de futuro y la posibilidad de alcanzar acuerdos transaccionales en ejecución.

VI

En lo que se refiere a la estructura de la norma, ésta está formada por 305 artículos, tres disposiciones adicionales, cinco disposiciones transitorias, una disposición derogatoria y siete finales. Los capítulos se distribuyen en cuatro libros: parte general, proceso ordinario y otras modalidades procesales, medios de impugnación y ejecución de resoluciones judiciales.

El Libro Primero contiene la parte general. En el Título I, el Capítulo I delimita las materias que son conocidas por los órganos de la jurisdicción social. El artículo 2 contiene una enumeración exhaustiva, en términos positivos, de los asuntos encomendados a este orden jurisdiccional, mientras que el artículo 3 realiza una delimitación negativa de la competencia. El segundo Capítulo recoge las normas generales de competencia de juzgados y tribunales del orden social, concretando éstas para cada órgano (juzgados, Salas de los Tribunales Superiores de Justicia de las Comunidades Autónomas, Audiencia Nacional y Tribunal Supremo). El tercer Capítulo se refiere a los conflictos y cuestiones de competencia, ordenando la forma de resolver los conflictos de competencia que se produzcan entre los órganos jurisdiccionales del orden social y los de otros órdenes, sin que se hayan introducido modificaciones respecto de la regulación anterior, pues sigue remitiéndose a las normas de la Ley de Enjuiciamiento Civil. Por último, el Capítulo Cuarto recoge el régimen de abstención y recusación, remitiéndose a las normas de la Ley Orgánica 6/1985, de 1 de julio, del Poder Judicial y de la Ley de Enjuiciamiento Civil. Se definen, para el orden jurisdiccional social, los órganos competentes para instruir y decidir los incidentes de recusación, en los mismos términos de la Ley anterior.

El Título II contiene las normas relativas a las partes procesales. El Capítulo I regula los requisitos de capacidad y legitimación procesal. En los artículos 16 y 17, en materia de capacidad y legitimación, se mantienen las normas generales previstas en la legislación anterior y en la Ley de Enjuiciamiento Civil, realizando los ajustes necesarios para prever la capacidad y legitimación procesal en el caso de aquellos actos o negocios que se atribuyen ex novo a esta jurisdicción. Además, en coherencia con lo previsto en los artículos 6 y 7 de la Ley de Enjuiciamiento Civil, ahora se atribuye legitimación pasiva a las comunidades de bienes y grupos sin personalidad que actúan como empresarios, con el objetivo de garantizar la existencia de un sujeto susceptible de ser demandado por los trabajadores en caso de que sea necesario.

En el Capítulo II, relativo a la representación y defensa procesales, respetando los principios generales de nuestro ordenamiento jurídico, se introducen novedades cuya finalidad es evitar prácticas de desacumulación de demandas cuando las acciones ejercitadas son legalmente acumulables. Igualmente se establece una regulación tendente a facilitar la designación de representante común cuando la parte demandada esté integrada por más de diez sujetos, y no solamente cuando son demandantes, como hasta ahora, lo que es relativamente frecuente en la práctica y origina graves dilaciones, al no estar previsto actualmente un sistema de designación común con las garantías necesarias. Finalmente se introduce un nuevo párrafo en el artículo 19 a fin de facilitar la atribución de capacidad procesal a la representación unitaria o sindical cuando la demanda pueda afectar a todos o a la mayor parte de los trabajadores de una empresa.

El Capítulo III contiene las normas relativas a la intervención y llamada a juicio del Fondo de Garantía Salarial. Además de mejorar la redacción y sistemática del texto, se ha reformado el texto del artículo 23, de forma que se establece la necesidad de citar al FOGASA en los supuestos en que su responsabilidad pudiera derivar de su obligación de pago de una parte de las indemnizaciones.

El Título III se refiere a la acumulación de acciones, procesos y recursos. El Capítulo I regula la acumulación de acciones, procesos y recursos, regulando cada una de éstas en secciones distintas. En este Capítulo se han recogido importantes novedades respecto de la acumulación de acciones, todas ellas tendentes a garantizar una mayor coherencia en la respuesta judicial, eficiencia y agilidad en la resolución de los litigios que se planteen ante la jurisdicción social, particularmente en procesos derivados de accidentes de trabajo y otros relacionados entre sí, como las distintas impugnaciones de un mismo acto o resolución, o la impugnación de distintos actos empresariales coetáneos con significación extintiva, al igual que el planteamiento y resolución conjunta de las acciones de despido y de salarios pendientes de abono en ese momento, salvo cuando se comprometa la prioritaria resolución sobre el despido. El Capítulo II, sobre la acumulación de ejecuciones, no ha sufrido apenas variaciones respecto de la regulación anterior.

El Título IV regula los actos procesales. En el primer Capítulo, "De las actuaciones procesales", la principal novedad es la adición entre los procesos en que los días del mes de agosto deben considerarse hábiles, de los relativos a procesos de impugnación de resoluciones administrativas en expedientes de regulación de empleo, así como de suspensión del contrato o reducción de jornada por causas económicas, técnicas, organizativas o de producción, por la normal urgencia de las medidas, y por analogía a lo que acontece respecto de los despidos individuales y plurales y modificación de condiciones de trabajo, individuales o colectivas.

Se incluyen, además, en el artículo 48 previsiones para adaptar la Administración de Justicia a las nuevas tecnologías, de forma que se posibilite la sustitución de la entrega material de las actuaciones por su acceso informático o entrega en soportes informáticos, lo que podrá evitar desplazamientos a profesionales y usuarios de la Administración de Justicia, y reducir el tiempo de tramitación, sobre todo en la fase de recursos de casación o suplicación.

El Capítulo II de este Título regula el contenido y forma de las resoluciones procesales. En el artículo 50, como principal novedad se han simplificado los supuestos en que procede dictar sentencia oral, relacionándolos directamente con los procesos o modalidades procesales en los que, por razón de la materia o de la cuantía, no proceda recurso de suplicación, incluyendo el supuesto de allanamiento total, con independencia de la materia o de la cuantía.

En el Capítulo III, relativo a los actos de comunicación, además de recoger el reparto de cargas procesales definido por la jurisprudencia constitucional, contiene novedades que enlazan con la regulación de la nueva oficina judicial y la introducción de procedimientos telemáticos de comunicación en el ámbito de la Administración de Justicia, de forma que la norma sea coherente con el nuevo marco procesal.

En el Título V se contienen normas orientadas a evitar el proceso. En el Capítulo I, que hasta ahora se refería exclusivamente a la conciliación previa, se ha adicionado ahora la referencia a la mediación y a los laudos arbitrales, al regularse en dicho Capítulo la eficacia e impugnación de estos últimos.

Además de introducir las modificaciones necesarias para dar coherencia a la norma con el ordenamiento jurídico vigente, incluyendo referencias al Estatuto de los Trabajadores, se añade, igualmente, una mención en el artículo 64 a los procesos que exijan otra forma de agotamiento de la vía administrativa distinta de la reclamación previa, en concreto, la interposición del recurso de alzada o reposición. Por otra parte, en el artículo 66 se ha sustituido la imposición de multa en caso de no comparecer al acto obligatorio de conciliación o mediación, inoperante en la práctica, por la imposición de costas, relacionada con el principio de vencimiento objetivo y que no requiere apreciar temeridad o mala fe.

El Capítulo II regula el agotamiento de la vía administrativa previa a la vía judicial. En la legislación anterior se mencionaba tan sólo la reclamación previa a la vía judicial, en relación con los litigios entre la Administración y sus trabajadores o entre la Administración de Seguridad Social, sus entidades gestoras y sus beneficiarios, y ahora ha sido modificado a fin de comprender las diversas formas de agotamiento de la vía administrativa por medio de recurso administrativo ordinario como consecuencia de la atracción al orden social del conocimiento sobre los recursos contra resoluciones administrativas en materia laboral.

Así, la principal novedad contenida en el artículo 69 es la introducción de una mención expresa de aquellos procesos que exijan otra forma de agotamiento de la vía administrativa, distinta de la reclamación previa, dejándose abiertas ambas posibilidades. Por otra parte, en el artículo 70 se ha insertado la regla general, en materia de derechos fundamentales y libertades públicas, de no ser exigible el agotamiento previo de la vía administrativa, conforme al criterio generalmente seguido por la doctrina constitucional.

En el Título VI se regulan los principios del proceso, así como los deberes procesales. No se han producido grandes novedades en este aspecto. La Ley de Procedimiento Laboral de 1990 ya fue pionera en el establecimiento de apremios pecuniarios y multas coercitivas para obtener la ejecución de lo resuelto, pero las mismas solamente se establecieron en el proceso de ejecución. Las normas posteriores, contenidas tanto en la Ley reguladora de la Jurisdicción Contencioso-Administrativa como en la Ley de Enjuiciamiento Civil del año 2000, han posibilitado, con carácter general, la aplicabilidad de dichos mecanismos también al proceso declarativo y a la fase de recurso. Con tal finalidad se ha incluido esta posibilidad general en esta Ley.

El Libro Segundo contiene las especialidades relativas al proceso ordinario y las modalidades procesales. El Título I regula el proceso ordinario y el Título II se refiere a las modalidades procesales propiamente dichas.

En lo que hace al proceso ordinario, se ha ampliado el texto originario en el artículo 76, con el fin de hacer referencia a la legitimación, y la posibilidad de proporcionar normas de utilidad para los supuestos en los que deba determinarse el empresario o unidad empresarial responsables, muchas veces no conocidos con precisión por el trabajador demandante, para poder formular correctamente la demanda. Se ha mantenido la regla clásica del proceso social, relativa a los testigos, que se integra con el principio general, ex artículo 293.1 de la Ley de Enjuiciamiento Civil, sobre las causas de anticipación de la prueba.

En materia de anticipación y aseguramiento de prueba, así como de medidas cautelares, se ha realizado una regulación acorde con la Ley de Enjuiciamiento Civil, dejando a salvo las especialidades del proceso social, especialmente la relativa a la exención de cauciones, garantías e indemnizaciones relacionadas con determinadas medidas cautelares, introduciendo medidas cautelares en procesos de extinción a instancia del trabajador y la posibilidad de ejecución provisional de la sentencia.

En el Capítulo II, que regula el procedimiento ordinario, la regulación contenida respeta lo previsto en el texto anteriormente vigente, introduciendo aquellas modificaciones necesarias para concordar estos artículos con los contenidos en el Libro Primero relativos a la legitimación activa y pasiva, así como a las nuevas competencias asumidas por la jurisdicción social.

Además, en el artículo 81 se contienen importantes novedades que enlazan con las nuevas funciones de los secretarios judiciales en la nueva oficina judicial. En concreto, se atribuye al secretario judicial la comprobación de la concurrencia de los requisitos procesales necesarios, sin introducir una distinción, que sería artificiosa y formalista, entre defectos sustantivos y formales, ya que, en esa fase procesal, todos los apreciables son de esta última clase, sin perjuicio de que la inadmisión preliminar deba quedar reservada a la decisión jurisdiccional. Asimismo, el secretario judicial ha de advertir a las partes, para su subsanación, de posibles defectos en la demanda, en relación con los presupuestos procesales necesarios que pudieran impedir la válida prosecución y término del proceso y el dictado de una sentencia de fondo, de acuerdo con lo previsto en el apartado 4 del artículo 399 y en el apartado 1 del artículo 405 de la Ley de Enjuiciamiento Civil, así como en relación con los documentos de preceptiva aportación con la propia demanda. En cuanto a la posible falta de jurisdicción o competencia, el secretario ha de dar cuenta al juez o tribunal para que resuelva lo procedente. Todo ello con arreglo a la función de subsanación procesal que tiene la admisión preliminar de la demanda en el juicio laboral, en el que no hay audiencia preliminar, como en el proceso civil ordinario, y reviste por ello la mayor importancia la subsanación de toda clase de defectos procesales que puedan resultar de la demanda en el momento de la presentación de la misma, ya respondan a omisiones, imprecisiones o defectos en ella, falta de capacidad o representación, inadecuación, con eventual transformación de oficio del proceso seguido según el procedimiento que deba seguirse, litisconsorcio pasivo necesario o cualquier otra causa obstativa de orden procesal, según la práctica habitualmente seguida desde antiguo en el proceso social.

En materia de prueba, el juez o tribunal resolverá sobre la pertinencia de las pruebas propuestas y determinará la naturaleza y clase de cada una de ellas según lo previsto en el artículo 299 de la Ley de Enjuiciamiento Civil y en la presente Ley. Asimismo resolverá sobre las posibles diligencias complementarias o de adveración de las pruebas admitidas y sobre las preguntas que puedan formular las partes. Se regulan las condiciones de práctica del interrogatorio de parte, delimitando la intervención de quienes hubieran actuado en los hechos en nombre o interés del empresario, así como de la prueba testifical. Se posibilita la aportación anticipada y el examen, con alegaciones complementarias en su caso, cuando la prueba presente especial volumen o complejidad, y se establecen garantías cuando el acceso a documentos o archivos pueda afectar a la intimidad personal u otro derecho fundamental.

Se regula el planteamiento por el órgano jurisdiccional a las partes de cuestiones que deban ser resueltas de oficio o por conexión obligada con las alegaciones de las partes a fin de hacer posible la exhaustividad del pronunciamiento, exigida por el artículo 218 de la Ley de Enjuiciamiento Civil, asegurando la audiencia de las partes al respecto, que en caso necesario se realizará mediante un breve trámite adicional.

En el Título II se contiene la regulación relativa a las modalidades procesales, estableciéndose la regla general de la transformación del proceso a la modalidad adecuada y excluyendo, en la medida de lo posible, los pronunciamientos absolutorios por inadecuación de procedimiento y la remisión a un ulterior proceso, aunque respetando en su mayor parte la regulación vigente hasta ahora. En el caso de los procesos de despido se integra la posibilidad, hasta ahora solamente prevista para sanciones inferiores, de autorizar una medida sancionadora alternativa, para así favorecer la reanudación de la relación frente a la indemnización compensatoria de la pérdida del puesto de trabajo. Se regulan así mismo en términos semejantes a los anteriores, con precisiones adicionales derivadas de modificaciones legislativas o criterios jurisprudenciales, las reclamaciones al Estado del pago de salarios de tramitación en juicios por despido, extinción del contrato laboral por causas objetivas u otras, así como los procesos relativos a los despidos colectivos por causas económicas, organizativas, técnicas o de producción. En relación con éstos, se regulan ahora expresamente los efectos derivados de la declaración jurisdiccional de ineficacia de la resolución administrativa, cuyo conocimiento se atribuye en esta Ley al orden social, por lo que no es suficiente una regla general de declaración de nulidad de los despidos individuales, además de dar respuesta a las interrogantes suscitadas por la resolución que invalida la autorización administrativa que sustentó en su momento las extinciones individuales, cuestión que ha sido objeto de diversos pronunciamientos a propósito del resarcimiento de los perjudicados.

También se regulan en este Título II, como modalidades procesales, los procesos que afectan a las materias electorales. Se ha incluido un inciso que tiene por finalidad clarificar el ámbito de esta modalidad procesal, en relación con los preceptos del Estatuto de los Trabajadores modificado para comprender toda la materia electoral a partir de la impugnación de preavisos electorales, respondiendo a la originaria motivación de la introducción en su día del arbitraje electoral y a la necesidad de clarificar, cuanto antes, la representatividad de los negociadores del banco social, sea en la empresa o en sectores laborales más amplios.

Igualmente encuentran su acomodo en este Título los procesos relativos a la clasificación profesional, movilidad geográfica, modificaciones sustanciales de las condiciones de trabajo, así como los derechos de conciliación de la vida personal y familiar, favoreciendo la aplicación de los criterios convencionales y de las medidas promocionales de la igualdad y los procesos relativos a Seguridad Social, incluida la protección por desempleo.

En el Capítulo VI, sobre los procesos en materia de Seguridad Social, se mantiene la doble vía de reclamación previa u otras formas de agotamiento de la vía administrativa en sentido amplio. En el Capítulo VII, relativo al procedimiento de oficio y al de impugnación de actos administrativos en materia laboral, se ha llevado a cabo una labor de coordinación de los supuestos encuadrables en el primero ya que, al asumir la jurisdicción social gran parte de las competencias para conocer de los actos administrativos en materia laboral, sindical, riesgos laborales y parte de seguridad social, el procedimiento de oficio derivado de las comunicaciones de la autoridad laboral a la que se refería el texto anterior dejaba de cumplir, en la mayor parte de los supuestos, con su finalidad coordinadora de las jurisdicciones contencioso-administrativa y social. Se regula específicamente una nueva modalidad procesal, a partir de una demanda contencioso-laboral análoga al recurso contencioso-administrativo anteriormente tramitado en dicho orden jurisdiccional, que sirve de cauce a la impugnación de los actos administrativos en materia laboral.

En los Capítulos VIII y IX se regulan los procesos en materia de conflictos colectivos y la impugnación de convenios colectivos de eficacia general y de los laudos sustitutivos de éstos, remitiendo, para el caso de las demandas contra cualquier otro tipo de pactos o acuerdos, exclusivamente al proceso de conflictos colectivos. El Capítulo X regula, sin novedades destacables respecto del régimen anterior, la impugnación de los estatutos de los sindicatos y de las asociaciones empresariales o de su modificación, mientras que el undécimo y último regula la tutela de los derechos fundamentales y libertades públicas, ajustándolo a la doctrina constitucional, con una regulación más completa y estructurada que la actual, particularmente en cuanto a los términos de los pronunciamientos a dictar y respecto del resarcimiento de la víctima y su estatuto procesal, y ampliando el ámbito de la modalidad procesal de modo decidido más allá de la invocación principal de derechos fundamentales laborales específicos, como la libertad sindical, para comprender con amplitud toda posible vulneración de tales derechos y libertades fundamentales en el ámbito de las relaciones de trabajo, sean genéricos o específicamente laborales, salvo cuando sea necesario seguir una determinada modalidad procesal especial para, en ella, incluir tal alegación, en todo caso con aplicación de las garantías propias de esta modalidad procesal especial, todo ello en términos que eviten las diferencias de interpretación actuales.

El Libro Tercero contiene el régimen relativo a los medios de impugnación, esto es, los recursos contra providencias, autos, diligencias de ordenación, decretos y sentencias. El libro se organiza en seis títulos, regulando cada uno de ellos, salvo el quinto, un medio de impugnación distinto. Las principales novedades en este ámbito, comprenden, en primer lugar, el reconocimiento de legitimación para recurrir también a la parte favorecida aparentemente por el fallo, de acuerdo con los criterios constitucionales sobre la afectación real o gravamen causado por el pronunciamiento; en segundo lugar, la regulación de un trámite de impugnación eventual de la sentencia por parte de la recurrida, cuando pretenda alegar otros fundamentos distintos de los aplicados por la recurrente, para el caso de que estos últimos no sean convincentes para el tribunal que conoce del recurso, con posibilidad de alegaciones de la recurrente al respecto, de nuevo de acuerdo con criterios de la doctrina constitucional; y, por último, la interposición e impugnación del recurso ante el tribunal autor de la sentencia recurrida, remitiendo al Tribunal Supremo el recurso ya tramitado sin previo emplazamiento ante el mismo, según la positiva experiencia resultante de la tramitación tradicionalmente aplicada para la suplicación. En el Título IV, que regula el recurso de casación para unificación de doctrina, se han tratado de superar los tradicionales obstáculos que venían dados por la exigencia del requisito de contradicción de sentencias que dificultaba y retrasaba el acceso, lo que se intenta corregir dando legitimación al Ministerio Fiscal para recurrir en defensa de la legalidad en supuestos trascendentes aun cuando no concurra aquel presupuesto. Además, no se han venido admitiendo, como doctrina de contradicción o contraste a efectos de este recurso, las sentencias dictadas por el Tribunal Constitucional, por los órganos jurisdiccionales de ámbito supranacional en materia de derechos fundamentales, ni por el Tribunal de Justicia de la Unión Europea en interpretación del Derecho comunitario, a pesar de la vinculación de los órganos jurisdiccionales a las anteriores, en aplicación, respectivamente, del apartado 1 del artículo 5 de la Ley Orgánica 6/1985, de 1 de julio, del Poder Judicial, del apartado 2 del artículo 10 y del apartado 1 del artículo 96 de la Constitución. Por esta razón, la presente norma amplía el ámbito del recurso unificador para lograr la mejora en el cumplimiento efectivo de su finalidad con las cautelas necesarias para salvaguardar la posición constitucional del Tribunal Supremo. Se ha procurado, finalmente, relacionar entre sí la solicitud de nulidad de actuaciones contra resoluciones definitivas, la audiencia al rebelde y la revisión de sentencias firmes, para evitar la compleja y difícil situación que puede llegar a generarse en la práctica con la regulación actual, en cuanto a la procedencia en cada caso de uno u otro medio impugnatorio.

Por último, el Libro Cuarto regula las normas relativas a la ejecución de sentencias. Merece destacar, en la sistemática de estos artículos, la adaptación a las particularidades de la nueva oficina judicial en cuanto a la distribución de funciones en el seno de los juzgados y tribunales, y muy especialmente, la atribución de competencias específicas en materia de ejecución a los secretarios judiciales. Se han introducido también mejoras técnicas para equiparar plenamente, a efectos de la ejecución definitiva, todos los títulos ejecutivos laborales, tanto los constituidos con intervención judicial como los constituidos sin intervención judicial. Se regula por primera vez, como ya se ha apuntado, la posibilidad de ejecución de determinadas sentencias dictadas en procesos de conflicto colectivo cuando puedan determinarse los afectados y la posibilidad de transacción en la ejecución, con las necesarias cautelas para asegurar la efectividad de lo juzgado.

En las disposiciones finales se establece como supletoria la Ley de Enjuiciamiento Civil y, en su caso, la Ley reguladora de la Jurisdicción Contencioso-Administrativa, con la necesaria adaptación a las particularidades del proceso social y en cuanto sean compatibles con sus principios. Se establece también una habilitación al Gobierno para modificar las cuantías correspondientes a los recursos de suplicación y de casación ordinaria, en su caso, y para la adopción de las medidas necesarias para aprobar un sistema de valoración de daños derivados de accidentes de trabajo y de enfermedades profesionales, mediante un sistema específico de baremo de indemnizaciones actualizables anualmente. Finalmente, se regula el régimen transitorio de los procesos iniciados antes de la entrada en vigor de la Ley.

LIBRO PRIMERO. PARTE GENERAL

TÍTULO I. Del ejercicio de la potestad jurisdiccional

CAPÍTULO I. De la jurisdicción

Artículo 1. Orden jurisdiccional social[1].– Los órganos jurisdiccionales del orden social conocerán de las pretensiones que se promuevan dentro de la rama social del Derecho, tanto en su vertiente individual como colectiva, incluyendo aquéllas que versen sobre materias laborales y de Seguridad Social, así como de las impugnaciones de las actuaciones de las Administraciones públicas realizadas en el ejercicio de sus potestades y funciones sobre las anteriores materias.

Artículo 2. Ámbito del orden jurisdiccional social.– Los órganos jurisdiccionales del orden social, por aplicación de lo establecido en el artículo anterior, conocerán de las cuestiones litigiosas que se promuevan:

a) Entre empresarios y trabajadores como consecuencia del contrato de trabajo y del contrato de puesta a disposición, con la salvedad de lo dispuesto en la Ley 22/2003, de 9 de julio, Concursal[2]; y en el ejercicio de los demás derechos y obligaciones en el ámbito de la relación de trabajo.

b) En relación con las acciones que puedan ejercitar los trabajadores o sus causahabientes contra el empresario o contra aquéllos a quienes se les atribuya legal, convencional o contractualmente responsabilidad, por los daños originados en el ámbito de la prestación de servicios o que tengan su causa en accidentes de trabajo o enfermedades profesionales, incluida la acción directa contra la aseguradora y

---

1 Art. 9.5 LOPJ.

2 Véanse arts. 53, 136 ss., 169 ss. y 551 LC vigente (TR aprobado por RDLeg 1/2020, de 5 de mayo).

sin perjuicio de la acción de repetición que pudiera corresponder ante el orden competente[3].

c) Entre las sociedades laborales o las cooperativas de trabajo asociado, y sus socios trabajadores, exclusivamente por la prestación de sus servicios.

d) En relación con el régimen profesional, tanto en su vertiente individual como colectiva, de los trabajadores autónomos económicamente dependientes a que se refiere la Ley 20/2007, de 11 de julio, del Estatuto del trabajo autónomo, incluidos los litigios que deriven del ejercicio por ellos de las reclamaciones de responsabilidad contempladas en el apartado b) de este artículo[4].

e) Para garantizar el cumplimiento de las obligaciones legales y convencionales en materia de prevención de riesgos laborales, tanto frente al empresario como frente a otros sujetos obligados legal o convencionalmente, así como para conocer de la impugnación de las actuaciones de las Administraciones públicas en dicha materia respecto de todos sus empleados, bien sean éstos funcionarios, personal estatutario de los servicios de salud o personal laboral, que podrán ejercer sus acciones, a estos fines, en igualdad de condiciones con los trabajadores por cuenta ajena, incluida la reclamación de responsabilidad derivada de los daños sufridos como consecuencia del incumplimiento de la normativa de prevención de riesgos laborales que forma parte de la relación funcionarial, estatutaria o laboral; y siempre sin perjuicio de las competencias plenas de la Inspección de Trabajo y Seguridad Social en el ejercicio de sus funciones.

f) Sobre tutela de los derechos de libertad sindical, huelga y demás derechos fundamentales y libertades públicas, incluida la prohibición de la discriminación y el acoso, contra el empresario o terceros vinculados a éste por cualquier título, cuando la vulneración alegada tenga conexión directa con la prestación de servicios; sobre las reclamacio-

---

3 Arts. 15.5 LPRL. Art. 168.3 LGSS.

4 LETA.

nes en materia de libertad sindical y de derecho de huelga frente a actuaciones de las Administraciones públicas referidas exclusivamente al personal laboral; sobre las controversias entre dos o más sindicatos, o entre éstos y las asociaciones empresariales, siempre que el litigio verse sobre cuestiones objeto de la competencia del orden jurisdiccional social, incluida en todos los supuestos de este apartado la responsabilidad por daños; y sobre las demás actuaciones previstas en la presente Ley conforme al apartado 4 del artículo 117 de la Constitución Española en garantía de cualquier derecho[5].

g) En procesos de conflictos colectivos[6].

h) Sobre impugnación de convenios colectivos y acuerdos, cualquiera que sea su eficacia, incluidos los concertados por las Administraciones públicas cuando sean de aplicación exclusiva a personal laboral; así como sobre impugnación de laudos arbitrales de naturaleza social, incluidos los dictados en sustitución de la negociación colectiva, en conflictos colectivos, en procedimientos de resolución de controversias y en procedimientos de consulta en movilidad geográfica, modificaciones colectivas de condiciones de trabajo y despidos colectivos, así como en suspensiones y reducciones temporales de jornada. De haberse dictado respecto de las Administraciones públicas, cuando dichos laudos afecten en exclusiva al personal laboral[7].

i) En procesos sobre materia electoral, incluidas las elecciones a órganos de representación del personal al servicio de las Administraciones públicas[8].

j) Sobre constitución y reconocimiento de la personalidad jurídica de los sindicatos, impugnación de sus estatutos y su modificación[9].

---

[5] Arts. 12-15 LOLS y 177-184 LJS.

[6] Arts. 153-162 LJS.

[7] Arts. 163-166 LJS y 82-92 ET.

[8] Arts. 76 ET, 127-136 LJS y RD 1844/1994, de 9 de septiembre.

[9] Arts. 4-5 LOLS y 167-175 LJS.

k) En materia de régimen jurídico específico de los sindicatos, tanto legal como estatutario, en todo lo relativo a su funcionamiento interno y a las relaciones con sus afiliados.

l) Sobre constitución y reconocimiento de la personalidad jurídica de las asociaciones empresariales en los términos referidos en la disposición derogatoria de la Ley Orgánica 11/1985, de 2 de agosto, de Libertad Sindical, impugnación de sus estatutos y su modificación[10].

m) Sobre la responsabilidad de los sindicatos y de las asociaciones empresariales por infracción de normas de la rama social del Derecho.

n) En impugnación de resoluciones administrativas de la autoridad laboral recaídas en los procedimientos previstos en el apartado 5 del artículo 47, en el artículo 47 bis y en el apartado 7 del artículo 51 del Texto Refundido de la Ley del Estatuto de los Trabajadores, aprobado por Real Decreto Legislativo 2/2015, de 23 de octubre, así como las recaídas en el ejercicio de la potestad sancionadora en materia laboral y sindical y, respecto de las demás impugnaciones de otros actos de las Administraciones públicas sujetos al Derecho Administrativo en el ejercicio de sus potestades y funciones en materia laboral y sindical que pongan fin a la vía administrativa, siempre que en este caso su conocimiento no esté atribuido a otro orden jurisdiccional[11].

ñ) Contra las Administraciones públicas, incluido el Fondo de Garantía Salarial, cuando les atribuya responsabilidad la legislación laboral[12].

o) En materia de prestaciones de Seguridad Social, incluidas la protección por desempleo y la protección por cese de actividad de los trabajadores por cuenta propia, así como sobre la imputación de responsabilidades a empresarios o terceros respecto de las prestaciones de Seguridad Social en los casos legalmente establecidos. También las

---

10 Art. 176 LJS. Véase también RD 416/2015, de 29 de mayo, sobre depósito de estatutos de las organizaciones sindicales y empresariales.

11 Arts. 5 a 19 LISOS.

12 Art. 33 ET y RD 505/1985, de 6 de marzo.

cuestiones referidas a aquellas prestaciones de protección social que establezcan las Comunidades Autónomas en el ejercicio de sus competencias, dirigidas a garantizar recursos económicos suficientes para la cobertura de las necesidades básicas y a prevenir el riesgo de exclusión social de las personas beneficiarias. Igualmente, las cuestiones litigiosas relativas a la valoración, reconocimiento y calificación del grado de discapacidad, así como sobre el reconocimiento de la situación de dependencia y prestaciones económicas y servicios derivados de la Ley 39/2006, de 14 de diciembre, de Promoción de la Autonomía Personal y Atención a las personas en situación de dependencia, teniendo a todos los efectos de esta Ley la misma consideración que las relativas a las prestaciones y los beneficiarios de la Seguridad Social.

p) En materia de intermediación laboral, en los conflictos que surjan entre los trabajadores y los servicios públicos de empleo, las agencias de colocación autorizadas y otras entidades colaboradoras de aquéllos y entre estas últimas entidades y el servicio público de empleo correspondiente[13].

q) En la aplicación de los sistemas de mejoras de la acción protectora de la Seguridad Social, incluidos los planes de pensiones y contratos de seguro, siempre que su causa derive de una decisión unilateral del empresario, un contrato de trabajo o un convenio, pacto o acuerdo colectivo; así como de los complementos de prestaciones o de las indemnizaciones, especialmente en los supuestos de accidentes de trabajo o enfermedad profesional, que pudieran establecerse por las Administraciones públicas a favor de cualquier beneficiario.

r) Entre los asociados y las mutualidades, excepto las establecidas por los Colegios profesionales, en los términos previstos en los artículos 64 y siguientes del Texto Refundido de la Ley de ordenación y supervisión de los seguros privados, aprobado por el Real Decreto Legislativo 6/2004, de 29 de octubre, así como entre las fundaciones laborales o entre éstas y sus beneficiarios, sobre cumplimiento,

---

13 Véanse LE y RD 1796/2010.

existencia o declaración de sus obligaciones específicas y derechos de carácter patrimonial, relacionados con los fines y obligaciones propios de esas entidades.

s) En impugnación de actos de las Administraciones públicas, sujetos a derecho administrativo y que pongan fin a la vía administrativa, dictadas en el ejercicio de sus potestades y funciones en materia de Seguridad Social, distintas de las comprendidas en el apartado o) de este artículo, incluyendo las recaídas en el ejercicio de la potestad sancionadora en esta materia y con excepción de las especificadas en la letra f) del artículo 3[14].

t) En cualesquiera otras cuestiones que les sean atribuidas por ésta u otras normas con rango de ley.

Artículo 3. Materias excluidas.– No conocerán los órganos jurisdiccionales del orden social:

a) De la impugnación directa de disposiciones generales de rango inferior a la ley y decretos legislativos cuando excedan los límites de la delegación, aun en las materias laborales, sindicales o de Seguridad Social enumeradas en el artículo anterior.

b) De las cuestiones litigiosas en materia de prevención de riesgos laborales que se susciten entre el empresario y los obligados a coordinar con éste las actividades preventivas de riesgos laborales y entre cualquiera de los anteriores y los sujetos o entidades que hayan asumido frente a ellos, por cualquier título, la responsabilidad de organizar los servicios de prevención.

c) De la tutela de los derechos de libertad sindical y del derecho de huelga relativa a los funcionarios públicos, personal estatutario de los servicios de salud y al personal a que se refiere la letra a) del apartado 3 del artículo 1 del Texto Refundido de la Ley del Estatuto de los Trabajadores.

---

14 Arts. 20-32 LISOS.

d) De las disposiciones que establezcan las garantías tendentes a asegurar el mantenimiento de los servicios esenciales de la comunidad en caso de huelga y, en su caso, de los servicios o dependencias y los porcentajes mínimos de personal necesarios a tal fin, sin perjuicio de la competencia del orden social para conocer de las impugnaciones exclusivamente referidas a los actos de designación concreta del personal laboral incluido en dichos mínimos, así como para el conocimiento de los restantes actos dictados por la autoridad laboral en situaciones de conflicto laboral conforme al Real Decreto-Ley 17/1977, de 4 de marzo, sobre Relaciones de Trabajo.

e) De los pactos o acuerdos concertados por las Administraciones públicas con arreglo a lo previsto en la Ley 7/2007, de 12 de abril, del Estatuto Básico del Empleado Público, que sean de aplicación al personal funcionario o estatutario de los servicios de salud, ya sea de manera exclusiva o conjunta con el personal laboral; y sobre la composición de las Mesas de negociación sobre las condiciones de trabajo comunes al personal de relación administrativa y laboral.

f)[15] De las impugnaciones de los actos administrativos en materia de Seguridad Social relativos a inscripción de empresas, formalización de la protección frente a riesgos profesionales, tarifación, afiliación, alta, baja y variaciones de datos de trabajadores, así como en materia de liquidación de cuotas, actas de liquidación y actas de infracción vinculadas con dicha liquidación de cuotas y con respecto a los actos

---

15 La DF 20ª de la Ley de 22/2021, de 28 de diciembre, de Presupuestos Generales del Estado para 2021 (corrección de errores, BOE 26 de mayo de 2022) modificó la letra f) del art. 3 LJS, introduciendo la previsión relativa a que los actos administrativos dictados en las fases preparatorias, previas a la contratación de personal laboral para el ingreso por acceso libre, quedaban fuera del orden social y deberían ser impugnados ante el orden jurisdiccional contencioso administrativo; asimismo, desplazó todas las previsiones del listado a partir de dicha letra un lugar. La STC 145/2022, de 15 de noviembre, declaró la inconstitucionalidad de dicha previsión por el instrumento normativo empleado para llevar a cabo la reforma, por lo que, al margen de desaparecer el texto reformado, las letras afectadas por el desplazamiento han recuperado su lugar.

de gestión recaudatoria, incluidas las resoluciones dictadas en esta materia por su respectiva entidad gestora, en el supuesto de cuotas de recaudación conjunta con las cuotas de Seguridad Social y, en general, los demás actos administrativos conexos a los anteriores dictados por la Tesorería General de la Seguridad Social; así como de los actos administrativos sobre asistencia y protección social públicas en materias que no se encuentren comprendidas en las letras o) y s) del artículo 2.

g) De las reclamaciones sobre responsabilidad patrimonial de las Entidades Gestoras y Servicios Comunes de la Seguridad Social, así como de las demás entidades, servicios y organismos del Sistema Nacional de Salud y de los centros sanitarios concertados con ellas, sean estatales o autonómicos, por los daños y perjuicios causados por o con ocasión de la asistencia sanitaria, y las correspondientes reclamaciones, aun cuando en la producción del daño concurran con particulares o cuenten con un seguro de responsabilidad.

h) De las pretensiones cuyo conocimiento y decisión esté reservado por la Ley Concursal a la jurisdicción exclusiva y excluyente del juez del concurso.

CAPÍTULO II. De la competencia

Artículo 4. Competencia funcional por conexión.– 1. La competencia de los órganos jurisdiccionales del orden social se extenderá al conocimiento y decisión de las cuestiones previas y prejudiciales no pertenecientes a dicho orden, que estén directamente relacionadas con las atribuidas al mismo, salvo lo previsto en el apartado 3 de este artículo y en la Ley 22/2003, de 9 de julio, Concursal[16].

2. Las cuestiones previas y prejudiciales serán decididas en la resolución judicial que ponga fin al proceso. La decisión que se pronuncie no producirá efecto fuera del proceso en que se dicte.

---

[16] Art. 10 LOPJ. Téngase en cuenta la sustitución de Ley 22/2003 por la nueva LC tras el RDLeg. 1/2020.

3. Hasta que las resuelva el órgano judicial competente, las cuestiones prejudiciales penales suspenderán el plazo para adoptar la debida decisión sólo cuando se basen en falsedad documental y su solución sea de todo punto indispensable para dictarla[17].

4. La suspensión de la ejecución por existencia de una cuestión prejudicial penal sólo procederá si la falsedad documental en que se base se hubiere producido después de constituido el título ejecutivo y se limitará a las actuaciones ejecutivas condicionadas directamente por la resolución de aquélla.

Artículo 5. Apreciación de oficio de la falta de jurisdicción o de competencia.– 1. Si los órganos jurisdiccionales apreciaren la falta de jurisdicción o de competencia internacional, o se estimaren incompetentes para conocer de la demanda por razón de la materia, del territorio o de la función, dictarán auto declarándolo así y previniendo al demandante ante quién y cómo puede hacer uso de su derecho.

2. Igual declaración deberán hacer en los mismos supuestos al dictar sentencia, absteniéndose de entrar en el conocimiento del fondo del asunto.

3. La declaración de oficio de la falta de jurisdicción o de competencia en los casos de los dos párrafos anteriores requerirá previa audiencia de las partes y del Ministerio Fiscal en plazo común de tres días.

4. Contra el auto de declaración de falta de jurisdicción o de competencia podrán ejercitarse los recursos previstos en la presente Ley. Si en el auto se declarase la jurisdicción y competencia del órgano de la jurisdicción social, la cuestión podrá suscitarse de nuevo en el juicio y, en su caso, en el recurso ulterior.

5. Si la acción ejercitada estuviere sometida a plazo de caducidad, se entenderá suspendida desde la presentación de la demanda hasta que el auto que declare la falta de jurisdicción o de competencia sea firme.

---

17 Art. 10.2 LOPJ.

Artículo 6. Juzgados de lo Social.– 1. Los Juzgados de lo Social conocerán en única instancia de todos los procesos atribuidos al orden jurisdiccional social, con excepción de los asignados expresamente a la competencia de otros órganos de este orden jurisdiccional en los artículos 7, 8 y 9 de esta Ley y en la Ley Concursal.

2. En aplicación de lo establecido en el apartado anterior, conocerán también en única instancia de los procesos de impugnación de actos de Administraciones públicas atribuidos al orden jurisdiccional social en las letras n) y s) del artículo 2, cuando hayan sido dictados por:

a) Los órganos de la Administración General del Estado y de los organismos públicos vinculados o dependientes de ella siempre que su nivel orgánico sea inferior al de Ministro o Secretario de Estado[18].

b) Las Administraciones de las Comunidades Autónomas, salvo los que procedan del respectivo Consejo de Gobierno.

c) Las Administraciones de las entidades locales.

d) Cualquier otro organismo o entidad de derecho público que pudiera ostentar alguna de las competencias administrativas a las que se refieren las mencionadas letras del artículo 2 de esta Ley.

Artículo 7. Salas de lo Social de los Tribunales Superiores de Justicia.– Las Salas de lo Social de los Tribunales Superiores de Justicia conocerán:

a) En única instancia, de los procesos sobre las cuestiones a que se refieren las letras f), g), h), j), k) y l) del artículo 2 cuando extiendan sus efectos a un ámbito territorial superior al de la circunscripción de un Juzgado de lo Social y no superior al de la Comunidad Autónoma, así como de todos aquellos que expresamente les atribuyan las leyes.

Conocerán en única instancia de los procesos de despido colectivo impugnados por los representantes de los trabajadores de conformidad con lo previsto en los apartados 1 a 10 del artículo 124 de esta Ley,

---

[18] Art. 48 LISOS.

cuando extiendan sus efectos a un ámbito territorial no superior al de la Comunidad Autónoma.

Asimismo, conocerán en única instancia de los procesos de oficio previstos en la letra b) del artículo 148 de esta Ley y de los procesos de impugnación de las resoluciones administrativas recaídas en los procedimientos previstos en el apartado 7 del artículo 51 del Texto Refundido de la Ley del Estatuto de los Trabajadores, aprobado por Real Decreto Legislativo 1/1995, de 24 de marzo, de conformidad con lo previsto en el artículo 151 de esta Ley, cuando el acuerdo o acto administrativo impugnado extiendan sus efectos a un ámbito territorial no superior al de una Comunidad Autónoma.

b) También en única instancia, de los procesos de impugnación de actos de las Administraciones públicas atribuidos al orden jurisdiccional social en las letras n) y s) del artículo 2, cuando hayan sido dictados por el Consejo de Gobierno de la Comunidad Autónoma o por órganos de la Administración General del Estado con nivel orgánico de Ministro o Secretario de Estado, siempre que, en este último caso, el acto haya confirmado, en vía de recurso o en procedimiento de fiscalización o tutela, los que hayan sido dictados por órganos o entes distintos con competencia en todo el territorio nacional[19].

c) De los recursos de suplicación establecidos en esta Ley contra las resoluciones dictadas por los Juzgados de lo Social de su circunscripción.

d) De los recursos de suplicación contra los autos de los jueces de lo mercantil previstos en los artículos 64.8 y 197.8 de la Ley 22/2003, de 9 de julio, Concursal[20].

e) De las cuestiones de competencia que se susciten entre los Juzgados de lo Social de su circunscripción.

---

[19] Art. 48 LISOS.

[20] Actualmente art. 551 LC.

Artículo 8. Sala de lo Social de la Audiencia Nacional.– 1. La Sala de lo Social de la Audiencia Nacional conocerá en única instancia, de los procesos sobre las cuestiones a que se refieren las letras f), g), h), j), k) y l) del artículo 2 cuando extiendan sus efectos a un ámbito territorial superior al de una Comunidad Autónoma o tratándose de impugnación de laudos, de haber correspondido, en su caso, a esta Sala el conocimiento del asunto sometido a arbitraje.

Conocerá en única instancia de los procesos de despido colectivo impugnados por los representantes de los trabajadores de conformidad con lo previsto en los apartados 1 a 10 del artículo 124 de esta Ley, cuando extiendan sus efectos a un ámbito territorial superior al de una Comunidad Autónoma[21].

Asimismo, conocerá en única instancia de los de los procesos de oficio previstos en la letra b) del artículo 148 de esta Ley y de los procesos de impugnación de las resoluciones administrativas recaídas en los procedimientos previstos en el apartado 7 del artículo 51 del Texto Refundido de la Ley del Estatuto de los Trabajadores, aprobado por Real Decreto Legislativo 1/1995, de 24 de marzo, de conformidad con lo previsto en el artículo 151 de esta Ley, cuando el acuerdo o acto administrativo impugnado extiendan sus efectos a un ámbito territorial superior al de una Comunidad Autónoma.

2. También, con independencia de su ámbito territorial de afectación, conocerá en única instancia de los procesos de impugnación de actos de Administraciones públicas atribuidos al orden jurisdiccional social en las letras n) y s) del artículo 2, cuando hayan sido dictados por órganos de la Administración General del Estado y de los organismos públicos vinculados o dependientes de ella cuyo nivel orgánico sea de Ministro o Secretario de Estado bien con carácter originario o bien cuando rectifiquen por vía de recurso o en procedimiento de

---

[21] Art. 2 RPRE.

fiscalización o tutela los dictados por órganos o entes distintos con competencia en todo el territorio nacional[22].

Artículo 9. Sala de lo Social del Tribunal Supremo.– La Sala de lo Social del Tribunal Supremo conocerá:

a) En única instancia de los procesos de impugnación de actos de Administraciones públicas atribuidos al orden jurisdiccional social cuando hayan sido dictados por el Consejo de Ministros[23].

b) De los recursos de casación establecidos en la Ley.

c) De la revisión de sentencias firmes dictadas por los órganos jurisdiccionales del orden social y de la revisión de laudos arbitrales firmes sobre materias objeto de conocimiento del orden social.

d) De las demandas de error judicial cuando el órgano al que se impute el error pertenezca al orden jurisdiccional social, salvo cuando éste se atribuyese a la propia Sala de lo Social del Tribunal Supremo o a alguna de sus secciones en que la competencia corresponderá a la Sala que se establece en el artículo 61 de la Ley Orgánica 6/1985, de 1 de julio, del Poder Judicial.

e) De las cuestiones de competencia suscitadas entre órganos del orden jurisdiccional social que no tengan otro superior jerárquico común.

Artículo 10. Competencia territorial de los Juzgados de lo Social.– La competencia de los Juzgados de lo Social se determinará de acuerdo con las siguientes reglas:

1. Con carácter general será juzgado competente el del lugar de prestación de los servicios o el del domicilio del demandado, a elección del demandante.

Si los servicios se prestaran en lugares de distintas circunscripciones territoriales, el trabajador podrá elegir entre aquél de ellos en que

---

22 Art. 48 LISOS.

23 Art. 48 LISOS.

tenga su domicilio, el del contrato, si hallándose en él el demandado pudiera ser citado, o el del domicilio del demandado.

En el caso de que sean varios los demandados, y se optare por el fuero del domicilio, el actor podrá elegir el de cualquiera de los demandados.

En las demandas contra las Administraciones públicas empleadoras será juzgado competente el del lugar de prestación de los servicios o el del domicilio del demandante, a elección de éste; salvo para los trabajadores que presten servicios en el extranjero, en que será juzgado competente el del domicilio de la Administración pública demandada.

2. En los procesos que se indican en los párrafos siguientes será en cada caso juzgado competente:

a) En los que versen sobre las materias referidas en las letras o) y p) del artículo 2, aquél en cuya circunscripción se haya producido la resolución originaria, expresa o presunta, o la actuación impugnada en el proceso, o, a elección del demandante, el juzgado de su domicilio, si bien, cuando el recurso tenga por objeto actos de las Administraciones de las Comunidades Autónomas o de las entidades de la Administración Local, la elección se entenderá limitada a los juzgados comprendidos dentro de la circunscripción de la Sala de lo Social del Tribunal Superior de Justicia en que tenga su sede el órgano que hubiere dictado el acto originario impugnado.

b) En los que versen sobre las materias referidas en las letras q) y r) del artículo 2, el del domicilio del demandado o el del demandante, a elección de éste. En los procesos entre Mutualidades de Previsión, regirá en todo caso el fuero de la demandada.

c) En los de reclamación de salarios de tramitación frente al Estado, conocerá el juzgado que dictó la sentencia de despido.

d) En los que versen sobre las materias referidas en las letras j) y l) del artículo 2, el de la sede del sindicato o de la asociación empresarial.

e) En los que versen sobre la materia referida en las letras k) y m) del artículo 2, el del lugar en que se produzcan los efectos del acto o actos que dieron lugar al proceso.

f) En los que versen sobre la materia referida en la letra f) del artículo 2, el del lugar donde se produjo o, en su caso, al que se extiendan los efectos de la lesión, o las decisiones o actuaciones respecto de las que se demanda la tutela.

g) En los procesos electorales referidos en la letra i) del artículo 2, el del lugar en cuya circunscripción esté situada la empresa o centro de trabajo; si los centros están situados en municipios distintos, en que ejerzan jurisdicción juzgados diferentes, con unidad de comité de empresa o de órgano de representación del personal al servicio de las Administraciones públicas, el del lugar en que inicialmente hubiera de constituirse o se hubiera constituido la mesa electoral. Cuando se trate de impugnación de la resolución administrativa que deniegue el registro de las actas electorales o las relativas a expedición de certificaciones de la capacidad representativa de los sindicatos o de los resultados electorales, la competencia corresponderá al Juzgado de lo Social en cuya circunscripción se encuentre la oficina pública correspondiente.

h) En los de impugnación de convenios colectivos o laudos sustitutivos de aquéllos y en los de conflictos colectivos, referidos en las letras h) y g) del artículo 2, el de la circunscripción a que se refiera el ámbito de aplicación del convenio o laudo impugnado, o en que se produzcan los efectos del conflicto, respectivamente. En las acciones de impugnación y recursos judiciales de impugnación de los restantes tipos de laudos arbitrales cuyo conocimiento corresponda al orden social, el de la circunscripción del juzgado al que le hubiera correspondido, en su caso, el conocimiento del asunto sometido a arbitraje.

3. La determinación de la competencia de los juzgados y tribunales del orden social en los procesos a que se refiere la Ley 10/1997, de 24 abril, de información y consulta de los trabajadores en las empresas y grupos de dimensión comunitaria, se regirá por las reglas fijadas en los artículos 6 a 11 de la presente Ley atendiendo a la modalidad procesal de que se trate. En los procesos de conflictos colectivos, sobre impugnación de convenios colectivos y sobre tutela de los derechos de libertad sindical se atenderá a la extensión de sus efectos en territorio

español. A tal fin, en ausencia de acuerdo o de determinación expresa al respecto, se entenderá que el domicilio de la comisión negociadora y del comité de empresa europeo es el de la dirección central.

4. En los procesos de impugnación de actos de Administraciones públicas no comprendidos en los apartados anteriores y atribuidos a los Juzgados de lo Social, la competencia territorial de los mismos se determinará conforme a las siguientes reglas:

a) Con carácter general, será competente el juzgado en cuya circunscripción tenga su sede el órgano que hubiera dictado el acto originario impugnado.

b) En la impugnación de actos que tengan un destinatario individual, a elección del demandante, podrá interponerse la demanda ante el juzgado del domicilio de éste, si bien, cuando el recurso tenga por objeto actos de las Administraciones de las Comunidades Autónomas o de las entidades de la Administración Local, la elección se entenderá condicionada a que el juzgado del domicilio esté comprendido dentro de la circunscripción de la Sala de lo Social del Tribunal Superior de Justicia en que tenga su sede el órgano que hubiere dictado el acto originario impugnado. Si el acto afectase a una pluralidad de destinatarios se aplicará la regla general.

Artículo 11. Competencia territorial de las Salas de lo Social de los Tribunales Superiores de Justicia.– 1. La competencia territorial para el conocimiento de los procesos atribuidos en instancia a las Salas de lo Social de los Tribunales Superiores de Justicia corresponderá:

a) En los de impugnación de convenios colectivos o laudos sustitutivos de los anteriores y en los de conflictos colectivos, referidos en las letras g) y h) del artículo 2, a la del Tribunal en cuya circunscripción se produzcan los efectos del conflicto o a la de aquel a cuya circunscripción se extienda el ámbito de aplicación de las cláusulas del convenio, acuerdo o laudo impugnado o, tratándose de impugnación de laudos, de haber correspondido, en su caso, a estas Salas el conocimiento del asunto sometido a arbitraje.

b) En los que versen sobre la materia referida en las letras j) y l) del artículo 2, a la del Tribunal en cuya circunscripción tengan su sede el sindicato y la asociación empresarial a que se refiera.

c) En los que versen sobre las materias referidas en las letras k) y m) del artículo 2, a la del Tribunal en cuya circunscripción se produzcan los efectos del acto que diera lugar al proceso.

d) En los que versen sobre la materia referida en la letra f) del artículo 2, a la del Tribunal en cuya circunscripción se produzca o, en su caso, se extiendan los efectos de la lesión, las decisiones o actuaciones respecto de las que se demanda la tutela.

2. Cuando existan varias Salas de lo Social en un mismo Tribunal Superior, la competencia territorial de cada una de ellas se determinará por aplicación de las reglas establecidas en el apartado anterior, referida a la circunscripción territorial de la Sala.

3. En el caso de que los efectos de la cuestión litigiosa se extiendan a las circunscripciones de varias Salas, sin exceder del ámbito territorial de una Comunidad Autónoma, conocerá la que corresponda según las reglas de reparto que al efecto haya aprobado la Sala de Gobierno del Tribunal Superior de Justicia.

4. En las materias a que se refieren las letras n) y s) del artículo 2 y atribuidas en el artículo 7 al conocimiento de las Salas de lo Social de los Tribunales Superiores de Justicia:

a) Cuando el acto impugnado proceda del Consejo de Gobierno de la Comunidad Autónoma, la competencia corresponderá a la Sala de lo Social del Tribunal Superior de Justicia en cuya circunscripción tenga su sede el mencionado órgano de gobierno.

b) Cuando el acto impugnado proceda de un Ministro o Secretario de Estado, conforme a la letra b) del artículo 7, el conocimiento del asunto corresponderá a la Sala de lo Social en cuya circunscripción tenga su sede el órgano autor del acto originario impugnado, o, cuando tenga un destinatario individual, a la Sala de lo Social en cuya circunscripción tenga su domicilio el demandante, a elección de éste. Si el acto afectase a una pluralidad de destinatarios y fueran diversas las Salas competentes según la regla anterior, la competencia vendrá atribuida a la Sala de la sede del órgano autor del acto originario impugnado.

CAPÍTULO III. De los conflictos de competencia y de las cuestiones de competencia

Artículo 12. Régimen legal.– Los conflictos de competencia entre los órganos jurisdiccionales del orden social y los de otros órdenes de la jurisdicción se regirán por lo dispuesto en la Ley Orgánica 6/1985, de 1 de julio, del Poder Judicial[24].

Artículo 13. Cuestiones de competencia.– 1. No podrán suscitarse cuestiones de competencia entre jueces y tribunales subordinados entre sí, estándose al respecto a lo dispuesto en el artículo 52 de la Ley Orgánica del Poder Judicial.

2. Las cuestiones de competencia que se susciten entre órganos del orden social de la jurisdicción serán decididas por el inmediato superior común[25].

Artículo 14. Tramitación de las cuestiones de competencia.– Las cuestiones de competencia se sustanciarán y decidirán con sujeción a lo dispuesto en la Ley 1/2000, de 7 de enero, de Enjuiciamiento Civil[26], salvo lo dispuesto en las siguientes reglas:

1.ª Las declinatorias se propondrán como excepciones y serán resueltas previamente en la sentencia, sin suspender el curso de los autos.

2.ª Si se estimase la declinatoria, el demandante podrá deducir su demanda ante el órgano territorialmente competente, y si la acción estuviese sometida a plazo de caducidad se entenderá suspendida desde

---

[24] Arts. 42 a 50 LOPJ.

[25] Art. 51 LOPJ.

[26] Arts. 63 a 65 LEC.

la presentación de la demanda hasta que la sentencia que estime la declinatoria quede firme.

CAPÍTULO IV. De la abstención y de la recusación

Artículo 15. Régimen legal y procedimiento.– 1. La abstención y la recusación se regirán, en cuanto a sus causas, por la Ley Orgánica del Poder Judicial, y en cuanto al procedimiento, por lo dispuesto en la Ley de Enjuiciamiento Civil[27].

No obstante lo anterior, la recusación habrá de proponerse en instancia con anterioridad a la celebración de los actos de conciliación y juicio y, en recursos, antes del día señalado para la votación y fallo o, en su caso, para la vista.

En cualquier caso, la proposición de la recusación no suspenderá la ejecución.

2. Instruirán los incidentes de recusación:

a) Cuando el recusado sea el Presidente o uno o más Magistrados de la Sala de lo Social del Tribunal Supremo, de la Sala de lo Social de los Tribunales Superiores de Justicia o de la Sala de lo Social de la Audiencia Nacional, un Magistrado de la Sala a la que pertenezca el recusado, designado en virtud de un turno establecido por orden de antigüedad.

b) Cuando se recusare a todos los Magistrados de una Sala de Justicia, el Magistrado que corresponda por turno de antigüedad de los que integren el Tribunal correspondiente, siempre que no estuviere afectado por la recusación, y si se recusare a todos los Magistrados que integran la Sala de lo Social del Tribunal correspondiente, un Magistrado de la Sala de lo Contencioso-Administrativo designado por sorteo entre todos sus integrantes.

c) Cuando el recusado sea un Juez de lo Social, un Magistrado de la Sala de lo Social del Tribunal Superior de Justicia, designado en virtud de un turno establecido por orden de antigüedad.

---

27 Arts. 217 ss., 446 y 449 LOPJ y 99 ss. LEC.

La antigüedad se regirá por el orden de escalafón en la carrera judicial.

En los casos en que no fuere posible cumplir lo prevenido en los párrafos anteriores, la Sala de Gobierno del Tribunal correspondiente designará al instructor, procurando que sea de mayor categoría o, al menos, de mayor antigüedad que el recusado o recusados.

3. Decidirán los incidentes de recusación:

a) La Sala prevista en el artículo 61 de la Ley Orgánica del Poder Judicial, cuando el recusado sea el Presidente de la Sala de lo Social o dos o más de los Magistrados de dicha Sala.

b) La Sala de lo Social del Tribunal Supremo, cuando se recuse a uno de los Magistrados que la integran.

c) La Sala a que se refiere el artículo 77 de la Ley Orgánica del Poder Judicial, cuando se hubiera recusado al Presidente de la Sala de lo Social de dicho Tribunal Superior.

d) La Sala a que se refiere el artículo 69 de la Ley Orgánica del Poder Judicial, cuando se hubiera recusado al Presidente de la Sala de lo Social de la Audiencia Nacional o a más de dos Magistrados de una Sección de dicha Sala.

e) Cuando se recusare a uno o dos Magistrados de la Sala de lo Social de la Audiencia Nacional, la Sección en la que no se encuentre integrado el recusado o la Sección que siga en orden numérico a aquélla de la que el recusado forme parte.

f) Cuando se recusare a uno o dos Magistrados de la Sala de lo Social de los Tribunales Superiores de Justicia, la Sala en Pleno si no estuviera dividida en Secciones o, en caso contrario, la Sección en la que no se encuentre integrado el recusado o la Sección que siga en orden numérico a aquella de la que el recusado forme parte.

g) Cuando el recusado sea un Juez de lo Social, la Sala de lo Social del Tribunal Superior de Justicia correspondiente en Pleno, si no estuviera dividida en Secciones o, en caso contrario, la Sección primera.

4. La abstención y la recusación de los secretarios judiciales y de los miembros de los demás cuerpos de funcionarios al servicio de la

Administración de Justicia se regirán por lo dispuesto para cada uno de ellos en la Ley de Enjuiciamiento Civil[28].

TÍTULO II. De las partes procesales

CAPÍTULO I. De la capacidad y legitimación procesal

Artículo 16. Capacidad procesal y representación.– 1. Podrán comparecer en juicio en defensa de sus derechos e intereses legítimos quienes se encuentren en el pleno ejercicio de sus derechos civiles.

2.Tendrán capacidad procesal los trabajadores mayores de dieciséis años y menores de dieciocho respecto de los derechos e intereses legítimos derivados de sus contratos de trabajo y de la relación de Seguridad Social, cuando legalmente no precisen para la celebración de dichos contratos autorización de sus padres, tutores o de la persona o institución que los tenga a su cargo, o hubieran obtenido autorización para contratar de sus padres, tutores o persona o institución que los tenga a su cargo conforme a la legislación laboral o la legislación civil o mercantil respectivamente. Igualmente tendrán capacidad procesal los trabajadores autónomos económicamente dependientes mayores de dieciséis años[29].

3. En los supuestos previstos en el apartado anterior, los trabajadores mayores de dieciséis años y menores de dieciocho tendrán igualmente capacidad procesal respecto de los derechos de naturaleza sindical y de representación, así como para la impugnación de los actos administrativos que les afecten.

4. Por quienes no se hallaren en el pleno ejercicio de sus derechos civiles comparecerán sus representantes legítimos o los que deban suplir su incapacidad conforme a Derecho.

---

[28] Arts. 103 ss. LEC.

[29] Art. 7 ET.

5. Por las personas jurídicas comparecerán quienes legalmente las representen. Por las entidades sin personalidad a las que la ley reconozca capacidad para ser parte comparecerán quienes legalmente las representen en juicio. Por las masas patrimoniales o patrimonios separados carentes de titular o cuyo titular haya sido privado de sus facultades de disposición y administración comparecerán quienes conforme a la ley las administren. Por las entidades que, no habiendo cumplido los requisitos legalmente establecidos para constituirse en personas jurídicas, estén formadas por una pluralidad de elementos personales y patrimoniales puestos al servicio de un fin determinado, comparecerán quienes de hecho o en virtud de pactos de la entidad, actúen en su nombre frente a terceros o ante los trabajadores. Por las comunidades de bienes y grupos comparecerán quienes aparezcan, de hecho o de derecho, como organizadores, directores o gestores de los mismos, o en su defecto como socios o partícipes de los mismos y sin perjuicio de la responsabilidad que, conforme a la ley, pueda corresponder a estas personas físicas.

Artículo 17. Legitimación.– 1. Los titulares de un derecho subjetivo o un interés legítimo podrán ejercitar acciones ante los órganos jurisdiccionales del orden social, en los términos establecidos en las leyes.

2. Los sindicatos de trabajadores y las asociaciones empresariales tendrán legitimación para la defensa de los intereses económicos y sociales que les son propios.

Los sindicatos con implantación suficiente en el ámbito del conflicto están legitimados para accionar en cualquier proceso en el que estén en juego intereses colectivos de los trabajadores, siempre que exista un vínculo entre dicho sindicato y el objeto del pleito de que se trate; podrán igualmente personarse y ser tenidos por parte en dichos procesos, sin que tal intervención haga detener o retroceder el curso de las actuaciones.

En especial, en los términos establecidos en esta Ley, podrán actuar, a través del proceso de conflicto colectivo, en defensa de los derechos e intereses de una pluralidad de trabajadores indeterminada o de difícil determinación; y, en particular, por tal cauce podrán actuar en defensa del derecho a la igualdad de trato entre mujeres y hombres en todas las materias atribuidas al orden social.

En el proceso de ejecución se considerarán intereses colectivos los tendentes a la conservación de la empresa y a la defensa de los puestos de trabajo.

3. Las organizaciones de trabajadores autónomos tendrán legitimación para la defensa de los acuerdos de interés profesional por ellas firmados.

4. El Ministerio Fiscal estará legitimado para intervenir en todos aquellos supuestos previstos en la presente Ley.

5. Para la defensa de los derechos e intereses de las personas víctimas de discriminación por orientación e identidad sexual, expresión de género o características sexuales, además de las personas afectadas y siempre que cuenten con su autorización expresa, estarán también legitimados los partidos políticos, las organizaciones sindicales, las organizaciones empresariales, las asociaciones profesionales de personas trabajadoras autónomas, las organizaciones de personas consumidoras y usuarias y las asociaciones y organizaciones legalmente constituidas que tengan entre sus fines la defensa y promoción de los derechos de las personas lesbianas, gais, bisexuales, trans e intersexuales o de sus familias, de acuerdo con lo establecido en la Ley para la igualdad real y efectiva de las personas trans y para la garantía de los derechos de las personas LGTBI.

Cuando las personas afectadas sean una pluralidad indeterminada o de difícil determinación, la legitimación para demandar en juicio la defensa de estos intereses difusos corresponderá exclusivamente a los organismos públicos con competencia en la materia, a los partidos políticos, las organizaciones sindicales, las organizaciones empresariales, las asociaciones profesionales de personas trabajadoras autónomas, las organizaciones de personas consumidoras y usuarias y las asociaciones y organizaciones legalmente constituidas que tengan entre sus fines la defensa y promoción de los derechos de las personas lesbianas, gais, bisexuales, trans e intersexuales o de sus familias.

La persona acosada será la única legitimada en los litigios sobre acoso discriminatorio por razón de orientación e identidad sexual, expresión de género o características sexuales.

6. Contra las resoluciones que les afecten desfavorablemente las partes podrán interponer los recursos establecidos en esta Ley por haber visto desestimadas cualquiera de sus pretensiones o excepciones, por resultar de ellas directamente gravamen o perjuicio, para revisar errores de hecho o prevenir los eventuales efectos del recurso de la parte contraria o por la posible eficacia de cosa juzgada del pronunciamiento sobre otros procesos ulteriores.

CAPÍTULO II. De la representación y defensa procesales

Artículo 18. Intervención en el juicio.– 1. Las partes podrán comparecer por sí mismas o conferir su representación a abogado, procurador, graduado social colegiado o cualquier persona que se encuentre en el pleno ejercicio de sus derechos civiles. La representación podrá conferirse mediante poder otorgado por comparecencia ante el letrado o letrada de la Administración de Justicia, a través del registro electrónico o de apoderamiento apud acta o por escritura pública.

2. En el caso de otorgarse la representación a abogado deberán seguirse los trámites previstos en el apartado 2 del artículo 21.

Artículo 19. Presentación de la demanda y pluralidad de actores o demandados.– 1. La demanda podrá presentarse bien individualmente, bien de modo conjunto, en un solo escrito o en varios y, en este caso, su admisión a trámite equivaldrá a la decisión de su acumulación, que no podrá denegarse salvo que las acciones no sean acumulables según esta Ley.

2. En los procesos en los que demanden de forma conjunta más de diez actores, éstos deberán designar un representante común, con el que se entenderán las sucesivas diligencias del litigio. Este representante deberá ser necesariamente abogado, procurador, graduado social colegiado, uno de los demandantes o un sindicato. Dicha representación podrá conferirse mediante poder otorgado por comparecencia ante el letrado o letrada de la Administración de Justicia, a través del registro electrónico o de apoderamiento apud acta, por escritura pública o mediante comparecencia ante el servicio administrativo que tenga atribuidas las competencias de conciliación, mediación o arbitraje o el órgano que asuma estas funciones. Junto con la demanda se deberá aportar el documento correspondiente de otorgamiento de esta representación.

3. Cuando se acuerde la acumulación de los procesos correspondientes a varias demandas presentadas contra un mismo demandado, afectando de este modo el proceso a más de diez actores, así como cuando la demanda o demandas se dirijan contra más de diez demandados, siempre que no haya contraposición de intereses entre ellos, el secretario judicial les requerirá para que designen un representante común, pudiendo recaer dicha designación en cualquiera de los sujetos mencionados en el apartado anterior. A tal efecto, junto con la comunicación a los actores de la resolución de acumulación, el secretario judicial les citará de comparecencia dentro de los cuatro días siguientes para el nombramiento del representante común; si el día de la comparecencia no asistiese alguno de los citados en forma, se procederá a la designación del representante común, entendiéndose que quien no comparezca acepta el nombramiento efectuado por el resto.

4. Cualquiera de los demandantes o demandados en el caso del apartado anterior podrá expresar su voluntad justificada de comparecer por sí mismo o de designar un representante propio, diferenciado del designado de forma conjunta por los restantes actores o demandados.

5. Cuando por razón de la tutela ejercitada la pretensión no afecte de modo directo e individual a trabajadores determinados se entende-

rá, a efectos de emplazamiento y comparecencia en el proceso, que los órganos representativos unitarios y, en su caso, la representación sindical, ostentan la representación en juicio de los intereses genéricos del colectivo laboral correspondiente, siempre que no haya contraposición de intereses entre ellos, y sin perjuicio de la facultad de los trabajadores que indirectamente pudieran resultar afectados, de comparecer por sí mismos o de designar un representante propio.

Artículo 20. Representación por los sindicatos.– 1. Los sindicatos podrán actuar en un proceso, en nombre e interés de los trabajadores y de los funcionarios y personal estatutario afiliados a ellos que así se lo autoricen, para la defensa de sus derechos individuales, recayendo en dichos afiliados los efectos de aquella actuación.

2. En la demanda, el sindicato habrá de acreditar la condición de afiliado del trabajador o empleado y la existencia de la comunicación al afiliado de su voluntad de iniciar el proceso. La autorización se presumirá concedida salvo declaración en contrario del afiliado. En el caso de que no se hubiese otorgado esta autorización, el trabajador o empleado podrá exigir al sindicato la responsabilidad que proceda, que habrá de decidirse en proceso social independiente.

3. Si en cualquier fase del proceso el afiliado expresara en la oficina judicial que no había recibido la comunicación del sindicato o que habiéndola recibido hubiera negado la autorización de actuación en su nombre, el juez o tribunal, previa audiencia del sindicato, acordará el archivo de las actuaciones sin más trámite.

4. Los sindicatos estarán exentos de efectuar depósitos y consignaciones en todas sus actuaciones ante el orden social y gozarán del beneficio legal de justicia gratuita cuando ejerciten un interés colectivo en defensa de los trabajadores y beneficiarios de la seguridad social.

Artículo 21. Intervención de abogado, graduado social colegiado o procurador.– 1. La defensa por abogado y la representación técnica por graduado social colegiado tendrá carácter facultativo en la instancia. En el recurso de suplicación los litigantes habrán de estar defendidos por abogado o representados técnicamente por graduado social colegiado. En el recurso de casación y en las actuaciones procesales ante el Tribunal Supremo será preceptiva la defensa de abogado. Cuando la defensa sea facultativa, con excepción de lo previsto en el artículo siguiente, podrá utilizarla sin embargo cualquiera de los litigantes, en cuyo caso será de su cuenta el pago de los honorarios o derechos respectivos con las excepciones contempladas en la legislación sobre asistencia jurídica gratuita.

2. Si el demandante pretendiese comparecer en el juicio asistido de abogado, representado técnicamente por graduado social colegiado o representado por procurador, lo hará constar en la demanda, indicando los datos de contacto del profesional. Asimismo, sin perjuicio de lo establecido en el apartado 5 del artículo 81, el demandado pondrá esta circunstancia en conocimiento del juzgado o tribunal por escrito, indicando también los datos de contacto de su profesional, dentro de los dos días siguientes al de su citación para el juicio, con objeto de que, trasladada tal intención al actor, pueda éste estar representado técnicamente por graduado social colegiado o representado por procurador, designar abogado en otro plazo igual o solicitar su designación a través del turno de oficio. En este caso, el actor que no hubiese efectuado dicha designación podrá hacerlo, comunicando al juzgado o tribunal dentro de los dos días siguientes a la notificación tal circunstancia. La falta de cumplimiento de estos requisitos supone la renuncia de la parte al derecho de valerse en el acto de juicio de abogado, procurador o graduado social.

3. Si en cualquier otra actuación, diversa al acto de juicio, cualquiera de las partes pretendiese actuar asistido de letrado, el secretario judicial adoptará las medidas oportunas para garantizar la igualdad de las partes.

4. La solicitud de designación de abogado por el turno de oficio por los trabajadores y los beneficiarios del sistema de seguridad social que, por disposición legal ostentan todos el derecho a la asistencia

jurídica gratuita, dará lugar a la suspensión de los plazos de caducidad o la interrupción de la prescripción de acciones. Cuando el abogado designado para un proceso considere insostenible la pretensión deberá seguir el procedimiento previsto en los artículos 32 a 35 de la Ley 1/1996, de 10 de enero, de Asistencia Jurídica Gratuita.

5. Los funcionarios y el personal estatutario en su actuación ante el orden jurisdiccional social como empleados públicos gozarán del derecho a la asistencia jurídica gratuita en los mismos términos que los trabajadores y beneficiarios del sistema de seguridad social

Artículo 22. Representación y defensa del Estado.– 1. La representación y defensa del Estado y demás entes del sector público se regirá, según proceda, por lo dispuesto en la Ley Orgánica del Poder Judicial, la Ley de Asistencia Jurídica al Estado e Instituciones públicas y las demás normas que le sean de aplicación.

2. La representación y defensa de las Entidades Gestoras y de los Servicios Comunes de la Seguridad Social corresponderá a los letrados de la Administración de la Seguridad Social, sin perjuicio de que para supuestos determinados pueda conferirse la representación conforme a las reglas generales del artículo 18 o designarse abogado al efecto.

CAPÍTULO III. De la intervención y llamada a juicio del Fondo de Garantía Salarial

Artículo 23. Intervención del Fondo de Garantía Salarial[30].– 1. El Fondo de Garantía Salarial, cuando resulte necesario en defensa de los intereses públicos que gestiona y para ejercitar las acciones o recursos oportunos, podrá comparecer como parte en cualquier fase o momento de su tramitación, en aquellos procesos de los que se pudieran derivar prestaciones de garantía salarial, sin que tal intervención haga retroceder ni detener el curso de las actuaciones.

---

30 Art. 33 ET.

2. En supuestos de empresas incursas en procedimientos concursales, así como de las ya declaradas insolventes o desaparecidas, y en las demandas de las que pudiera derivar la responsabilidad prevista en el apartado 8 del artículo 33 del Texto Refundido de la Ley del Estatuto de los Trabajadores, el secretario judicial citará como parte al Fondo de Garantía Salarial, dándole traslado de la demanda a fin de que éste pueda asumir sus obligaciones legales e instar lo que convenga en Derecho.

Igualmente deberán ser notificadas al Fondo de Garantía las resoluciones de admisión a trámite, señalamiento de la vista o incidente y demás resoluciones, incluida la que ponga fin al trámite correspondiente, cuando pudieran derivarse responsabilidades para el mismo.

3. El Fondo de Garantía Salarial dispondrá de plenas facultades de actuación en el proceso como parte, pudiendo oponer toda clase de excepciones y medios de defensa, aun los personales del demandado, y cuantos hechos obstativos, impeditivos o modificativos puedan dar lugar a la desestimación total o parcial de la demanda, así como proponer y practicar prueba e interponer toda clase de recursos contra las resoluciones interlocutorias o definitivas que se dicten.

4. El Fondo de Garantía Salarial tendrá la consideración de parte en la tramitación de los procedimientos arbitrales, a efectos de asumir las obligaciones previstas en el artículo 33 del Estatuto de los Trabajadores. Igualmente, el Fondo de Garantía Salarial podrá impugnar los laudos arbitrales, las conciliaciones extrajudiciales o judiciales, los allanamientos y las transacciones aprobadas judicialmente, de poderse derivar de tales títulos obligaciones de garantía salarial, a cuyo efecto se le dará traslado de los mismos en dichos casos por la autoridad que los dicte o apruebe.

5. En los supuestos del apartado 2 de este artículo, así como cuando comparezca en juicio en virtud de lo dispuesto en el apartado 1, el Fondo de Garantía Salarial deberá alegar todos aquellos motivos de oposición que se refieran a la existencia de la relación laboral, circunstancias de la prestación, clase o extensión de la deuda o a la falta de

cualquier otro requisito procesal o sustantivo. La estimación de dichas alegaciones dará lugar al pronunciamiento que corresponda al motivo de oposición alegado, según su naturaleza, y a la exclusión o reducción de la deuda, afectando a todas las partes.

La estimación de la caducidad o prescripción de la acción dará lugar a la absolución del empresario y del propio Fondo de Garantía, si hubieran alegado la prescripción o si se apreciase de oficio o a instancia de parte la caducidad. No obstante, si se apreciase interrupción de la prescripción por haber existido reclamación extrajudicial frente al empresario o reconocimiento por éste de la deuda, éstos no surtirán efectos interruptivos de la prescripción frente al Fondo de Garantía y se absolverá a éste, sin perjuicio del pronunciamiento que proceda frente al empresario, salvo que el reconocimiento de deuda haya tenido lugar ante un servicio administrativo de mediación, arbitraje o conciliación, o en acta de conciliación en un proceso judicial, en cuyo caso la interrupción de la prescripción también afectará al Fondo de Garantía.

La concurrencia de los requisitos para la prestación de garantía según lo dispuesto en el artículo 33 del Texto Refundido de la Ley del Estatuto de los Trabajadores no será objeto del procedimiento judicial que se dirija contra el empresario para la determinación de la deuda sino del procedimiento administrativo ante el Fondo de Garantía, y en su caso del proceso judicial ulterior que resuelvan sobre la solicitud de prestación de garantía salarial.

6. Si el Fondo de Garantía hubiera sido emplazado con carácter preceptivo según lo dispuesto en el apartado 2, estará vinculado por la sentencia que se dicte. En los demás casos, la entidad de garantía estará vinculada en el procedimiento relativo a la prestación de garantía y ante el trabajador por el título judicial que hubiera determinado la naturaleza y cuantía de la deuda empresarial, siempre que concurran los requisitos para la prestación de garantía salarial y sin perjuicio de los recursos o impugnaciones que pudiere haber deducido en el procedimiento seguido frente al empresario, si bien podrá ejercitar acciones

contra quien considere verdadero empresario o grupo empresarial o cualquier persona interpuesta o contra quienes hubieran podido contribuir a generar prestaciones indebidas de garantía salarial.

7. En los procedimientos seguidos contra el Fondo de Garantía Salarial al amparo de la legislación laboral, las afirmaciones de hecho contenidas en el expediente y en las que se haya fundamentado la resolución del mismo harán fe, salvo prueba en contrario.

8. El órgano jurisdiccional podrá solicitar al Fondo de Garantía Salarial los antecedentes de que disponga en relación con los hechos objeto del procedimiento en los procesos en los que pudiera derivarse responsabilidad para dicho organismo. El Fondo de Garantía, con independencia de su facultad de personación, podrá igualmente aportar dichos antecedentes, aunque no se haya personado en las actuaciones, en cuanto pueda afectar a la prestación de garantía salarial, y a los fines de completar los elementos de conocimiento del órgano jurisdiccional en la resolución del asunto.

Artículo 24. Pago de prestaciones por el Fondo de Garantía Salarial y subrogación en los derechos y acciones de los trabajadores.– 1. Si el pago de las prestaciones legalmente a cargo del Fondo de Garantía Salarial se hubiere producido con anterioridad al inicio de la ejecución, al instarse ésta, en subrogación de los derechos y acciones de los trabajadores que figuren en el título ejecutivo, deberá acreditarse fehacientemente el abono de las cantidades satisfechas y que éstas corresponden, en todo o en parte, a las reconocidas en el título.

2. Despachada ejecución, el secretario judicial dictará decreto haciendo constar la subrogación producida, que se notificará a los trabajadores afectados o a sus representantes, a quienes, por si pudieren conservar créditos derivados del propio título frente a la empresa ejecutada por la parte no satisfecha por el Fondo, se les ofrecerá la posibilidad de constituirse como ejecutantes en el plazo de quince días. Las cantidades obtenidas se abonarán prorrateadas

entre el Fondo y los trabajadores en proporción a los importes de sus respectivos créditos.

TÍTULO III. De la acumulación de acciones, procesos y recursos

CAPÍTULO I. De la acumulación de acciones, procesos y recursos

SECCIÓN 1.ª Acumulación de acciones

Artículo 25. Requisitos de la acumulación objetiva y subjetiva de acciones y reconvención.– 1. El actor podrá acumular en su demanda cuantas acciones le competan contra el demandado, aunque procedan de diferentes títulos, siempre que todas ellas puedan tramitarse ante el mismo juzgado o tribunal.

2. En los mismos términos podrá el demandado reconvenir.

3. También podrán acumularse, ejercitándose simultáneamente, las acciones que uno o varios actores tengan contra uno o varios demandados, siempre que entre esas acciones exista un nexo por razón del título o causa de pedir. Se entenderá que el título o causa de pedir es idéntico o conexo cuando las acciones se funden en los mismos hechos o en una misma o análoga decisión empresarial o en varias decisiones empresariales análogas.

Si en estos casos, el actor o los actores no ejercitan conjuntamente las acciones, el juzgado deberá acordar la acumulación de los procesos, de conformidad con lo dispuesto en el artículo 28, salvo cuando aprecie, de forma motivada, que la acumulación podría ocasionar perjuicios desproporcionados a la tutela judicial efectiva del resto de intervinientes.

4. En reclamaciones sobre accidente de trabajo y enfermedad profesional se podrán acumular todas las pretensiones de resarcimiento de daños y perjuicios derivadas de un mismo hecho, incluso sobre mejoras voluntarias, que el trabajador perjudicado o sus causahabientes dirijan contra el empresario u otros terceros que deban responder a resultas

del hecho causante, incluidas las entidades aseguradoras, salvo que hayan debido tramitarse mediante procedimiento administrativo separado, en cuyo caso se estará a lo dispuesto en el artículo 30.

5. En demandas derivadas del mismo accidente de trabajo o enfermedad profesional, cuando exista más de un juzgado o sección de la misma sala y tribunal, en el momento de su presentación se repartirán al juzgado o sección que conociera o hubiere conocido del primero de dichos procesos, las demandas ulteriores relativas a dicho accidente de trabajo o enfermedad profesional. En su defecto, las partes deberán informar de esta circunstancia al juzgado o sección al que se hubiera repartido la primera demanda o recurso, en el plazo de cinco días desde la notificación de la admisión de la segunda o ulteriores demandas o recursos o en su caso, desde que la parte tenga conocimiento del juzgado o sección a la que hubiere sido turnada la primera demanda o recurso.

6. El actor podrá acumular en su demanda las pretensiones que se deduzcan en relación con un mismo acto o resolución administrativa, así como las que se refieran a varios actos o resoluciones administrativas cuando exista entre ellos conexión directa.

7. Cuando el acto administrativo impugnado afecte a una pluralidad de destinatarios, de existir más de un juzgado o sección de la misma sala y tribunal, las demandas o recursos ulteriores relativas a dicho acto se repartirán al juzgado o sección que estuviere conociendo o hubiere conocido del primero de dichos procesos, siempre que conste dicha circunstancia o se ponga de manifiesto en la demanda o en el recurso. Con tal fin, la Administración autora del acto impugnado comunicará al juzgado o tribunal, tan pronto le conste, si tiene conocimiento de la existencia de otras demandas o recursos en las que puedan concurrir los supuestos de acumulación previstos en esta ley. En su defecto, el resto de partes deberán informar de esta circunstancia al juzgado o sección al que se hubiera repartido la primera demanda o recurso, en el plazo de cinco días desde la notificación de la admisión de la segunda o ulteriores demandas o recursos.

Artículo 26. Supuestos especiales de acumulación de acciones.– 1. Sin perjuicio de lo dispuesto en los apartados 3, 5 y 8 de este artículo, en el apartado 3 del artículo 25, en el apartado 1 del artículo 32 y en el artículo 33, no podrán acumularse a otras en un mismo juicio, salvo la de responsabilidad por daños derivados, ni siquiera por vía de reconvención, las acciones de despido y demás causas de extinción del contrato de trabajo, las de modificaciones sustanciales de condiciones de trabajo, las de disfrute de vacaciones, las de materia electoral, las de impugnación de estatutos de los sindicatos o de su modificación, las de movilidad geográfica, las de derechos de conciliación de la vida personal, familiar y laboral a las que se refiere el artículo 139, las de impugnación de convenios colectivos, las de impugnación de sanciones impuestas por los empresarios a los trabajadores y las de tutela de derechos fundamentales y libertades públicas. Tampoco podrán acumularse las acciones en reclamación sobre acceso, reversión y modificación del trabajo a distancia a las que se refiere el artículo 138 bis.

2. Lo dispuesto en el apartado anterior se entiende sin perjuicio de la posibilidad de reclamar en los anteriores juicios, cuando deban seguirse dichas modalidades procesales por imperativo de lo dispuesto en el artículo 184, la indemnización derivada de discriminación o lesión de derechos fundamentales y libertades públicas y demás pronunciamientos propios de la modalidad procesal de tutela de tales derechos fundamentales y libertades públicas, conforme a los artículos 182, 183 y 184.

3. Podrán acumularse en una misma demanda las acciones de despido y extinción del contrato siempre que la acción de despido acumulada se ejercite dentro del plazo establecido para la modalidad procesal de despido. Cuando para la acción de extinción del contrato de trabajo del artículo 50 del Texto Refundido de la Ley del Estatuto de los Trabajadores, se invoque la falta de pago del salario pactado, contemplada en la letra b) del apartado 1 de aquel precepto, la reclamación salarial podrá acumularse a la acción solicitando la extinción indemnizada del

vínculo, pudiendo, en su caso, ampliarse la demanda para incluir las cantidades posteriormente adeudadas.

El trabajador podrá acumular a la acción de despido la reclamación de las cantidades vencidas, exigibles y de cuantía determinada adeudadas hasta esa fecha conforme al apartado 2 del artículo 49 del Estatuto de los Trabajadores, sin que por ello se altere el orden de intervención del apartado 1 del artículo 105 de esta ley.

4. Igualmente podrá acumularse a la reclamación de clasificación profesional por realización de trabajos de categoría o grupo profesional superior la reclamación de las diferencias retributivas derivadas.

5. En el caso de los trabajadores conceptuados por su cliente como autónomos económicamente dependientes, si se accionara por despido alegando la existencia de relación laboral, podrán acumular en una misma demanda a la acción principal de despido y, dentro del mismo plazo de caducidad que ésta, la que puedan formular contra la decisión del cliente de extinguir la relación, con carácter eventual y para el caso de desestimación de la primera. Análoga regla de acumulabilidad se seguirá cuando se alegue como principal la relación de autónomo dependiente y como subsidiaria la relación laboral, así como en el ejercicio de otro tipo de acciones cuando se cuestione la naturaleza laboral o autónoma económicamente dependiente de la relación.

6. No serán acumulables entre sí las reclamaciones en materia de Seguridad Social, salvo cuando tengan la misma causa de pedir y salvo la posibilidad de alegar la lesión de derechos fundamentales y libertades públicas a que se refiere el apartado 1 del artículo 140.

7. Cuando se presenten demandas acumulando objetiva o subjetivamente acciones, el secretario judicial verificará que concurren los presupuestos indicados en el artículo 25 y en los apartados precedentes, dando cumplimiento en su caso a lo dispuesto en el artículo 19.

8. Asimismo, se podrán acumular en una misma demanda acciones de modificaciones sustanciales de condiciones de trabajo por parte de distintos actores contra un mismo demandado siempre que deriven de los mismos hechos o de una misma decisión empresarial.

También se podrán acumular en una misma demanda acciones de despido por causas objetivas derivadas del apartado l) del artículo 49 del Texto Refundido del Estatuto de los Trabajadores, por parte de distintos actores contra un mismo demandado siempre que deriven de cartas de despido con idéntica causa.

Artículo 27. Acciones indebidamente acumuladas.– 1. Si se ejercitaran acciones indebidamente acumuladas, el secretario judicial requerirá al demandante para que en el plazo de cuatro días subsane el defecto, eligiendo la acción que pretende mantener. En caso de que no lo hiciera, o si se mantuviera la circunstancia de no acumulabilidad entre las acciones, dará cuenta al tribunal para que éste, en su caso, acuerde el archivo de la demanda.

2. No obstante, cuando se trate de una demanda sometida a plazo de caducidad, a la que se hubiera acumulado otra acción, fuera de los supuestos previstos en esta Ley, aunque el actor no opte, se seguirá la tramitación del juicio por aquélla, y el juez o tribunal tendrá por no formulada la otra acción acumulada, advirtiéndose al demandante de su derecho a ejercitarla por separado.

3. Si se hubiera acumulado indebidamente una acción sujeta a plazo de caducidad y otra u otras acciones sometidas igualmente a dicho plazo de caducidad, aunque el actor no opte, se seguirá la tramitación del juicio por la primera de las pretensiones ejercitada en el suplico de la demanda, y en todo caso por la de despido si se hubiese hecho uso de ella, y el juez o tribunal tendrá por no formuladas las demás acciones acumuladas, advirtiéndose al demandante de su derecho a ejercitarlas por separado.

SECCIÓN 2.ª Acumulación de procesos

Artículo 28. Acumulación de procesos seguidos ante el mismo juzgado o tribunal.– 1. Si en el mismo juzgado o tribunal se tramitaran varias demandas contra un mismo demandado, aunque los actores sean distintos, y se ejercitasen en ellas acciones idénticas o susceptibles de haber sido acumuladas en una misma demanda, se acordará obligatoriamente la acumulación de los procesos, salvo cuando el juzgado o tribunal aprecie, de forma motivada, que la acumulación podría ocasionar perjuicios desproporcionados a la tutela judicial efectiva del resto de intervinientes.

2. Cuando en materia de prestaciones de Seguridad Social o sobre recargo de prestaciones, se impugnare un mismo acto administrativo, o actos de reproducción, confirmación o ejecución de otro anterior, o actos entre los que exista conexión directa, se acordará la acumulación de los procesos aunque no coincidan todas las partes ni la posición procesal que ocupen. Dicha regla se aplicará a la impugnación de un mismo acto administrativo en las restantes materias competencia del orden social.

3. El secretario judicial velará por el cumplimiento de lo dispuesto en esta Sección, poniendo en conocimiento del juez o tribunal los procesos en los que se cumplan dichos requisitos, a fin de que se resuelva sobre la acumulación.

Artículo 29. Acumulación de procesos seguidos ante distintos juzgados.– Si en el caso del artículo anterior las demandas pendieran en distintos procesos ante dos o más juzgados de lo Social de una misma circunscripción, también se acordará obligatoriamente la acumulación de todas ellas, de oficio o a petición de parte. A tal efecto, las partes deberán comunicar esta circunstancia ante el juzgado o tribunal que conociese de la demanda que hubiera tenido entrada antes en el Registro.

Artículo 30. Procesos acumulables.– 1. Se acordará también, de oficio o a instancia de parte, la acumulación de procesos que estuvieren pendientes en el mismo o distinto juzgado o tribunal cuando entre los objetos de los procesos cuya acumulación se pretende exista tal conexión que, de seguirse por separado, pudieran dictarse sentencias con pronunciamientos o fundamentos contradictorios, incompatibles o mutuamente excluyentes.

2. Asimismo, se acumularán los procesos que tengan su origen en un mismo accidente de trabajo o enfermedad profesional, aunque no coincidan todas las partes o su posición procesal, salvo que hayan debido tramitarse mediante procedimientos administrativos separados, en cuyo caso solamente podrán acumularse las impugnaciones referidas a un mismo procedimiento.

3. El juez o tribunal resolverá decidiendo la acumulación, de cumplirse los requisitos legales. Contra este auto no cabrá otro recurso que el de reposición.

Artículo 31. Acumulación con procesos iniciados a instancia de la autoridad laboral.– A los procesos de oficio iniciados en virtud de comunicación de la autoridad laboral regulados en el artículo 148 se acumularán, de acuerdo con las reglas anteriores, las demandas individuales en que concurran identidad de personas y de causa de pedir respecto de la demanda de oficio, aunque pendan en distintos juzgados o tribunales de la misma circunscripción. Dicha acumulación se acordará por el juzgado o tribunal mediante auto.

Artículo 32. Acumulación de procesos relativos a la extinción del contrato de trabajo o que se refieran a actos administrativos con pluralidad de destinatarios.– 1. Cuando el trabajador formule por separado demandas por alguna de las causas previstas en el artículo 50 del Texto Refundido de la Ley del Estatuto de los Trabajadores y por despido, la demanda que se promueva posteriormente se acumulará a la primera de oficio o a petición de cualquiera de las partes, debiendo debatirse todas las cuestiones planteadas en un solo juicio. A estos efectos, el trabajador deberá hacer constar en la segunda demanda la pendencia del primer proceso y el juzgado que conoce del asunto.

En este supuesto, cuando las acciones ejercitadas están fundadas en las mismas causas o en una misma situación de conflicto, la sentencia deberá analizar conjuntamente ambas acciones y las conductas subyacentes, dando respuesta en primer lugar a la acción que considere que está en la base de la situación de conflicto y resolviendo después la segunda, con los pronunciamientos indemnizatorios que procedan. Si las causas de una u otra acción son independientes, la sentencia debe dar prioridad al análisis y resolución de la acción que haya nacido antes, atendido el hecho constitutivo de la misma, si bien su estimación no impedirá el examen, y decisión en su caso, de la otra acción.

2. En procesos por despido, el trabajador podrá acumular en la demanda la impugnación de los actos empresariales con efecto extintivo de la relación que le hayan afectado, cuando entre las acciones exista conexión directa y en tanto no haya trascurrido el plazo legal de impugnación de los anteriormente producidos. Con los mismos requisitos se procederá a la asignación en reparto a un mismo juzgado de las demandas contra dichos actos extintivos, si constaren tales circunstancias, o a la acumulación de procesos que se siguieran ante el mismo o distintos juzgados de acuerdo con las disposiciones de este Capítulo.

3. A las demandas de impugnación de un acto administrativo que afecte a una pluralidad de destinatarios se acumularán las que se presenten con posterioridad contra dicho acto, aunque inicialmente hubiere correspondido su conocimiento a otro juzgado o tribunal.

SECCIÓN 3.ª Acumulación de recursos

Artículo 33. Reglas de la acumulación de recursos.– La acumulación de recursos de suplicación y casación se regirá por lo dispuesto en el artículo 234.

SECCIÓN 4.ª Disposiciones comunes

Artículo 34. Momento de la acumulación. Separación de uno o varios procesos de una acumulación acordada.– 1. La acumulación de acciones y procesos deberá formularse y acordarse antes de la celebración de los actos de conciliación, en su caso, o de juicio, salvo que se proponga por vía de reconvención.

2. Planteada la acumulación, podrán suspenderse durante el tiempo imprescindible aquellas actuaciones cuya realización pudiera privar de efectividad a la decisión que, sobre la procedencia de la acumulación, pudiera dictarse.

3. Acordada la acumulación de procesos, no podrá ésta dejarse sin efecto por el juez, la jueza o el tribunal, respecto de uno o varios de ellos, salvo que no se hayan cumplido las prescripciones legales sobre la acumulación o cuando el juez o jueza justifique, de forma motivada, que la acumulación efectuada podría ocasionar perjuicios desproporcionados a la tutela judicial efectiva del resto de intervinientes.

Artículo 35. Efectos de la acumulación.– La acumulación de acciones y procesos cuando proceda, producirá el efecto de discutirse y resolverse conjuntamente todas las cuestiones planteadas.

CAPÍTULO II. De la acumulación de ejecuciones[31]

Artículo 36. Supuestos de acumulación de ejecuciones contra un mismo deudor.– 1. En las ejecuciones de sentencias y demás títulos ejecutivos contra un mismo deudor y ante un mismo órgano, podrá disponerse de oficio o a instancia de parte la acumulación de los mismos, en los términos establecidos en esta Ley.

2. Igual regla regirá en las ejecuciones seguidas contra un mismo deudor y ante Juzgados de lo Social distintos de la misma o de diversa circunscripción.

Artículo 37. Acumulación de ejecuciones dinerarias.– 1. Cuando las acciones ejercitadas tiendan a obtener la entrega de una cantidad

31 Arts. 235 ss. LJS.

de dinero y existan indicios de que los bienes del deudor o deudores pudieran ser insuficientes para satisfacer la totalidad de los créditos que se ejecuten, el secretario judicial deberá acordar la acumulación de ejecuciones, de oficio o a instancia de parte, de seguirse ante un mismo juzgado, o a instancia de parte, de conocer de ellas juzgados distintos.

2. En los demás supuestos, el secretario judicial deberá acordar la acumulación, de oficio o a instancia de parte, cuando así lo impongan los criterios de economía y de conexión entre las diversas obligaciones cuya ejecución se pretenda.

Artículo 38. Reglas de la acumulación.– 1. Los procesos de ejecución se acumularán al primero en que se ordenó el despacho de la ejecución. Si dicha orden es de la misma fecha, se acumularán atendiendo a la antigüedad del título, y en último caso se estará a la fecha de presentación de la demanda.

2. Si las ejecuciones cuya acumulación se pretenda se tramitaran ante órganos judiciales de diversa circunscripción, y en la iniciada con anterioridad no figurase incluida la mayor parte de los trabajadores y créditos afectados ni embargada con prioridad la mayor parte de los bienes del deudor común, la acumulación corresponderá decretarla al secretario judicial que con prioridad trabó embargo sobre la totalidad o mayor parte de los referidos bienes.

Artículo 39. Tramitación del incidente de acumulación.– 1. El incidente de acumulación podrá plantearse por o ante el juzgado o tribunal competente para decretar la acumulación de las ejecuciones, en los términos indicados en el artículo anterior, de oficio o a instancia de cualquiera de las partes.

2. De estimar procedente la acumulación, el secretario judicial acordará mediante decreto, oídas las partes, reclamar la remisión de las ejecuciones a acumular a los órganos judiciales en los que se tramiten.

3. Si el secretario judicial del órgano requerido estima procedente el requerimiento, dictará decreto accediendo a ello y acordando la

remisión de lo actuado. Contra dicho decreto cabrá recurso directo de revisión.

4. Si el secretario judicial competente para decretar la acumulación la estimara improcedente o si el requerido no accediere a ella, tras dictar el decreto correspondiente y firme que sea éste, elevará seguidamente a la Sala de lo Social del tribunal superior inmediato común a ambos órganos judiciales testimonio suficiente de sus actuaciones y, en su caso, de todas las realizadas en el incidente de acumulación, comunicándolo al otro afectado para que por éste se haga lo propio y remita, de no haber aún intervenido, el oportuno informe. La Sala resolverá sobre la procedencia de la acumulación y determinará el juzgado competente para conocer de las ejecuciones.

Artículo 40. No suspensión de las ejecuciones.- La tramitación del incidente de acumulación no suspenderá la de las ejecuciones afectadas, salvo las actuaciones relativas al pago a los ejecutantes de las cantidades obtenidas con posterioridad al planteamiento de dicho incidente.

Artículo 41. Limitación temporal a la acumulación de ejecuciones y no alteración de la prelación de créditos.- 1. La acumulación de ejecuciones sólo podrá instarse o acordarse mientras no quede cumplida la obligación que se ejecute o hasta que, en su caso, se declare la insolvencia del ejecutado.

2. La acumulación no altera las preferencias que para el cobro de sus créditos puedan ostentar legalmente los diversos acreedores.

TÍTULO IV. De los actos procesales

CAPÍTULO I. De las actuaciones procesales

Artículo 42. Competencia del secretario judicial.- Las actuaciones procesales han de ser autorizadas por el secretario judicial en la forma establecida en la Ley Orgánica del Poder Judicial y en la Ley de Enjuiciamiento Civil con las especialidades previstas en la presente Ley[32].

Artículo 43. Tiempo de las actuaciones judiciales[33].– 1. Las actuaciones procesales deberán practicarse en días y horas hábiles.

2. Las actuaciones se realizarán en el término o dentro del plazo fijado para su práctica. Transcurridos éstos, se dará de oficio al proceso el curso que corresponda.

3. Salvo los plazos señalados para dictar resolución, todos los plazos y términos son perentorios e improrrogables, y sólo podrán suspenderse y abrirse de nuevo en los casos taxativamente establecidos en las leyes.

4. Los días del mes de agosto y los días que median entre el 24 de diciembre y el 6 de enero del año siguiente, ambos inclusive, serán inhábiles, salvo en las modalidades procesales de despido, extinción del contrato de trabajo de los artículos 50, 51 y 52 del Texto Refundido de la Ley del Estatuto de los Trabajadores, movilidad geográfica, modificación sustancial de las condiciones de trabajo, suspensión del contrato y reducción de jornada por causas económicas, técnicas, organizativas o de producción o derivadas de fuerza mayor, derechos de conciliación de la vida personal, familiar y laboral del artículo 139, impugnación de altas médicas, vacaciones, materia electoral, conflictos colectivos, impuqnación de convenios colectivos y tutela de derechos fundamentales y libertades públicas, tanto en el proceso declarativo como en trámite de recurso o de ejecución.

Tampoco serán inhábiles dichos días para la adopción de actos preparatorios, medidas precautorias y medidas cautelares, en particular en materia de prevención de riesgos laborales, accidentes de trabajo y enfermedades profesionales, así como para otras actuaciones que tiendan directamente a asegurar la efectividad de los derechos reclamados

---

[32] Arts. 145 a 147 LEC.

[33] Arts. 179, 182, 185, 237 y 241 LOPJ. Arts. 130-131 LEC.

o para aquellas que, de no adoptarse pudieran dar lugar a un perjuicio de difícil reparación.

Será hábil el mes de agosto y los días que median entre el 24 de diciembre y el 6 de enero del año siguiente, ambos inclusive, para el ejercicio de las acciones laborales derivadas de los derechos establecidos en la Ley Orgánica 1/2004, de 28 de diciembre, de Medidas de Protección Integral contra la Violencia de Género.

5. El juez o tribunal podrá habilitar días y horas inhábiles para la práctica de actuaciones cuando no fuera posible practicarlas en tiempo hábil o sean necesarias para asegurar la efectividad de una resolución judicial. Esta habilitación se realizará por los secretarios judiciales cuando tuviera por objeto la realización de actuaciones procesales que deban practicarse en materias de su exclusiva competencia, cuando se tratara de actuaciones por ellos ordenadas o cuando fueran tendentes a dar cumplimiento a las resoluciones dictadas por jueces o tribunales. Iniciada una actuación en tiempo hábil, podrá continuar hasta su conclusión sin necesidad de habilitación.

6. A los efectos del plazo para interponer recursos, cuando en las actuaciones medie una fiesta oficial de carácter local o autonómico, se hará constar por diligencia.

Artículo 44. Lugar de presentación de escritos y documentos.– Las partes habrán de presentar todos los escritos y documentos en la forma establecida en el artículo 135 de la Ley 1/2000, de 7 de enero, pudiendo los trabajadores elegir en todo momento si actúan ante la Administración de Justicia a través de medios electrónicos o no.

Artículo 45. Plazo y lugar de presentación de escritos.– 1. Cuando la presentación de un escrito esté sujeta a plazo, podrá efectuarse hasta las quince horas del día hábil siguiente al del vencimiento del plazo en el servicio común procesal creado a tal efecto o, de no existir éste, en la sede del órgano judicial.

2. En ningún caso se admitirá la presentación de escritos dirigidos al orden social en el juzgado que preste el servicio de guardia.

Artículo 46. Constancia de la presentación de escritos y su tramitación inmediata.– 1. En la presentación de escritos y documentos, por el funcionario designado para ello se estampará el correspondiente sello en el que se hará constar la oficina judicial ante la que se presenta y el día y hora de la presentación. En todo caso, se dará al interesado recibo con tal indicación. También podrá hacerse constar la recepción de escritos y documentos en copia simple presentada por la parte. Cuando se utilicen los medios técnicos a que se refiere el artículo 44, el sistema devolverá al interesado el resguardo acreditativo de la presentación en la oficina judicial que proceda de conformidad con lo dispuesto en el apartado 5 del artículo 135 de la Ley de Enjuiciamiento Civil.

2. En el mismo día o en el siguiente día hábil, el secretario judicial dará a los escritos y documentos el curso que corresponda.

Artículo 47. Custodia del expediente y acceso al mismo.– 1. Los autos permanecerán en la oficina judicial bajo la custodia del secretario, donde podrán ser examinados por los interesados que acrediten interés legítimo, a quienes deberán entregárseles testimonios, certificaciones o copias simples cuando lo soliciten, todo ello en los soportes y con los medios técnicos de los que se disponga.

2. Todo interesado podrá tener acceso al libro de sentencias y al libro de decretos a que se refieren, respectivamente, los artículos 213 y 213 bis de la Ley de Enjuiciamiento Civil, en la forma y con los medios técnicos disponibles en la oficina judicial.

Artículo 48. Entrega de los autos.– 1. Sólo se entregarán los autos cuando la ley lo ordene expresamente y por el plazo señalado. Se entenderá que el plazo empieza a transcurrir desde que se notifique al interesado que los autos están a su disposición, pudiendo sustituirse el traslado material de las actuaciones por la entrega de soporte informático o mediante el acceso telemático, si se dispusiera de los medios necesarios para ello, o por la entrega por cualquiera de estos procedimientos de copia de los particulares que procedan.

2. En el caso de la entrega material de las actuaciones, si transcurrido el plazo concedido para su examen no fueren devueltas, por el secretario judicial mediante decreto se impondrá al responsable multa de veinte a doscientos euros diarios. Pasados dos días sin que los mismos hayan sido devueltos, el secretario judicial ordenará su recogida; si al intentarlo no le fueran entregados en el acto, dará cuenta al juez para que disponga lo que proceda por el retraso en la devolución.

CAPÍTULO II. De las resoluciones procesales

Artículo 49. Clases de resoluciones.– 1. Los jueces y tribunales de lo social adoptarán sus decisiones por medio de providencias, autos y sentencias en los casos y con las formalidades legalmente previstas.

2. Los secretarios judiciales resolverán por medio de diligencias y decretos, igualmente en los casos y con las formalidades legalmente previstas.

3. Se podrán dictar resoluciones orales por el juez, tribunal o secretario judicial durante la celebración del juicio u otros actos que presidan, documentándose en el acta con expresión del fallo y motivación sucinta de aquellas resoluciones.

Artículo 50. Sentencias orales.– 1. El juez, en el momento de terminar el juicio, y salvo cuando por razón de la materia o de la cuantía proceda recurso de suplicación, podrá pronunciar sentencia de viva voz, con el contenido y los requisitos establecidos en el apartado 2 del artículo 97. En este supuesto, las partes podrán solicitar que se les entregue documento que contenga la transcripción por escrito de la sentencia.

Igualmente podrá aprobar mediante sentencia de viva voz, cualquiera que sea la materia y la cuantía, el allanamiento total efectuado, así como, en su caso, los términos de ejecución de la sentencia que le sean propuestos de común acuerdo por las partes, siempre que, de proceder recurso, manifestaran éstas su decisión de no recurrir.

2. También podrá el juez limitarse a pronunciar el fallo, cualquiera que sea la cuantía o la materia, con motivación sucinta del mismo, sin perjuicio de la redacción posterior de la sentencia dentro del plazo y en la forma legalmente previstos.

3. Las partes quedarán notificadas de las sentencias dictadas oralmente. Si, conocida la sentencia de viva voz o el fallo anticipado, las partes expresaran su decisión de no recurrir, el juez en el mismo acto declarará la firmeza de la sentencia.

4. Si alguna de las partes no hubiera comparecido se le hará la oportuna notificación.

Artículo 51. Autos orales.– En las mismas condiciones establecidas en el artículo anterior el juez o tribunal podrá dictar verbalmente autos al término de la comparecencia celebrada en cualquier incidente suscitado durante el proceso.

Artículo 52. Forma de las resoluciones.– Toda resolución incluirá la mención del lugar y fecha en que se adopte, el nombre de quien la dicte, la expresión de si la misma es o no firme y, en su caso, los recursos que procedan, el órgano ante el que deben interponerse y el plazo y requisitos para ello, así como los depósitos y las consignaciones que sean necesarios y la forma de efectuarlos.

CAPÍTULO III. De los actos de comunicación

Artículo 53. Indicación del lugar de las comunicaciones.– 1. Los actos de comunicación se efectuarán en la forma establecida en el Capítulo V del Título V del Libro I de la Ley 1/2000, de 7 de enero, de

Enjuiciamiento Civil, con las especialidades previstas en esta Ley[34], debiendo siempre agotarse todas las posibles vías existentes para lograr la efectividad de las notificaciones.

2. En el primer escrito o comparecencia ante el órgano judicial, las partes o interesados, y en su caso los y las profesionales designados, señalarán el domicilio físico, teléfono y dirección electrónica, en el caso de las personas obligadas a relacionarse electrónicamente con la Administración de Justicia, para la práctica de actos de comunicación.

El domicilio y los datos de localización facilitados con tal fin surtirán plenos efectos y las notificaciones en ellos intentadas sin efecto serán válidas hasta tanto no sean facilitados otros datos alternativos, siendo carga procesal de las partes y de sus representantes mantenerlos actualizados. Asimismo, deberán comunicar los cambios relativos a su número de teléfono, fax, dirección electrónica o similares, siempre que estos últimos estén siendo utilizados como instrumentos de comunicación con el tribunal.

Artículo 54. Tiempo de la comunicación.– 1. Las resoluciones procesales se notificarán en el mismo día de su fecha, o de la publicación en su caso, a todos los que sean parte en el juicio, y no siendo posible en el día hábil siguiente.

2. También se notificarán las resoluciones, cuando así se mande, a las personas y entidades a quienes se refieran o puedan parar perjuicio u ostentaren interés legítimo en el asunto debatido. En especial, además de la resolución que ponga fin al proceso, se les notificarán la admisión a trámite y el señalamiento de la vista.

3. Si durante el proceso hubieran de adoptarse por el juez o la Sala medidas tendentes a garantizar los derechos que pudieran corresponder a las partes, o a asegurar la efectividad de la resolución judicial, y la notificación inmediata al afectado de las actuaciones procesales o de la medida cautelar, preventiva o ejecutiva adoptada pudiera poner

---

[34] Arts. 148 ss. LJS.

en peligro su efectividad, el órgano judicial podrá, motivadamente, acordar la demora en la práctica de la notificación durante el tiempo indispensable para lograr dicha efectividad.

Artículo 55. Lugar de las comunicaciones.– Las citaciones, notificaciones, emplazamientos y requerimientos a las partes que no actúen representadas en los términos del artículo 18 de esta ley, se harán en el local de la oficina judicial, si allí comparecieren por propia iniciativa los interesados, o por haber sido emplazados para ello y, en otro caso, en el domicilio señalado a estos efectos. Cuando se trate de personas que estén legalmente obligadas a relacionarse electrónicamente con la Administración de Justicia o que hayan optado por la utilización de estos medios se realizará conforme a lo establecido en el artículo 162 de la Ley 1/2000, de 7 de enero.

No obstante, si la comunicación tuviese por objeto la personación en juicio o la realización o intervención personal de las partes en determinadas actuaciones procesales se estará a lo establecido en al apartado 2 del artículo 155 de la Ley 1/2000, de 7 de enero.

Artículo 56. Comunicaciones fuera de la oficina judicial.– 1. Las citaciones, notificaciones y emplazamientos que se practiquen fuera de la sede de la oficina judicial se harán, cualquiera que sea el destinatario, por correo certificado con acuse de recibo, dando fe el secretario en los autos del contenido del sobre remitido, y uniéndose a ellos el acuse de recibo.

2. En el exterior del sobre deberán constar las advertencias contenidas en el apartado 3 del artículo 57 dirigidas al receptor para el caso de que no fuera el interesado.

3. En el documento de acuse de recibo se hará constar la fecha de la entrega, y será firmado por el empleado de Correos y el receptor. En el caso de que éste no fuera el interesado se consignará su nombre, documento de identificación, domicilio y su relación con el destinatario.

4. Se podrá disponer que la comunicación se practique por el servicio de telégrafo, fax, correo electrónico o por cualquier otro medio idóneo de comunicación o de transmisión de textos si los interesados facilitaran los datos indicativos para utilizarlos. Se adoptarán las medidas oportunas para asegurar el contenido del envío y la unión, en su caso, del acuse de recepción del acto comunicado, de lo cual quedará constancia en autos. Igualmente se podrá dejar constancia mediante diligencia del resultado de las gestiones y llamadas telefónicas u otros medios relacionados con los actos de localización y comunicación y con el trámite de las actuaciones.

5. Cuando se trate de personas que estén legalmente obligadas a relacionarse electrónicamente con la Administración de Justicia o que hayan optado por la utilización de estos medios, la comunicación tenga lugar conforme a lo establecido en el artículo 162 de la Ley 1/2000, de 7 de enero, sin que quepa en el orden jurisdiccional social la posibilidad de obligar contractualmente al trabajador a dicha relación electrónica.

Artículo 57. Reglas subsidiarias para las comunicaciones.- 1. Si los actos de comunicación no pudieran efectuarse en la forma indicada, se practicarán mediante entrega de la copia de la resolución o de cédula al destinatario; si no fuese hallado se entregará aquélla al pariente más cercano o familiar o empleado, mayores de catorce años, que se hallaren en el domicilio y, en su defecto, a quien desempeñe funciones de portería o conserjería de la finca.

2. Sin necesidad de constituirse en el domicilio del interesado o interesada, se podrá entregar la copia de la resolución o la cédula a cualquiera de las personas antes mencionadas, así como a quien por su relación con el destinatario pueda garantizar el eficaz cumplimiento del acto de comunicación.

3. Se hará saber al receptor que ha de cumplir el deber público que se le encomienda; que está obligado a entregar la copia de la resolución o la cédula al destinatario de ésta, o a darle aviso si sabe

su paradero, con advertencia de que puede ser sancionado con multa de veinte a doscientos euros si se niega a la recepción o no hace la entrega a la mayor brevedad; que ha de comunicar a la oficina judicial la imposibilidad de entregar la comunicación al interesado, y que tiene derecho al resarcimiento de los gastos que se le ocasionen.

4. En todo caso, la comunicación por medio de entrega de copia de la resolución o cédula se realizará conforme a lo establecido en los artículos 152 y 161 de la Ley de Enjuiciamiento Civil.

Artículo 58. Contenido de las cédulas.– 1. Las cédulas contendrán los siguientes requisitos:

a) El juez, tribunal o secretario judicial que haya dictado la resolución, la fecha de ésta y el asunto en que haya recaído.

b) El nombre y apellidos de la persona a quien se haga la citación o emplazamiento.

c) El objeto de la citación o emplazamiento.

d) Lugar, día y hora en que deba comparecer el citado, o el plazo dentro del cual deba realizarse la actuación a que se refiera el emplazamiento.

e) La prevención de que si no comparece le parará el perjuicio a que hubiere lugar en derecho.

f) Fecha de expedición de la cédula y firma.

2. La entrega de la copia de la resolución o de la cédula se documentará por medio de diligencia en la que se hará constar:

a) Fecha de la diligencia.

b) Nombre de la persona destinataria.

c) Nombre y firma de la persona a quien se haya hecho la entrega y, si no fuere el interesado, su número del documento nacional de identidad en el caso de españoles o su número de identidad reflejado en la documentación equivalente y que acredite la identidad y nacionalidad del interesado en el caso de extranjeros, domicilio y relación con el destinatario.

d) Firma del funcionario o encargado de documentar la entrega.

Artículo 59. Comunicación edictal.– 1. Cuando una vez intentado el acto de comunicación y habiendo utilizado los medios oportunos para la investigación del domicilio, incluida en su caso la averiguación a través de los Registros, organismos, colegios profesionales, entidades y empresas, éstos hayan resultado infructuosos y no conste el domicilio del interesado o se ignore su paradero, se consignará por diligencia.

2. De resultar infructuosas las averiguaciones efectuadas, el letrado o letrada de la Administración de Justicia podrá dirigirse al Registro Central de Rebeldes Civiles para comprobar si el demandado consta en dicho Registro y si los datos que en él aparecen son los mismos de que dispone. En tal caso el letrado o letrada de la Administración de Justicia dictará diligencia de ordenación acordando directamente la comunicación edictal del interesado.

3. La comunicación edictal se llevará a cabo de conformidad con el artículo 164 de la Ley 1/2000, de 7 de enero.

Artículo 60. Inadmisibilidad de respuestas en las comunicaciones. Supuestos especiales de comunicación.– 1. En las notificaciones, citaciones y emplazamientos no se admitirá ni consignará respuesta alguna del interesado, a no ser que se hubiera mandado en la resolución. En los requerimientos se admitirá la respuesta que diera el requerido, consignándolo sucintamente en la diligencia.

2. Cuando los actos de comunicación deban entenderse con una persona jurídica se practicarán, en su caso, en las delegaciones, sucursales, representaciones o agencias establecidas en la población donde radique el juzgado o tribunal que conozca del asunto, aunque carezcan de poder para comparecer en juicio las personas que estén al frente de las mismas.

3. Los actos de comunicación con el abogado del Estado o el letrado de las Cortes Generales, así como con los letrados de la Administración de la Seguridad Social, se practicarán en su sede oficial respectiva, de conformidad con la Ley 52/1997, de 27 de noviembre de Asistencia Jurídica al Estado y otras Instituciones públicas, y la normativa que la desarrolla y complementa. Cuando dispongan de los

medios técnicos a que se refiere el apartado 5 del artículo 56 de esta Ley, los actos de comunicación podrán efectuarse por aquellos medios. Estos actos se entenderán, respecto de las Comunidades Autónomas, con quien establezca su legislación propia.

Los actos de comunicación al Ministerio Fiscal, a la Abogacía del Estado, a los letrados de las Cortes Generales y a los letrados de las Comunidades Autónomas y de la Administración de la Seguridad Social, así como las notificaciones a las partes, incluidas las que se realicen a través de los servicios organizados por los Colegios profesionales, se tendrán por realizados el día siguiente a la fecha de recepción que conste en la diligencia o en el resguardo acreditativo de su recepción cuando el acto de comunicación se haya efectuado por los medios y con los requisitos que establece el apartado 1 del artículo 162 de la Ley de Enjuiciamiento Civil.

4. Cuando se trate de comités de empresa, las diligencias antedichas se entenderán con su presidente o secretario y, en su defecto, con cualquiera de sus miembros.

Artículo 61. Nulidad de las comunicaciones.– Serán nulos las notificaciones, citaciones y emplazamientos que no se practiquen con arreglo a lo dispuesto en este Capítulo. No obstante, si el interesado se hubiere dado por enterado o constara de forma suficiente su conocimiento procesal o extraprocesal de los elementos esenciales de la resolución, la diligencia surtirá efecto desde ese momento.

Artículo 62. Competencia del secretario judicial para la remisión de oficios, mandamientos y exhortos.– El letrado o letrada de la Administración de Justicia deberá expedir oficios, mandamientos, exhortos y cualesquiera otros actos de comunicación que se acuerden interesando la práctica de actuaciones.

La remisión de oficios, mandamientos, exhortos y cualesquiera otros actos de comunicación por el letrado o letrada de la Administración de Justicia se realizará de forma electrónica, si fuera posible.

TÍTULO V. De la evitación del proceso

CAPÍTULO I. De la conciliación o mediación previas y de los laudos arbitrales

Artículo 63. Conciliación o mediación previas.– Será requisito previo para la tramitación del proceso el intento de conciliación o, en su caso, de mediación ante el servicio administrativo correspondiente o ante el órgano que asuma estas funciones que podrá constituirse mediante los acuerdos interprofesionales o los convenios colectivos a los que se refiere el artículo 83 del Texto Refundido de la Ley del Estatuto de los Trabajadores, así como mediante los acuerdos de interés profesional a los que se refieren el artículo 13 y el apartado 1 del artículo 18 de la Ley del Estatuto del trabajo autónomo.

Artículo 64. Excepciones a la conciliación o mediación previas.– 1. Se exceptúan del requisito del intento de conciliación o, en su caso, de mediación los procesos que exijan el agotamiento de la vía administrativa, en su caso, los que versen sobre Seguridad Social, los relativos a la impugnación del despido colectivo por los representantes de los trabajadores, disfrute de vacaciones y a materia electoral, movilidad geográfica, modificación sustancial de las condiciones de trabajo, suspensión del contrato y reducción de jornada por causas económicas, técnicas, organizativas o de producción o derivadas de fuerza mayor, procesos monitorios, derechos de conciliación de la vida personal, familiar y laboral a los que se refiere el artículo 139, los iniciados de oficio, los de impugnación de convenios colectivos, los de impugnación de los estatutos de los sindicatos o de su modificación, los de tutela de los derechos fundamentales y libertades públicas, los procesos de anulación de laudos arbitrales, los de impugnación de acuerdos de conciliaciones, de mediaciones y de transacciones, los de reclamación sobre acceso, reversión y modificación del trabajo a distancia a los que se refiere el artículo 138 bis, así como aquéllos en que se ejerciten acciones laborales de protección contra la violencia de género.

2. Igualmente, quedan exceptuados:

a) Aquellos procesos en los que la representación corresponda al abogado del Estado, al letrado o letrada de la Administración de la Seguridad Social, a los representantes procesales de las Comunidades Autónomas o de las Administraciones Locales o al letrado o letrada de las Cortes Generales.

b) Los supuestos en que, en cualquier momento del proceso, después de haber dirigido la papeleta o la demanda contra personas determinadas, fuera necesario dirigir o ampliar la misma frente a personas distintas de las inicialmente demandadas.

3. Cuando por la naturaleza de la pretensión ejercitada pudiera tener eficacia jurídica el acuerdo de conciliación o de mediación que pudiera alcanzarse, aun estando exceptuado el proceso del referido requisito del intento previo, si las partes acuden en tiempo oportuno voluntariamente y de común acuerdo a tales vías previas, se suspenderán los plazos de caducidad o se interrumpirán los de prescripción en la forma establecida en el artículo siguiente

Artículo 65. Efectos de la solicitud de conciliación o de mediación previa. Los laudos arbitrales.– 1. La presentación de la solicitud de conciliación o de mediación suspenderá los plazos de caducidad e interrumpirá los de prescripción. El cómputo de la caducidad se reanudará al día siguiente de intentada la conciliación o mediación o transcurridos quince días hábiles, excluyendo del cómputo los sábados, desde su presentación sin que se haya celebrado.

2. En todo caso, transcurridos treinta días, computados en la forma indicada en el número anterior, sin haberse celebrado el acto de conciliación o sin haberse iniciado mediación o alcanzado acuerdo en la misma se tendrá por terminado el procedimiento y cumplido el trámite.

3. También se suspenderán los plazos de caducidad y se interrumpirán los de prescripción por la suscripción de un compromiso arbitral,

celebrado en virtud de los acuerdos interprofesionales y los convenios colectivos a que se refiere el artículo 83 del Texto Refundido de la Ley del Estatuto de los Trabajadores o de los derivados de los acuerdos de interés profesional conforme al apartado 4 del artículo 18 de la Ley del Estatuto del trabajo autónomo.

En estos casos el cómputo de la caducidad se reanudará al día siguiente de que adquiera firmeza el laudo arbitral; de interponerse un recurso judicial de anulación del laudo, la reanudación tendrá lugar desde el día siguiente a la firmeza de la sentencia que se dicte.

Igual efecto se producirá aun cuando en el procedimiento arbitral se apreciase la incompetencia, reanudándose el cómputo de la caducidad desde la firmeza de la resolución que pusiera fin al arbitraje.

4. Las acciones de impugnación y recursos judiciales de anulación de laudos arbitrales cuyo conocimiento corresponda al orden social, cuando no tengan establecido un procedimiento especial, incluidos los laudos arbitrales establecidos por acuerdos de interés profesional de los trabajadores autónomos económicamente dependientes, se sustanciarán, a instancia de los interesados, por los trámites del procedimiento ordinario, ante el juzgado o tribunal al que hubiera correspondido el conocimiento del asunto sometido a arbitraje, con fundamento en exceso sobre el arbitraje, haber resuelto aspectos no sometidos a él o que no pudieran ser objeto del mismo, vicio esencial de procedimiento o infracción de normas imperativas. La acción caducará en el plazo de treinta días hábiles, excluidos los sábados, domingos y festivos, desde la notificación del laudo.

De formularse la impugnación por el Fondo de Garantía Salarial, en relación con posibles obligaciones de garantía salarial, o por otros terceros posibles perjudicados, se podrá fundamentar en ilegalidad o lesividad y el plazo para el ejercicio de la acción contará desde que pudieran haber conocido la existencia del laudo arbitral.

Artículo 66. Consecuencias de la no asistencia al acto de conciliación o de mediación.– 1. La asistencia al acto de conciliación o de mediación es obligatoria para los litigantes.

A efectos de ulteriores actuaciones judiciales, las partes que hayan comparecido sin profesionales designados deberán aportar su número de teléfono, dirección de correo electrónico o cualquier otro medio idóneo que permita su comunicación telemática, realizándose las notificaciones desde ese momento en la dirección telemática facilitada, siempre que se cumplan los requisitos establecidos de la Ley que regule el uso de las tecnologías de la información y la comunicación en la Administración de Justicia.

2. Cuando estando debidamente citadas las partes para el acto de conciliación o de mediación no compareciese el solicitante ni alegase justa causa, se tendrá por no presentada la papeleta de conciliación o la solicitud de mediación, archivándose todo lo actuado.

3. Si no compareciera la otra parte, debidamente citada, se hará constar expresamente en la certificación del acta de conciliación o de mediación y se tendrá la conciliación o la mediación por intentada sin efecto, y el juez o tribunal impondrán las costas del proceso a la parte que no hubiere comparecido sin causa justificada, incluidos honorarios, hasta el límite de seiscientos euros, del letrado o graduado social colegiado de la parte contraria que hubieren intervenido, si la sentencia que en su día dicte coincidiera esencialmente con la pretensión contenida en la papeleta de conciliación o en la solicitud de mediación.

Artículo 67. Impugnación del acuerdo de conciliación o de mediación.– 1. El acuerdo de conciliación o de mediación podrá ser impugnado por las partes y por quienes pudieran sufrir perjuicio por aquél, ante el juzgado o tribunal al que hubiera correspondido el conocimiento del asunto objeto de la conciliación o de la mediación, mediante el ejercicio por las partes de la acción de nulidad por las causas que invalidan los contratos o por los posibles perjudicados con fundamento en su ilegalidad o lesividad.

2. La acción caducará a los treinta días hábiles, excluidos los sábados, domingos y festivos, siguientes a aquel en que se adoptó el acuerdo. Para los posibles perjudicados el plazo contará desde que lo pudieran haber conocido.

Artículo 68. Ejecutividad del acuerdo de conciliación o de mediación y de los laudos arbitrales firmes.– 1. Lo acordado en conciliación o en mediación constituirá título para iniciar acciones ejecutivas sin necesidad de ratificación ante el juez o tribunal, y podrá llevarse a efecto por los trámites previstos en el Libro Cuarto de esta Ley[35].

2. Se entenderán equiparados a las sentencias firmes a efectos de ejecución definitiva los laudos arbitrales igualmente firmes, individuales o colectivos, dictados por el órgano que pueda constituirse mediante los acuerdos interprofesionales y los convenios colectivos a que se refiere el artículo 83 del Texto Refundido de la Ley del Estatuto de los Trabajadores, los laudos arbitrales establecidos por acuerdos de interés profesional de los trabajadores autónomos económicamente dependientes conforme al apartado 4 del artículo 18 de la Ley del Estatuto del trabajo autónomo, así como los laudos recaídos en materia electoral, los que pongan fin a la huelga o a conflictos colectivos u otros cuyo conocimiento corresponda al orden social, exclusivamente en los concretos pronunciamientos de condena que por su naturaleza sean susceptibles de dicha ejecución y salvo los pronunciamientos que tengan eficacia normativa o interpretativa.

CAPÍTULO II. Del agotamiento de la vía administrativa previa a la vía judicial

Artículo 69. Agotamiento de la vía administrativa previa a la vía judicial social.– 1. Para poder demandar al Estado, Comunida-

---

[35] Arts. 237 ss. LJS.

des Autónomas, entidades locales o entidades de Derecho público con personalidad jurídica propia vinculadas o dependientes de los mismos será requisito necesario haber agotado la vía administrativa, cuando así proceda, de acuerdo con lo establecido en la normativa de procedimiento administrativo aplicable.

En todo caso, la Administración pública deberá notificar a los interesados las resoluciones y actos administrativos que afecten a sus derechos e intereses, conteniendo la notificación el texto íntegro de la resolución, con indicación de si es o no definitivo en la vía administrativa, la expresión de los recursos que procedan, órgano ante el que hubieran de presentarse y plazo para interponerlos, sin perjuicio de que los interesados puedan ejercitar, en su caso, cualquier otro que estimen procedente.

Las notificaciones que conteniendo el texto íntegro del acto omitiesen alguno de los demás requisitos previstos en el párrafo anterior mantendrán suspendidos los plazos de caducidad e interrumpidos los de prescripción y únicamente surtirán efecto a partir de la fecha en que el interesado realice actuaciones que supongan el conocimiento del contenido y alcance de la resolución o acto objeto de la notificación o resolución, o interponga cualquier recurso que proceda.

2. Desde que se deba entender agotada la vía administrativa el interesado podrá formalizar la demanda en el plazo de dos meses ante el juzgado o la Sala competente. A la demanda se acompañará copia de la resolución denegatoria o documento acreditativo de la interposición o resolución del recurso administrativo, según proceda, uniendo copia de todo ello para la entidad demandada.

3. En las acciones derivadas de despido y demás acciones sujetas a plazo de caducidad, el plazo de interposición de la demanda será de veinte días hábiles o el especial que sea aplicable, contados a partir del día siguiente a aquél en que se hubiera producido el acto o la notificación de la resolución impugnada, o desde que se deba entender agotada la vía administrativa en los demás casos.

Artículo 70. Excepciones al agotamiento de la vía administrativa.– No será necesario agotar la vía administrativa para interponer demanda de tutela de derechos fundamentales y libertades públicas frente a actos de las Administraciones públicas en el ejercicio de sus potestades en materia laboral y sindical, si bien el plazo para la interposición de la demanda será de veinte días desde el día siguiente a la notificación del acto o al transcurso del plazo fijado para la resolución, sin más trámites; cuando la lesión del derecho fundamental tuviera su origen en la inactividad administrativa o en actuación en vías de hecho, o se hubiera interpuesto potestativamente un recurso administrativo, el plazo de veinte días se iniciará transcurridos veinte días desde la reclamación contra la inactividad o vía de hecho, o desde la presentación del recurso, respectivamente.

Artículo 71. Reclamación administrativa previa en materia de prestaciones de Seguridad Social.– 1. Será requisito necesario para formular demanda en materia de prestaciones de Seguridad Social, que los interesados interpongan reclamación previa ante la Entidad gestora de las mismas. Se exceptúan los procedimientos de impugnación de las resoluciones administrativas expresas en las que se acuerda el alta médica emitidas por los órganos competentes de las Entidades gestoras de la Seguridad Social al agotarse el plazo de duración de trescientos sesenta y cinco días de la prestación de incapacidad temporal.

2. La reclamación previa deberá interponerse ante el órgano competente que haya dictado resolución sobre la solicitud inicial del interesado, en el plazo de treinta días desde la notificación de la misma, si es expresa, o desde la fecha en que, conforme a la normativa reguladora del procedimiento de que se trate, deba entenderse producido el silencio administrativo.

En los procedimientos de impugnación de altas médicas no exentos de reclamación previa según el apartado 1 de este artículo la reclamación previa se interpondrá en el plazo de once días desde la notificación de la resolución.

3. Si la resolución, expresa o presunta, hubiera sido dictada por una entidad colaboradora, la reclamación previa se interpondrá, en el mismo plazo, ante la propia entidad colaboradora si tuviera atribuida la competencia para resolver, o en otro caso ante el órgano correspondiente de la Entidad gestora u organismo público gestor de la prestación.

4. Cuando en el reconocimiento inicial o la modificación de un acto o derecho en materia de Seguridad Social, la Entidad correspondiente esté obligada a proceder de oficio, en el caso de que no se produzca acuerdo o resolución, el interesado podrá solicitar que se dicte, teniendo esta solicitud valor de reclamación previa. Del mismo modo podrá reiterarse la reclamación previa de haber caducado la anterior, en tanto no haya prescrito el derecho y sin perjuicio de los efectos retroactivos que proceda dar a la misma.

5. Formulada reclamación previa en cualquiera de los supuestos mencionados en el presente artículo, la Entidad deberá contestar expresamente a la misma en el plazo de cuarenta y cinco días. En caso contrario se entenderá denegada la reclamación por silencio administrativo.

En los procedimientos de impugnación de altas médicas en los que deba interponerse reclamación previa, el plazo para la contestación de la misma será de siete días, entendiéndose desestimada una vez transcurrido dicho plazo.

6. La demanda habrá de formularse en el plazo de treinta días, a contar desde la fecha en que se notifique la denegación de la reclamación previa o desde el día en que se entienda denegada por silencio administrativo.

En los procesos de impugnación de altas médicas el plazo anterior será de veinte días, que cuando no sea exigible reclamación previa se computará desde la adquisición de plenos efectos del alta médica o desde la notificación del alta definitiva acordada por la Entidad gestora.

7. Las entidades u organismos gestores de la Seguridad Social expedirán recibo de presentación o sellarán debidamente, con indicación de la fecha, las copias de las reclamaciones que se dirijan en cumplimiento de lo dispuesto en la presente Ley. Este recibo o copia sellada, o el justificante de presentación por los procedimientos y registros alternativos que estén establecidos por la normativa administrativa aplicable, deberán acompañarse inexcusablemente con la demanda.

Artículo 72. Vinculación respecto a la reclamación administrativa previa en materia de prestaciones de Seguridad Social o vía administrativa previa.– En el proceso no podrán introducir las partes variaciones sustanciales de tiempo, cantidades o conceptos respecto de los que fueran objeto del procedimiento administrativo y de las actuaciones de los interesados o de la Administración, bien en fase de reclamación previa en materia de prestaciones de Seguridad Social o de recurso que agote la vía administrativa, salvo en cuanto a los hechos nuevos o que no hubieran podido conocerse con anterioridad.

Artículo 73. Efectos de la reclamación administrativa previa en materia de prestaciones de Seguridad Social.– La reclamación previa en materia de prestaciones de Seguridad Social interrumpirá los plazos de prescripción y suspenderá los de caducidad, reanudándose estos últimos al día siguiente al de la notificación de la resolución o del transcurso del plazo en que deba entenderse desestimada.

TÍTULO VI. De los principios del proceso y de los deberes procesales

Artículo 74. Principios del proceso.– 1. Los jueces y tribunales del orden jurisdiccional social y los secretarios judiciales en su función de ordenación del procedimiento y demás competencias atribuidas por el artículo 456 de la Ley Orgánica del Poder Judicial, interpretarán y aplicarán las normas reguladoras del proceso social ordinario según los principios de inmediación, oralidad, concentración y celeridad.

2. Los principios indicados en el apartado anterior orientarán la interpretación y aplicación de las normas procesales propias de las modalidades procesales reguladas en la presente Ley.

Artículo 75. Deberes procesales de las partes.– 1. Los órganos judiciales rechazarán de oficio en resolución fundada las peticiones, incidentes y excepciones formuladas con finalidad dilatoria o que entrañen abuso de derecho. Asimismo, corregirán los actos que, al amparo del texto de una norma, persigan un resultado contrario al previsto en la Constitución y en las leyes para el equilibrio procesal, la tutela judicial y la efectividad de las resoluciones.

2. Quienes no sean parte en el proceso deben cumplir las obligaciones que les impongan los jueces y tribunales ordenadas a garantizar los derechos que pudieran corresponder a las partes y a asegurar la efectividad de las resoluciones judiciales.

3. Si se produjera un daño evaluable económicamente, el perjudicado podrá reclamar la oportuna indemnización ante el juzgado o tribunal que estuviere conociendo o hubiere conocido el asunto principal.

4. Todos deberán ajustarse en sus actuaciones en el proceso a las reglas de la buena fe. De vulnerarse éstas, así como en caso de formulación de pretensiones temerarias, sin perjuicio de lo dispuesto en el número anterior, el juez o tribunal podrá imponer mediante auto, en pieza separada, de forma motivada y respetando el principio de proporcionalidad, ponderando las circunstancias del hecho, la capacidad económica y los perjuicios causados al proceso y a otros intervinientes o a terceros, una multa que podrá oscilar de ciento ochenta a seis mil euros, sin que en ningún caso pueda superar la cuantía de la tercera parte del litigio.

Aquel al que se hubiere impuesto la multa prevista en el párrafo anterior podrá ser oído en justicia. La audiencia en justicia se pedirá en el plazo de los tres días siguientes al de la notificación de la multa, mediante escrito presentado ante el juez o tribunal que la haya impuesto. La audiencia será resuelta mediante auto contra el que cabrá recurso de alzada en cinco días ante la Sala de Gobierno correspondiente, que lo resolverá previo informe del juez o Sala que impuso la multa.

De apreciarse temeridad o mala fe en la sentencia o en la resolución de los recursos de suplicación o casación, se estará a lo dispuesto en sus reglas respectivas.

5. El incumplimiento de las obligaciones de colaboración con el proceso y de cumplir las resoluciones de los jueces y tribunales y de los secretarios judiciales en su función de ordenación del procedimiento y demás competencias atribuidas por el artículo 456 de la Ley Orgánica del Poder Judicial, sin perjuicio de lo previsto en los apartados 3 y 4 anteriores, darán lugar, respectivamente, a la aplicación de los apremios pecuniarios a las partes y de las multas coercitivas a los demás intervinientes o terceros, en los términos establecidos en los apartados 2 y 3 del artículo 241, pudiendo ser oídos en justicia en la forma prevista en el apartado anterior.

LIBRO SEGUNDO. DEL PROCESO ORDINARIO Y DE LAS MODALIDADES PROCESALES

TÍTULO I. Del proceso ordinario

CAPÍTULO I. De los actos preparatorios y diligencias preliminares, de la anticipación y aseguramiento de la prueba y de las medidas cautelares

SECCIÓN 1.ª Actos preparatorios y diligencias preliminares

Artículo 76. Solicitud de actos preparatorios y diligencias preliminares.– 1. Quien pretenda demandar, podrá solicitar del órgano judicial que aquel contra quien se proponga dirigir la demanda preste declaración acerca de algún hecho relativo a la personalidad, capacidad, representación o legitimación de éste, o con igual finalidad aporte algún documento, cuyo conocimiento sea necesario para el juicio.

Igualmente podrá solicitarse, por quien pretenda demandar, la determinación de quiénes son los socios, partícipes, miembros o gestores de una entidad sin personalidad y las diligencias necesarias encaminadas a la determinación del empresario y los integrantes del grupo o unidad empresarial, así como la determinación de las personas concurrentes a la producción de un daño con la persona a la que se pretenda demandar y la cobertura del riesgo en su caso.

2. El juicio podrá también prepararse por petición de quien pretenda iniciar un proceso para la defensa de los intereses colectivos, al objeto de concretar a los integrantes del grupo de afectados cuando, no estando determinados, sean fácilmente determinables. A tal efecto el tribunal adoptará las medidas oportunas para la averiguación de los integrantes del grupo, de acuerdo a las circunstancias del caso y conforme a los datos suministrados por el solicitante, incluyendo el requerimiento al demandado para que colabore en dicha determinación.

3. Podrá formularse también petición de práctica de otras diligencias y averiguaciones necesarias para preparar el juicio de las previstas en el artículo 256 de la Ley de Enjuiciamiento Civil.

4. Cuando la realización de la diligencia solicitada pueda afectar a la intimidad personal u otro derecho fundamental, el juzgado o tribunal, de no mediar el consentimiento del afectado, podrá autorizar dicha actuación en la forma y con las garantías establecidas en los apartados 4 a 6 del artículo 90.

5. La Inspección de Trabajo y Seguridad Social y, en su caso, la Administración laboral, en el ejercicio de sus funciones, cuando el centro de trabajo sometido a inspección coincidiese con el domicilio de la persona afectada, podrá solicitar la correspondiente autorización judicial, si el titular se opusiere o existiese riesgo de tal oposición, en relación con los procedimientos administrativos de los que conozca o pueda conocer posteriormente la jurisdicción social, o para posibilitar cualquier otra medida de inspección o control que pudiera afectar a derechos fundamentales o libertades públicas.

6. Contra la resolución judicial denegando la práctica de estas diligencias no cabrá recurso alguno, sin perjuicio del que en su día puedan interponerse contra la sentencia.

Artículo 77. Exhibición previa de documentos.- 1. En todos aquellos supuestos en que el examen de libros y cuentas o la consulta de cualquier otro documento se demuestre imprescindible para fundamentar la demanda o su oposición, quien pretenda demandar o prevea que vaya a ser demandado podrá solicitar del órgano judicial la comunicación de dichos documentos. Cuando se trate de documentos contables podrá el solicitante acudir asesorado por un experto en la materia, que estará sometido a los deberes que puedan incumbirle profesionalmente en relación con la salvaguardia del secreto de la contabilidad. Las costas originadas por el asesoramiento del experto correrán a cargo de quien solicite sus servicios.

2. El órgano judicial resolverá por auto, dentro del segundo día, lo que estime procedente, fijando la forma de llevar a efecto la comunicación de dichos elementos y adoptando, en su caso, las medidas necesarias para que el examen se lleve a efecto de la forma menos gravosa y sin que la documentación salga del poder de su titular, a cuyo efecto podrá disponer que la parte en cuyo poder obren los documentos facilite a la parte interesada o a su experto contable una copia de los mismos, en soporte preferiblemente electrónico, permitiendo el cotejo de dicha copia o versión con el documento original.

3. Las anteriores medidas podrán ser solicitadas igualmente por las partes durante el proceso con la antelación prevista en el apartado 3 del artículo 90, siempre que no den lugar a la suspensión del acto de juicio.

SECCIÓN 2.ª Anticipación y aseguramiento de la prueba

Artículo 78. Causas y normas aplicables a la anticipación de la prueba.– 1. Quien pretenda demandar o presuma que va a ser demandado podrá solicitar previamente del juez o tribunal la práctica anticipada de algún medio de prueba cuando exista el temor fundado de que, por causa de las personas o del estado de las cosas, dichos actos no puedan realizarse en el momento procesal generalmente previsto o cuya realización presente graves dificultades en dicho momento, incluido el examen de testigos cuando por la edad avanzada de alguno de éstos, peligro inminente de su vida, proximidad de una ausencia o estancia en un lugar con el que sean imposibles o difíciles las comunicaciones o cualquier otro motivo grave y justificado, sea presumible que no va a ser posible mantener su derecho por falta de justificación.

2. Cualquiera de las partes una vez iniciado el proceso, pero en todo caso sin dar lugar a suspensión del acto de juicio, podrá solicitar la práctica anticipada de pruebas que no puedan ser realizadas en el acto del juicio, o cuya realización presente graves dificultades en dicho momento. El juez o tribunal decidirá lo pertinente para su práctica en

los términos previstos por la norma que regule el medio de prueba correspondiente y con sujeción en lo demás, en cuanto resulte aplicable, a lo dispuesto en los artículos 293 a 297 y apartado 1 del artículo 298 de la Ley 1/2000, de 7 de enero, de Enjuiciamiento Civil. Contra la resolución denegatoria no cabrá recurso alguno, sin perjuicio del que, por este motivo, pueda interponerse en su día contra la sentencia.

SECCIÓN 3.ª Medidas cautelares

Artículo 79. Régimen aplicable para la adopción de medidas cautelares.– 1. Las medidas cautelares que resulten necesarias para asegurar la efectividad de la tutela judicial que pudiera acordarse en sentencia se regirán por lo dispuesto en los artículos 721 a 747 de la Ley de Enjuiciamiento Civil con la necesaria adaptación a las particularidades del proceso social y oídas las partes, si bien podrá anticiparse en forma motivada la efectividad de las medidas cuando el solicitante así lo pida y acredite que concurren razones de urgencia o que la audiencia previa puede comprometer el buen fin de la medida cautelar.

Cuando el proceso verse sobre la impugnación de actos de Administraciones públicas en materia laboral y de seguridad social, la adopción de medidas cautelares se regirá, en lo no previsto en esta Ley, por lo dispuesto en la Ley 29/1998, de 13 de julio, reguladora de la Jurisdicción Contencioso-Administrativa, en sus artículos 129 a 136.

Los trabajadores y beneficiarios de prestaciones de Seguridad Social y los sindicatos, en cuanto ostentan la representación colectiva de sus intereses, así como las asociaciones representativas de los trabajadores autónomos económicamente dependientes, estarán exentos de la prestación de cauciones, garantías e indemnizaciones relacionadas con las medidas cautelares que pudieran acordarse.

2. El órgano judicial, de oficio o a instancia de parte interesada o del Fondo de Garantía Salarial, en los casos en que pueda derivarse su responsabilidad, podrá decretar el embargo preventivo de bienes del demandado en cuantía suficiente para cubrir lo reclamado en la

demanda y lo que se calcule para las costas de ejecución, cuando por aquél se realicen cualesquiera actos de los que pueda presumirse que pretende situarse en estado de insolvencia o impedir la efectividad de la sentencia.

3. El órgano judicial podrá requerir al solicitante del embargo, en el término de una audiencia, para que presente documentos, información testifical o cualquier otra prueba que justifique la situación alegada. En los casos en que pueda derivarse responsabilidad del Fondo de Garantía Salarial, éste deberá ser citado a fin de señalar bienes.

4. La solicitud de embargo preventivo podrá ser presentada en cualquier momento del proceso antes de la sentencia, sin que por ello se suspenda el curso de las actuaciones.

5. En reclamaciones derivadas de accidente de trabajo y enfermedad profesional, sin perjuicio de las medidas anteriores, podrán acordarse las referidas en el apartado 1 del artículo 142 en relación con el aseguramiento empresarial al respecto, así como el embargo preventivo y demás medidas cautelares previstas en este artículo respecto de cualquier clase de responsabilidades empresariales y de terceros derivadas de dichas contingencias.

6. En procedimientos referidos a las resoluciones de la autoridad laboral sobre paralización de trabajos por riesgo para la seguridad y salud de los trabajadores, así como en caso de responsabilidad empresarial sobre enfermedades profesionales por falta de reconocimientos médicos, podrán adoptarse las medidas a que se refiere el apartado anterior de este artículo a efectos del aseguramiento de las responsabilidades empresariales derivadas, conforme a lo dispuesto en el artículo 195 y apartado 2 del artículo 197 del Texto Refundido de la Ley General de la Seguridad Social, aprobado por el Real Decreto Legislativo 1/1994, de 20 de junio[36].

7. En los procesos en los que se ejercite la acción de extinción del contrato de trabajo a instancia del trabajador con fundamento en el

[36] Actualmente arts. 242 y 244.2 LGSS.

artículo 50 del Estatuto de los Trabajadores en aquellos casos en los que se justifique que la conducta empresarial perjudica la dignidad o la integridad física o moral de trabajador, pueda comportar una posible vulneración de sus demás derechos fundamentales o libertades públicas o posibles consecuencias de tal gravedad que pudieran hacer inexigible la continuidad de la prestación en su forma anterior, podrá acordarse, a instancia del demandante, alguna de las medidas cautelares contempladas en el apartado 4 del artículo 180 de esta Ley, con mantenimiento del deber empresarial de cotizar y de abonar los salarios sin perjuicio de lo que pueda resolverse en la sentencia.

CAPÍTULO II. Del proceso ordinario

SECCIÓN 1.ª Demanda

Artículo 80. Forma y contenido de la demanda.– 1. La demanda se formulará por escrito, pudiendo utilizar los formularios y procedimientos facilitados al efecto en la oficina judicial donde deba presentarse, y habrá de contener los siguientes requisitos generales:

a) La designación del órgano ante quien se presente, así como la expresión de la modalidad procesal a través de la cual entienda que deba enjuiciarse su pretensión.

b) La designación del demandante, en los términos del artículo 16 de esta Ley, con expresión del número del documento nacional de identidad o del número y tipo de documento de identificación de los ciudadanos extranjeros, y de aquellos otros interesados que deban ser llamados al proceso y sus domicilios, indicando el nombre y apellidos de las personas físicas y la denominación social de las personas jurídicas. Si la demanda se dirigiese contra una masa patrimonial, patrimonio separado, entidad o grupo carente de personalidad, además de identificarlos suficientemente, habrá de hacerse constar el nombre y apellidos de quienes aparezcan como administradores, organizadores, directores, gestores, socios o partícipes, y sus domicilios, sin perjuicio de las responsabilidades legales de la masa patrimonial, entidad o grupo y de sus gestores e integrantes.

c) La enumeración clara y concreta de los hechos sobre los que verse la pretensión y de todos aquellos que, según la legislación sustantiva, resulten imprescindibles para resolver las cuestiones planteadas. En ningún caso podrán alegarse hechos distintos de los aducidos en conciliación o mediación ni introducirse respecto de la vía administrativa previa variaciones sustanciales en los términos prevenidos en el artículo 72, salvo los hechos nuevos o que no hubieran podido conocerse con anterioridad.

d) La súplica correspondiente, en los términos adecuados al contenido de la pretensión ejercitada.

e) Si el demandante litigase por sí mismo, designará un domicilio, de ser posible en la localidad donde resida el juzgado o tribunal, en el que se practicarán todas las diligencias que hayan de entenderse con él. La designación deberá efectuarse con indicación completa de todos los datos de identificación del domicilio facilitado, así como número de fax, teléfono y dirección electrónica si dispone de ellos, para la práctica de toda clase de comunicaciones por dichos medios. Si designa letrado, graduado social colegiado o procurador deberá ir suscrita por el profesional, que se entenderá asume su representación con plenas facultades procesales y facilitará los mismos datos anteriores, sin perjuicio de la ratificación posterior en juicio del demandante salvo que con anterioridad otorgue poder en forma, por alguno de los medios admitidos en derecho o que, con posterioridad, se efectúe revocación o renuncia comunicada de forma efectiva.

f) Fecha y firma.

2. De la demanda y documentos que la acompañen se presentarán por el actor tantas copias como demandados y demás interesados en el proceso haya, así como para el Ministerio Fiscal, en los casos en que legalmente deba intervenir, así como de los demás documentos requeridos según la modalidad procesal aplicable.

3. A la demanda se acompañará la documentación justificativa de haber intentado la previa conciliación o mediación, o de haber transcurrido el plazo exigible para su realización sin que se hubiesen celebrado, o del agotamiento de la vía administrativa, cuando proceda, o alegación de no ser necesarias éstas, así como los restantes documentos de aportación preceptiva con la demanda según la modalidad procesal aplicable.

Artículo 81. Admisión de la demanda.– 1. El letrado o letrada de la Administración de Justicia, dentro de los tres días siguientes a la recepción de la demanda, requerirá a las partes y al Ministerio Fiscal de conformidad con el artículo 5, si entendiera que concurren los supuestos de falta de jurisdicción o competencia. Cumplido el trámite dará inmediata cuenta al juez, la jueza o el tribunal para que resuelva lo que estime oportuno. En otro caso, sin perjuicio de los procedimientos de señalamiento inmediato que puedan establecerse, resolverá sobre la admisión a trámite de aquélla, con señalamiento de juicio en la forma prevista en el artículo siguiente, o advertirá a la parte de los defectos u omisiones en que haya incurrido al redactar la demanda en relación con los presupuestos procesales necesarios que pudieran impedir la válida prosecución y término del proceso, así como en relación con los documentos de preceptiva aportación con la misma, salvo lo dispuesto en el apartado 3 para la conciliación o mediación previa, a fin de que los subsane dentro del plazo de cuatro días.

2. Realizada la subsanación, el letrado o letrada de la Administración de Justicia admitirá la demanda. En otro caso, dará cuenta al juez, jueza o tribunal para que por el mismo se resuelva, dentro de los tres días siguientes, sobre su admisibilidad.

3. Si a la demanda no se acompañara certificación del acto de conciliación o mediación previa, o de la papeleta de conciliación o de la solicitud de mediación, de no haberse celebrado en plazo legal, el letrado o letrada de la Administración de Justicia, sin perjuicio de resolver sobre la admisión y proceder al señalamiento, advertirá al de-

mandante que ha de acreditar la celebración o el intento del expresado acto en el plazo de quince días, contados a partir del día siguiente a la recepción de la notificación, con apercibimiento de archivo de las actuaciones en caso contrario, quedando sin efecto el señalamiento efectuado.

4. Si la demanda fuera directamente admisible, o una vez subsanada la misma, y en ella se solicitasen diligencias de preparación de la prueba a practicar en juicio, el letrado o letrada de la Administración de Justicia, en el decreto de admisión de la demanda, acordará lo que corresponda para posibilitar su práctica, sin perjuicio de lo que el juez, la jueza o el tribunal decida sobre su admisión o inadmisión en el acto del juicio.

Si en la demanda se solicitasen diligencias de anticipación o aseguramiento de la prueba, se dará cuenta al juez, jueza o tribunal para que resuelva lo procedente, dentro de los tres días siguientes, debiendo notificarse la resolución correspondiente junto con la de admisión a trámite de la demanda y la notificación del señalamiento.

5. El letrado o letrada de la Administración de Justicia requerirá a la parte demandada para que, en el plazo de dos días desde la notificación de la demanda, designe letrado o letrada, graduado o graduada social o procurador o procuradora, salvo que litigase por sí misma.

Artículo 82. Señalamiento de los actos de conciliación y juicio.– 1. De ser admitida la demanda, una vez verificada la concurrencia de los requisitos exigidos, en la misma resolución de admisión a trámite el secretario judicial señalará el día y la hora en que hayan de tener lugar sucesivamente los actos de conciliación y juicio, debiendo mediar un mínimo de diez días entre la citación y la efectiva celebración de dichos actos, salvo en los supuestos en que la Ley disponga otro distinto y en los supuestos de nuevo señalamiento después de una suspensión.

En el señalamiento de las vistas y juicios el secretario judicial atenderá a los criterios establecidos en el artículo 182 de la Ley de Enjuiciamiento Civil y procurará, en la medida de lo posible, señalar en un mismo día los que se refieran a los mismos interesados y no puedan ser acumulados, así como relacionar los señalamientos de los procesos en los que se deba intentar la conciliación previa por parte del secretario judicial con los exentos de dicho trámite. En especial, las audiencias y vistas que requieran la presencia del representante del Ministerio Fiscal, abogado del Estado, letrados de las Cortes Generales, letrados de la Administración de la Seguridad Social, de las Comunidades Autónomas o de la Administración Local, serán agrupadas, señalándose de forma consecutiva.

2. La celebración de los actos de conciliación y juicio, el primero ante el secretario judicial y el segundo ante el juez o Magistrado, tendrá lugar en única convocatoria pero en sucesivos actos, debiendo hacerse a este efecto la citación en forma, con entrega a los demandados, a los interesados y, en su caso, al Ministerio Fiscal, de copia de la demanda y demás documentos; así como requiriendo de la Administración pública la remisión del expediente administrativo, cuando proceda, dentro de los diez días siguientes a la notificación.

3. En las cédulas de citación se hará constar que los actos de conciliación y juicio no podrán suspenderse por incomparecencia del demandado, así como que los litigantes han de concurrir al juicio con todos los medios de prueba de que intenten valerse y que podrán formalizar conciliación en evitación del juicio, por medio de comparecencia ante la oficina judicial, sin esperar a la fecha del señalamiento, así como someter la cuestión a los procedimientos de mediación que pudieran estar constituidos de acuerdo con lo dispuesto en el artículo 63 de esta Ley, adoptando las medidas oportunas a tal fin, sin que ello dé lugar a la suspensión, salvo que de común acuerdo lo soliciten ambas partes, justificando la sumisión a la mediación, y por el tiempo máximo establecido en el procedimiento correspondiente, que en todo caso no podrá exceder de quince días.

4. De oficio o a petición de parte, podrá requerirse el previo traslado entre las partes o la aportación anticipada, en soporte preferiblemente informático, con cinco días de antelación al acto de juicio, de la

prueba documental o pericial que, por su volumen o complejidad, sea conveniente posibilitar su examen previo al momento de la práctica de la prueba.

5. Cuando la representación y defensa en juicio sea atribuida al abogado del Estado, se le concederá un plazo de veintidós días para la consulta a la Abogacía General del Estado-Dirección del Servicio Jurídico del Estado. Cuando la representación y defensa en juicio sea atribuida al letrado de la Administración de la Seguridad Social, se le concederá igualmente un plazo de veintidós días para la consulta a la Dirección del Servicio Jurídico de la Administración de la Seguridad Social. Este mismo plazo se entenderá, respecto de las Comunidades Autónomas, para consulta al organismo que establezca su legislación propia, así como cuando la representación y presencia en juicio sea atribuida al letrado de las Cortes Generales. El señalamiento del juicio se hará de modo que tenga lugar en fecha posterior al indicado plazo.

SECCIÓN 2.ª Conciliación y juicio

Artículo 83. Suspensión de los actos de conciliación y juicio.– 1. Sólo a petición de ambas partes o por motivos justificados, acreditados ante el secretario judicial, podrá éste suspender, por una sola vez, los actos de conciliación y juicio, señalándose nuevamente dentro de los diez días siguientes a la fecha de la suspensión. Excepcionalmente y por circunstancias trascendentes adecuadamente probadas, podrá acordarse una segunda suspensión.

En caso de coincidencia de señalamientos, de no ser posible la sustitución dentro de la misma representación o defensa, una vez justificados los requisitos del ordinal 6º del apartado 1 del artículo 188 de la Ley de Enjuiciamiento Civil, previa comunicación por el solicitante a los demás profesionales siempre que consten sus datos en el procedimiento, se procurará, ante todo, acomodar el señalamiento dentro de la misma fecha y, en su defecto, habilitar nuevo señalamiento, adoptando las medidas necesarias para evitar nuevas coincidencias.

2. Si el actor, citado en forma, no compareciese ni alegase justa causa que motive la suspensión del acto de conciliación o del juicio, el secretario judicial en el primer caso y el juez o tribunal en el segundo, le tendrán por desistido de su demanda.

3. La incomparecencia injustificada del demandado no impedirá la celebración de los actos de conciliación y juicio, continuando éste sin necesidad de declarar su rebeldía.

4. Las personas profesionales de la Abogacía y de la procura podrán acogerse a las mismas causas de suspensión por circunstancias personales o familiares que se recogen para cada uno de dichos profesionales en la Ley de Enjuiciamiento Civil. Tales causas de suspensión serán igualmente aplicables a los graduados y graduadas sociales[37].

Artículo 84. Celebración del acto de conciliación.– 1. El secretario judicial intentará la conciliación, llevando a cabo la labor mediadora que le es propia, y advertirá a las partes de los derechos y obligaciones que pudieran corresponderles. Si las partes alcanzan la avenencia, dictará decreto aprobándola y acordando, además, el archivo de las actuaciones. Del mismo modo, corresponderá al secretario judicial la aprobación del acuerdo alcanzado por las partes antes del día señalado para los actos de conciliación y juicio. La conciliación y la resolución aprobatoria, oral o escrita, se documentarán en el propio acta de comparecencia.

La conciliación alcanzada ante el secretario judicial y los acuerdos logrados entre las partes aprobados por aquél tendrán, a todos los efectos legales, la consideración de conciliación judicial.

2. Si el secretario judicial estimare que lo convenido es constitutivo de lesión grave para alguna de las partes o para terceros, de fraude de ley o de abuso de derecho o contrario al interés público, no aprobará el acuerdo, advirtiendo a las partes que deben comparecer a presencia judicial para la celebración del acto del juicio.

---

37 Arts. 134, 179, 183 y 188 LEC.

3. En caso de no haber avenencia ante el secretario judicial y procederse a la celebración del juicio, la aprobación del acuerdo conciliatorio que, en su caso, alcanzasen las partes en dicho momento corresponderá al juez o tribunal ante el que se hubiere obtenido mediante resolución oral o escrita documentada en el propio acuerdo. Sólo cabrá nueva intervención del secretario judicial aprobando un acuerdo entre las partes si el acto del juicio se llegase a suspender por cualquier causa.

4. Del acto de conciliación se extenderá la correspondiente acta.

5. La conciliación y los acuerdos entre las partes aprobados por el secretario judicial o, en su caso, por el juez o tribunal se llevarán a efecto por los trámites de la ejecución de sentencias.

6. La acción para impugnar la validez de la conciliación se ejercitará ante el mismo juzgado o tribunal al que hubiera correspondido la demanda, por los trámites y con los recursos establecidos en esta Ley. La acción caducará a los treinta días de la fecha de su celebración. Para los terceros perjudicados el plazo contará desde que pudieran haber conocido el acuerdo. Las partes podrán ejercitar la acción de nulidad por las causas que invalidan los contratos y la impugnación por los posibles terceros perjudicados podrá fundamentarse en ilegalidad o lesividad.

Artículo 85. Celebración del juicio.– 1. Si no hubiera avenencia en conciliación, se pasará seguidamente a juicio y se dará cuenta de lo actuado.

Con carácter previo se resolverá, motivadamente, en forma oral y oídas las partes, sobre las cuestiones previas que se puedan formular en ese acto, así como sobre los recursos u otras incidencias pendientes de resolución, sin perjuicio de la ulterior sucinta fundamentación en la sentencia, cuando proceda. Igualmente serán oídas las partes y, en su caso, se resolverá, motivadamente y en forma oral, lo procedente sobre las cuestiones que el juez o tribunal pueda plantear en ese momento sobre su competencia, los presupuestos de la demanda o el alcance y límites de la pretensión formulada, respetando las garantías procesales de las partes y sin prejuzgar el fondo del asunto.

A continuación, el demandante ratificará o ampliará su demanda, aunque en ningún caso podrá hacer en ella variación sustancial.

2. El demandado contestará afirmando o negando concretamente los hechos de la demanda, y alegando cuantas excepciones estime procedentes.

3. Únicamente podrá formular reconvención cuando la hubiese anunciado en la conciliación previa al proceso o en la contestación a la reclamación previa en materia de prestaciones de Seguridad Social o resolución que agote la vía administrativa, y hubiese expresado en esencia los hechos en que se funda y la petición en que se concreta. No se admitirá la reconvención, si el órgano judicial no es competente, si la acción que se ejercita ha de ventilarse en modalidad procesal distinta y la acción no fuera acumulable, y cuando no exista conexión entre sus pretensiones y las que sean objeto de la demanda principal.

No será necesaria reconvención para alegar compensación de deudas, siempre que sean vencidas y exigibles y no se formule pretensión de condena reconvencional, y en general cuando el demandado esgrima una pretensión que tienda exclusivamente a ser absuelto de la pretensión o pretensiones objeto de la demanda principal, siendo suficiente que se alegue en la contestación a la demanda. Si la obligación precisa de determinación judicial por no ser líquida con antelación al juicio, será necesario expresar concretamente los hechos que fundamenten la excepción y la forma de liquidación de la deuda, así como haber anunciado la misma en la conciliación o mediación previas, o en la reclamación en materia de prestaciones de Seguridad Social o resolución que agoten la vía administrativa. Formulada la reconvención, se dará traslado a las demás partes para su contestación en los términos establecidos para la demanda. El mismo trámite de traslado se acordará para dar respuesta a las excepciones procesales, caso de ser alegadas.

4. Las partes harán uso de la palabra cuantas veces el juez o tribunal lo estime necesario.

5. Asimismo, en este acto, las partes podrán alegar cuanto estimen conveniente a efectos de lo dispuesto en la letra b) del apartado 3 del artículo 191, ofreciendo, para el momento procesal oportuno, los elementos de juicio necesarios para fundamentar sus alegaciones. No será preciso aportar prueba sobre esta concreta cuestión cuando el hecho de que el proceso afecta a muchos trabajadores o beneficiarios sea notorio por su propia naturaleza.

6. Si no se suscitasen cuestiones procesales o si, suscitadas, se hubieran contestado, las partes o sus defensores con el tribunal fijarán los hechos sobre los que exista conformidad o disconformidad de los litigantes, consignándose en caso necesario en el acta o, en su caso, por diligencia, sucinta referencia a aquellos extremos esenciales conformes, a efectos de ulterior recurso. Igualmente podrán facilitar las partes unas notas breves de cálculo o resumen de datos numéricos.

7. En caso de allanamiento total o parcial será aprobado por el órgano jurisdiccional, oídas las demás partes, de no incurrir en renuncia prohibida de derechos, fraude de ley o perjuicio a terceros, o ser contrario al interés público, mediante resolución que podrá dictarse en forma oral. Si el allanamiento fuese total se dictará sentencia condenatoria de acuerdo con las pretensiones del actor. Cuando el allanamiento sea parcial, podrá dictarse auto aprobatorio, que podrá llevarse a efecto por los trámites de la ejecución definitiva parcial, siempre que por la naturaleza de las pretensiones objeto de allanamiento, sea posible un pronunciamiento separado que no prejuzgue las restantes cuestiones no allanadas, respecto de las cuales continuará el acto de juicio.

8. El juez o tribunal, una vez practicada la prueba y antes de las conclusiones, salvo que exista oposición de alguna de las partes, podrá suscitar la posibilidad de llegar a un acuerdo y de no alcanzarse el mismo en ese momento proseguirá la celebración del juicio.

Artículo 86. Prejudicialidad penal y social.– 1. En ningún caso se suspenderá el procedimiento por seguirse causa criminal sobre los hechos debatidos.

2. En el supuesto de que fuese alegada por una de las partes la falsedad de un documento que pueda ser de notoria influencia en el pleito, porque no pueda prescindirse de la resolución de la causa criminal para la debida decisión o condicione directamente el contenido de ésta, continuará el acto de juicio hasta el final, y en el caso de que el juez o tribunal considere que el documento pudiera ser decisivo para resolver sobre el fondo del asunto, acordará la suspensión de las actuaciones posteriores y concederá un plazo de ocho días al interesado para que aporte el documento que acredite haber presentado la querella. La suspensión durará hasta que se dicte sentencia o auto de sobreseimiento en la causa criminal, hecho que deberá ser puesto en conocimiento del juez o tribunal por cualquiera de las partes.

3. Si cualquier otra cuestión prejudicial penal diera lugar a sentencia absolutoria por inexistencia del hecho o por no haber participado el sujeto en el mismo, quedará abierta contra la sentencia dictada por el juez o Sala de lo Social la vía de la revisión regulada en la Ley de Enjuiciamiento Civil[38].

4. La tramitación de otro procedimiento ante el orden social no dará lugar a la suspensión del proceso salvo en los supuestos previstos en la presente Ley, sin perjuicio de los efectos propios de la litispendencia cuando se aprecie la concurrencia de dicha situación procesal. No obstante, a solicitud de ambas partes, podrá suspenderse el procedimiento hasta que recaiga resolución firme en otro procedimiento distinto, cuando en éste deba resolverse la que constituya objeto principal del primer proceso.

Artículo 86 bis. Procedimiento testigo.– 1. Cuando ante un juez, una jueza o un tribunal estuviera pendiente una pluralidad de procesos

---

38 Arts. 509 ss. LEC.

con idéntico objeto y misma parte demandada, el órgano jurisdiccional, siempre que conforme a la presente ley no fueran susceptibles de acumulación o no se hubiera podido acumular, deberá tramitar preceptivamente uno o varios con carácter preferente, atendiendo al orden de presentación de las respectivas demandas, previa audiencia de las partes por plazo común de cinco días y suspendiendo el curso de los demás hasta que se dicte sentencia en los primeros.

2. Una vez firme la sentencia, se dejará constancia de ella en los procesos suspendidos y se notificará a las partes de los mismos a fin de que, en el plazo de cinco días, puedan interesar los demandantes la extensión de sus efectos en los términos previstos en el artículo 247 ter, la continuación del procedimiento o bien desistir de la demanda.

Artículo 87. Práctica de la prueba en el acto de juicio.– 1. Se admitirán las pruebas que se formulen y puedan practicarse en el acto, respecto de los hechos sobre los que no hubiere conformidad salvo en los casos en que la materia objeto del proceso esté fuera del poder de disposición de los litigantes, siempre que aquéllas sean útiles y directamente pertinentes a lo que sea el objeto del juicio y a las alegaciones o motivos de oposición previamente formulados por las partes en el trámite de ratificación o de contestación de la demanda. Podrán admitirse también aquellas que requieran la traslación del juez o tribunal fuera del local de la audiencia, si se estimasen imprescindibles. En este caso, se suspenderá el juicio por el tiempo estrictamente necesario.

2. El juez o tribunal resolverá sobre la pertinencia de las pruebas propuestas y determinará la naturaleza y clase de medio de prueba de cada una de ellas según lo previsto en el artículo 299 del la Ley de Enjuiciamiento Civil y en la presente Ley. Asimismo resolverá sobre las posibles diligencias complementarias o de adveración de las pruebas admitidas y sobre las preguntas que puedan formular las partes.

La parte proponente podrá hacer constar su protesta en el acto contra la inadmisión de cualquier medio de prueba, diligencia o pregunta, consignándose en el acta la pregunta o la prueba solicitada, la resolución denegatoria, la fundamentación razonada de la denegación y la protesta, todo a efectos del correspondiente recurso contra la sentencia.

Una vez comenzada la práctica de una prueba admitida, si renunciase a ella la parte que la propuso, podrá el órgano judicial, sin ulterior recurso, acordar que continúe.

3. El órgano judicial podrá hacer, tanto a las partes como a los peritos y testigos, las preguntas que estime necesarias para el esclarecimiento de los hechos. Los litigantes y los defensores podrán ejercitar el mismo derecho.

El juez o tribunal, sin apartarse de las pretensiones y causa de pedir que expresen las partes en la demanda y contestación, podrá someter a las partes para alegaciones durante el juicio cuantas cuestiones deban ser resueltas de oficio o resulten de la fundamentación jurídica aplicable, aun cuando hubiera sido alegada de modo incompleto o incorrecto. Igualmente podrá solicitar alegaciones sobre los posibles pronunciamientos derivados que por mandato legal, o por conexión o consecuencia, resulten necesariamente de las pretensiones formuladas por las partes. Si el acto de juicio hubiere quedado concluso, la audiencia a este respecto se sustanciará por el plazo común de tres días, mediante alegaciones escritas y preferiblemente por medio informático o telemático, siguiéndose el trámite del apartado 6 de este mismo artículo.

4. Practicada la prueba, las partes o sus defensores o representantes, en su caso, formularán oralmente sus conclusiones de un modo concreto y preciso, determinando en virtud del resultado de la prueba, de manera líquida y sin alterar los puntos fundamentales y los motivos de pedir invocados en la demanda o en la reconvención, si la hubiere, las cantidades que, por cualquier concepto, sean objeto de petición de condena principal o subsidiaria; o bien, en su caso, formularán la solicitud concreta y precisa de las medidas con que puede ser satisfecha la pretensión ejercitada. Si las partes no lo hicieran en este trámite, el juez o tribunal deberá requerirles para que lo hagan, sin que en

ningún caso pueda reservarse tal determinación para la ejecución de sentencia.

5. Si el órgano judicial no se considerase suficientemente ilustrado sobre las cuestiones de cualquier género objeto del debate, concederá a ambas partes el tiempo que crea conveniente, para que informen o den explicaciones sobre los particulares que les designe.

6. Si las pruebas documentales o periciales practicadas resultasen de extraordinario volumen o complejidad, el juez o tribunal podrá conceder a las partes la posibilidad de efectuar sucintas conclusiones complementarias, por escrito y preferiblemente por medios telemáticos, sobre los particulares que indique, en relación exclusiva con dichos elementos de prueba, dentro de los tres días siguientes, justificando haber efectuado previa remisión a las demás partes comparecidas por los mismos medios. Durante el referido período, los documentos o pericias estarán a disposición de las partes en la oficina judicial y una vez transcurrido, háyanse presentado o no alegaciones, se iniciará el plazo para dictar sentencia.

Artículo 88. Diligencias finales[39]**.–** 1. Terminado el juicio, dentro del plazo para dictar sentencia, el juez o tribunal podrá acordar la práctica de cuantas pruebas estime necesarias, como diligencias finales, con intervención de las partes y en la forma establecida para las pruebas de su clase. En la misma providencia se fijará el plazo dentro del cual haya de practicarse la prueba, que no excederá de veinte días, o se señalará comparecencia para la práctica de la misma y valoración por las partes del resultado. De no haber señalado comparecencia, el resultado de la diligencia final se pondrá de manifiesto durante tres días a las partes en la oficina judicial para alegaciones sobre su alcance e importancia, salvo que pueda darse traslado por vía telemática a los mismos fines y por igual plazo.

---

[39] Arts. 435 y 436 LEC.

2. Transcurrido el plazo inicial de práctica sin haberse podido llevar a efecto, el órgano judicial dictará un nuevo proveído, fijando nuevo plazo no superior a diez días para la ejecución del acuerdo y librando las comunicaciones oportunas. Si dentro de éste tampoco se hubiera podido practicar la prueba, el juez o tribunal, previa audiencia de las partes, acordará que los autos queden definitivamente conclusos para sentencia.

3. Si la diligencia consistiere en el interrogatorio de parte o en la aportación de algún documento por alguna de las partes y ésta no compareciese o no lo presentase sin causa justificada en el plazo fijado, podrán estimarse probadas las alegaciones hechas por la parte contraria en relación con la prueba acordada.

Artículo 89. Documentación del acto de juicio.– 1. El desarrollo de las sesiones del juicio oral y el resto de actuaciones orales se documentarán conforme a lo preceptuado en los artículos 146 y 147 de la Ley 1/2000, de 7 de enero. La oficina judicial deberá asegurar la correcta incorporación de la grabación al expediente judicial electrónico. Si los sistemas no proveen expediente judicial electrónico, el letrado o letrada de la Administración de Justicia deberá custodiar el documento electrónico que sirva de soporte a la grabación. Las partes podrán pedir, a su costa, copia o en su caso acceso electrónico de las grabaciones originales.

2. Siempre que se cuente con los medios tecnológicos necesarios, estos garantizarán la autenticidad e integridad de lo grabado o reproducido. A tal efecto, el letrado o letrada de la Administración de Justicia hará uso de la firma electrónica u otro sistema de seguridad que conforme a la ley ofrezca tales garantías. En este caso, la celebración del acto no requerirá la presencia en la sala del letrado o letrada de la Administración de Justicia salvo que lo hubieran solicitado las partes, al menos dos días antes de la celebración de la vista, o que excepcionalmente lo considere necesario el letrado o letrada de la Administración de Justicia atendiendo a la complejidad del asunto, al

número y naturaleza de las pruebas a practicar, al número de intervinientes, a la posibilidad de que se produzcan incidencias que no pudieran registrarse, o a la concurrencia de otras circunstancias igualmente excepcionales que lo justifiquen. En estos casos, el letrado o letrada de la Administración de Justicia extenderá acta sucinta en los términos previstos en el apartado siguiente.

3. Si los mecanismos de garantía previstos en el apartado anterior no se pudiesen utilizar, el secretario judicial deberá consignar en el acta, al menos, los siguientes datos: lugar y fecha de celebración, juez o tribunal que preside el acto, peticiones y propuestas de las partes, medios de prueba propuestos por ellas, declaración de su pertinencia o impertinencia, resoluciones que adopte el juez o tribunal, así como las circunstancias e incidencias que no pudieran constar en aquel soporte.

4. Cuando los medios de registro previstos en este artículo no se pudiesen utilizar por cualquier causa, el secretario judicial extenderá acta de cada sesión, en la que se hará constar:

a) Lugar, fecha, juez o tribunal que preside el acto, partes comparecientes, representantes y defensores que les asisten.

b) Breve resumen de las alegaciones de las partes, medios de prueba propuestos por ellas, declaración expresa de su pertinencia o impertinencia, razones de la negación y protesta, en su caso.

c) En cuanto a las pruebas admitidas y practicadas:

1º Resumen suficiente de las de interrogatorio de parte y de testigos.

2º Relación circunstanciada de los documentos presentados, o datos suficientes que permitan identificarlos, en el caso de que su excesivo número haga desaconsejable la citada relación.

3º Relación de las incidencias planteadas en el juicio respecto a la prueba documental.

4º Resumen suficiente de los informes periciales, así como también de la resolución del juez o tribunal en torno a las recusaciones propuestas de los peritos.

5º Resumen de las declaraciones de los asesores, en el caso de que el dictamen de éstos no haya sido elaborado por escrito e incorporado a los autos.

d) Conclusiones y peticiones concretas formuladas por las partes; en caso de que fueran de condena a cantidad, deberán expresarse en el acta las cantidades que fueran objeto de ella.

e) Declaración hecha por el juez o tribunal de conclusión de los autos, mandando traerlos a la vista para sentencia.

5. El acta prevista en los apartados 3 y 4 de este artículo se extenderá por procedimientos informáticos, sin que pueda ser manuscrita más que en las ocasiones en que la sala o el lugar en que se esté celebrando la actuación carecieran de medios informáticos. El secretario judicial resolverá, sin ulterior recurso, cualquier observación que se hiciera sobre el contenido del acta. El acta será firmada por el juez o tribunal en unión de las partes o de sus representantes o defensores y de los peritos, haciendo constar si alguno de ellos no firma por no poder, no querer hacerlo o no estar presente, firmándola por último el secretario.

6. Del acta del juicio deberá entregarse copia a quienes hayan sido partes en el proceso, si lo solicitaren.

7. La acreditación de la identidad de las partes y de su representación procesal se efectuará ante el secretario judicial en la comparecencia de conciliación, o de no ser preceptiva la misma, mediante diligencia.

SECCIÓN 3.ª De las pruebas

Artículo 90. Admisibilidad de los medios de prueba.– 1. Las partes, previa justificación de la utilidad y pertinencia de las diligencias propuestas, podrán servirse de cuantos medios de prueba se encuentren regulados en la Ley[40] para acreditar los hechos contro-

---

[40] Art. 299 LEC.

vertidos o necesitados de prueba, incluidos los procedimientos de reproducción de la palabra, de la imagen y del sonido o de archivo y reproducción de datos, que deberán ser aportados por medio de soporte adecuado y poniendo a disposición del órgano jurisdiccional los medios necesarios para su reproducción y posterior constancia en autos.

2. No se admitirán pruebas que tuvieran su origen o que se hubieran obtenido, directa o indirectamente, mediante procedimientos que supongan violación de derechos fundamentales o libertades públicas. Esta cuestión podrá ser suscitada por cualquiera de las partes o de oficio por el tribunal en el momento de la proposición de la prueba, salvo que se pusiese de manifiesto durante la práctica de la prueba una vez admitida. A tal efecto, se oirá a las partes y, en su caso, se practicarán las diligencias que se puedan practicar en el acto sobre este concreto extremo, recurriendo a diligencias finales solamente cuando sea estrictamente imprescindible y la cuestión aparezca suficientemente fundada. Contra la resolución que se dicte sobre la pertinencia de la práctica de la prueba y en su caso de la unión a los autos de su resultado o del elemento material que incorpore la misma, sólo cabrá recurso de reposición, que se interpondrá, se dará traslado a las demás partes y se resolverá oralmente en el mismo acto del juicio o comparecencia, quedando a salvo el derecho de las partes a reproducir la impugnación de la prueba ilícita en el recurso que, en su caso, procediera contra la sentencia.

3. Podrán asimismo solicitar, al menos con cinco días de antelación a la fecha del juicio, aquellas pruebas que, habiendo de practicarse en el mismo, requieran diligencias de citación o requerimiento, salvo cuando el señalamiento se deba efectuar con antelación menor, en cuyo caso el plazo será de tres días.

4. Cuando sea necesario a los fines del proceso el acceso a documentos o archivos, en cualquier tipo de soporte, que pueda afectar a la intimidad personal u otro derecho fundamental, el juez o tribunal, siempre que no existan medios de prueba alternativos, podrá

autorizar dicha actuación, mediante auto, previa ponderación de los intereses afectados a través de juicio de proporcionalidad y con el mínimo sacrificio, determinando las condiciones de acceso, garantías de conservación y aportación al proceso, obtención y entrega de copias e intervención de las partes o de sus representantes y expertos, en su caso.

5. Igualmente, de no mediar consentimiento del afectado, podrán adoptarse las medidas de garantía oportunas cuando la emisión de un dictamen pericial médico o psicológico requiera el sometimiento a reconocimientos clínicos, obtención de muestras o recogida de datos personales relevantes, bajo reserva de confidencialidad y exclusiva utilización procesal, pudiendo acompañarse el interesado de especialista de su elección y facilitándole copia del resultado.

No será necesaria autorización judicial si la actuación viniera exigida por las normas de prevención de riesgos laborales, por la gestión o colaboración en la gestión de la Seguridad Social, por la específica normativa profesional aplicable o por norma legal o convencional aplicable en la materia.

6. Si como resultado de las medidas anteriores se obtuvieran datos innecesarios, ajenos a los fines del proceso o que pudieran afectar de manera injustificada o desproporcionada a derechos fundamentales o a libertades públicas, se resolverá lo necesario para preservar y garantizar adecuada y suficientemente los intereses y derechos que pudieran resultar afectados.

7. En caso de negativa injustificada de la persona afectada a la realización de las actuaciones acordadas por el órgano jurisdiccional, la parte interesada podrá solicitar la adopción de las medidas que fueran procedentes, pudiendo igualmente valorarse en la sentencia dicha conducta para tener por probados los hechos que se pretendía acreditar a través de la práctica de dichas pruebas, así como a efectos de apreciar temeridad o mala fe procesal.

Artículo 91. Interrogatorio de las partes.– 1. Las preguntas para la prueba de interrogatorio de parte se propondrán verbalmente, sin admisión de pliegos[41].

2. Si el llamado al interrogatorio no compareciese sin justa causa a la primera citación, rehusase declarar o persistiese en no responder afirmativa o negativamente, a pesar del apercibimiento que se le haya hecho, podrán considerarse reconocidos como ciertos en la sentencia los hechos a que se refieran las preguntas, siempre que el interrogado hubiese intervenido en ellos personalmente y su fijación como ciertos le resultare perjudicial en todo o en parte.

3. El interrogatorio de las personas jurídicas privadas se practicará con quien legalmente las represente y tenga facultades para responder a tal interrogatorio. Si el representante en juicio no hubiera intervenido en los hechos deberá aportar a juicio a la persona conocedora directa de los mismos. Con tal fin la parte interesada podrá proponer la persona que deba someterse al interrogatorio justificando debidamente la necesidad de dicho interrogatorio personal.

4. En caso de que el interrogatorio de personas físicas no se refiera a hechos personales, se admitirá que sea respondido en todo o en parte por un tercero que conozca personalmente los hechos, siempre que el tercero se encuentre a disposición del juez o tribunal en ese momento, si la parte así lo solicita y acepta la responsabilidad de la declaración.

5. La declaración de las personas que hayan actuado en los hechos litigiosos en nombre del empresario, cuando sea persona jurídica privada, bajo la responsabilidad de éste, como administradores, gerentes o directivos, solamente podrá acordarse dentro del interrogatorio de la parte por cuya cuenta hubieran actuado y en calidad de conocedores personales de los hechos, en sustitución o como complemento del interrogatorio del representante legal, salvo que, en función de la naturaleza de su intervención en los hechos y posición dentro de la estructura empresarial, por no prestar ya servicios en la empresa o

---

[41] Arts. 301 ss. LEC.

para evitar indefensión, el juez o tribunal acuerde su declaración como testigos. Las referidas prevenciones deberán advertirse expresamente al efectuar la citación para el interrogatorio en juicio.

6. En los supuestos de interrogatorio a Administraciones o entidades públicas se estará a lo dispuesto en el artículo 315 de la Ley de Enjuiciamiento Civil.

Artículo 92. Interrogatorio de testigos[42].– 1. No se admitirán escritos de preguntas y repreguntas para la prueba de interrogatorio de testigos. Cuando el número de testigos fuese excesivo y, a criterio del órgano judicial, sus manifestaciones pudieran constituir inútil reiteración del testimonio sobre hechos suficientemente esclarecidos, aquél podrá limitarlos discrecionalmente.

2. Los testigos no podrán ser tachados, y únicamente en conclusiones, las partes podrán hacer las observaciones que sean oportunas respecto de sus circunstancias personales y de la veracidad de sus manifestaciones.

3. No obstante lo dispuesto en el apartado anterior, la declaración como testigos de personas vinculadas al empresario, trabajador o beneficiario, por relación de parentesco o análoga relación de afectividad, o con posible interés real en la defensa de decisiones empresariales en las que hayan participado o por poder tener procedimientos análogos contra el mismo empresario o contra trabajadores en igual situación, solamente podrá proponerse cuando su testimonio tenga utilidad directa y presencial y no se disponga de otros medios de prueba, con la advertencia a los mismos, en todo caso, de que dichas circunstancias no serán impedimento para las responsabilidades que de su declaración pudieren derivarse.

---

[42] Arts. 360 ss. LEC.

Artículo 93. Prueba pericial.– 1. La práctica de la prueba pericial se llevará a cabo en el acto del juicio[43], presentando los peritos su informe y ratificándolo. No será necesaria ratificación de los informes, de las actuaciones obrantes en expedientes y demás documentación administrativa cuya aportación sea preceptiva según la modalidad procesal de que se trate.

2. El órgano judicial, de oficio o a petición de parte, podrá requerir la intervención de un médico forense, en los casos en que sea necesario su informe en función de las circunstancias particulares del caso, de la especialidad requerida y de la necesidad de su intervención, a la vista de los reconocimientos e informes que constaren previamente en las actuaciones.

Artículo 94. Prueba documental[44].– 1. De la prueba documental aportada, que deberá estar adecuadamente presentada, ordenada y numerada, se dará traslado a las partes en el acto del juicio, para su examen.

2. Los documentos y otros medios de obtener certeza sobre hechos relevantes que se encuentren en poder de las partes deberán aportarse al proceso si hubieran sido propuestos como medio de prueba por la parte contraria y admitida ésta por el juez o tribunal o cuando éste haya requerido su aportación. Si no se presentaren sin causa justificada, podrán estimarse probadas las alegaciones hechas por la contraria en relación con la prueba acordada.

Artículo 95. Informes de expertos.– 1. Podrá el juez o tribunal, si lo estima procedente, oír el dictamen de una o varias personas expertas en la cuestión objeto del pleito, en el momento del acto del juicio o, terminado éste, como diligencia final.

---

43 Art. 347 LEC.

44 Arts. 317 ss. LEC.

2. Cuando en un proceso se discuta sobre la interpretación de un convenio colectivo, el órgano judicial podrá oír o recabar informe de la comisión paritaria del mismo.

3. Cuando en el proceso se haya suscitado una cuestión de discriminación por razón de sexo, orientación sexual, origen racial o étnico, religión o convicciones, discapacidad, edad o acoso, el juez o tribunal podrá recabar el dictamen de los organismos públicos competentes.

4. En procesos derivados de accidente de trabajo y enfermedad profesional, el órgano judicial, si lo estima procedente, podrá recabar informe de la Inspección de Trabajo y Seguridad Social y de los organismos públicos competentes en materia de prevención y salud laboral, así como de las entidades e instituciones legalmente habilitadas al efecto.

5. Cuando, sobre hechos relevantes para el proceso, sea pertinente que informen personas jurídicas y entidades públicas en cuanto tales, por referirse esos hechos a su actividad, sin que quepa o sea necesario individualizar en personas físicas determinadas el conocimiento de lo que para el proceso interese, la parte a quien convenga esta prueba podrá proponer que la persona jurídica o entidad, a requerimiento del tribunal, responda por escrito sobre los hechos en los diez días anteriores al juicio. Dicho informe se presentará hasta el momento del acto del juicio, sin previo traslado a las partes y sin perjuicio de que pueda acordarse como diligencia final su ampliación.

Artículo 96. Carga de la prueba en casos de discriminación y en accidentes de trabajo.– 1. En aquellos procesos en que de las alegaciones de la parte actora se deduzca la existencia de indicios fundados de discriminación por razón de sexo, orientación o identidad sexual, origen racial o étnico, religión o convicciones, discapacidad, edad, acoso y en cualquier otro supuesto de vulneración de un derecho fundamental o libertad pública, corresponderá al demandado la aportación de una justificación objetiva y razonable, suficientemente probada, de las medidas adoptadas y de su proporcionalidad.

2. En los procesos sobre responsabilidades derivadas de accidentes de trabajo y enfermedades profesionales corresponderá a los deudores de seguridad y a los concurrentes en la producción del resultado lesivo probar la adopción de las medidas necesarias para prevenir o evitar el riesgo, así como cualquier factor excluyente o minorador de su responsabilidad. No podrá apreciarse como elemento exonerador de la responsabilidad la culpa no temeraria del trabajador ni la que responda al ejercicio habitual del trabajo o a la confianza que éste inspira.

SECCIÓN 4.ª Sentencia

Artículo 97. Forma de la sentencia.– 1. El juez o tribunal dictará sentencia en el plazo de cinco días, publicándose inmediatamente y notificándose a las partes o a sus representantes dentro de los dos días siguientes.

2. La sentencia deberá expresar, dentro de los antecedentes de hecho, resumen suficiente de los que hayan sido objeto de debate en el proceso. Asimismo, y apreciando los elementos de convicción, declarará expresamente los hechos que estime probados, haciendo referencia en los fundamentos de derecho a los razonamientos que le han llevado a esta conclusión, en particular cuando no recoja entre los mismos las afirmaciones de hechos consignados en documento público aportado al proceso respaldados por presunción legal de certeza. Por último, deberá fundamentar suficientemente los pronunciamientos del fallo.

3. La sentencia, motivadamente, podrá imponer una sanción pecuniaria, dentro de los límites que se fijan en el apartado 4 del artículo 75, al litigante que no acudió injustificadamente al acto de conciliación ante el servicio administrativo correspondiente o a mediación, de acuerdo con lo establecido en el artículo 83.3, así como al litigante que obró de mala fe o con temeridad. También motivadamente podrá imponer una sanción pecuniaria cuando la sentencia condenatoria coincidiera esencialmente con la pretensión contenida en la papeleta de conciliación o en la solicitud de mediación. En tales casos, y cuando

el condenado fuera el empresario, deberá abonar también los honorarios de los abogados y graduados sociales de la parte contraria que hubieren intervenido, hasta el límite de seiscientos euros.

La imposición de las anteriores medidas se efectuará a solicitud de parte o de oficio, previa audiencia en el acto de la vista de las partes personadas. De considerarse de oficio la posibilidad de imponer la sanción pecuniaria una vez concluido el acto de juicio, se concederá a las partes un término de dos días para que puedan formular alegaciones escritas. En el caso de incomparecencia a los actos de conciliación o de mediación, incluida la conciliación ante el letrado o letrada de la Administración de Justicia, sin causa justificada, se aplicarán por el juez, la jueza o el tribunal las medidas previstas en el apartado 3 del artículo 66.

4. En el texto de la sentencia se indicará si la misma es o no firme y, en su caso, los recursos que procedan, el órgano ante el que deben interponerse y el plazo y los requisitos para ello, así como los depósitos y las consignaciones que sean necesarios y la forma de efectuarlos.

Artículo 98. Principio de inmediación.– 1. Si el juez que presidió el acto del juicio no pudiese dictar sentencia, deberá celebrarse éste nuevamente.

2. En cuanto a las Salas de lo Social se estará a lo dispuesto en la Ley Orgánica del Poder Judicial[45].

Artículo 99. Prohibición de reservas de liquidación.– En las sentencias en que se condene al abono de una cantidad, el juez o tribunal la determinará expresamente, sin que en ningún caso pueda reservarse tal determinación para la ejecución.

No obstante cuando se reclamen prestaciones o cantidades periódicas, la sentencia podrá incluir la condena a satisfacer esas cantidades que se devenguen con posterioridad al momento en que se dicte.

---

[45] Arts. 256 ss. LOPJ.

Artículo 100. Salarios por asistencia a actos procesales.– El empresario vendrá obligado a abonar al demandante que personalmente hubiese comparecido, el importe de los salarios correspondientes al tiempo necesario para la asistencia a los actos de conciliación y juicio y a cualquier comparecencia judicial, así como a la conciliación o mediación previa en su caso, salvo cuando fuera preceptivo otorgar representación conforme al artículo 19 de esta Ley y no fuere requerido de asistencia personal, o cuando se haya declarado que obró de mala fe o con temeridad.

SECCIÓN 5.ª Proceso monitorio

Artículo 101. Proceso monitorio[46].– En reclamaciones frente a empresarios que no se encuentren en situación de concurso, referidas a cantidades vencidas, exigibles y de cuantía determinada, derivadas de su relación laboral, excluyendo las reclamaciones de carácter colectivo que se pudieran formular por la representación de los trabajadores, así como las que se interpongan contra las entidades gestoras o colaboradoras de la Seguridad Social, que no excedan de quince mil euros, el trabajador podrá formular su pretensión en la forma siguiente:

a) El proceso monitorio comenzará por petición inicial en la que se expresarán la identidad completa y precisa del empresario deudor, datos de identificación fiscal, domicilio completo y demás datos de localización, y en su caso de comunicación, por medios informáticos y telefónicos, tanto del demandante como del demandado, así como el detalle y desglose de los concretos conceptos, cuantías y periodos reclamados. Deberá acompañarse copia del contrato, recibos de salarios, comunicación empresarial o reconocimiento de deuda, certificado o documento de cotización o informe de vida laboral, u otros documentos análogos de los que resulte un principio de prueba de la relación laboral y de la cuantía de la deuda. La solicitud se presentará, prefe-

---

[46] Arts. 812 ss. LEC.

rentemente, por medios informáticos, de disponerse de ellos, pudiendo extenderse en el modelo o formulario que se facilite al efecto.

El letrado o letrada de la Administración de Justicia procederá a la comprobación de los requisitos anteriores, completando, en su caso, los indicados en la solicitud con otros domicilios, datos de identificación o que afecten a la situación empresarial, utilizando a tal fin los medios de que disponga el juzgado, y concederá trámite de subsanación por cuatro días de cualquier defecto que apreciare, salvo que sean insubsanables. En caso de apreciar defectos insubsanables, o de no subsanarse en plazo los apreciados, dará cuenta al juez o jueza para que resuelva sobre la admisión o inadmisión de la petición.

De ser admisible la petición, requerirá al empresario para que, en el plazo de diez días, pague directamente al trabajador, acreditándolo ante el juzgado, o comparezca ante éste y alegue sucintamente, en escrito de oposición, las razones por las que, a su entender, no debe, en todo o en parte, la cantidad reclamada, con apercibimiento de que de no pagar la cantidad reclamada ni comparecer alegando las razones de la negativa al pago, se despachará ejecución contra él.

Del requerimiento se dará traslado por igual plazo al Fondo de Garantía Salarial, plazo que se ampliará respecto del mismo por otros diez días más, si manifestase que necesita efectuar averiguaciones sobre los hechos de la solicitud, en especial sobre la solvencia empresarial.

b) Transcurrido el plazo conferido en el requerimiento, de haberse abonado el total importe, se archivará el proceso.

De no haber mediado en dicho plazo oposición, por escrito y en forma motivada, del empresario o del Fondo de Garantía Salarial, el letrado o letrada de la Administración de Justicia dictará decreto dando por terminado el proceso monitorio y dará traslado al demandante para que inste el despacho de ejecución, bastando para ello con la mera solicitud.

Desde la fecha de este decreto se devengará el interés procesal del apartado 2 del artículo 251.

Contra el auto de despacho de la ejecución, conteniendo la orden general de ejecución, procederá oposición según lo previsto en el apartado 4 del artículo 239 de esta ley y pudiendo alegarse a tal efecto la falta de notificación del requerimiento. Contra el auto resolutorio de la oposición no procederá recurso de suplicación.

c) En caso de insolvencia o concurso posteriores, el auto de despacho de la ejecución servirá de título bastante, a los fines de la garantía salarial que proceda según la naturaleza originaria de la deuda; si bien no tendrá eficacia de cosa juzgada, aunque excluirá litigio ulterior entre empresario y trabajador con idéntico objeto y sin perjuicio de la determinación de la naturaleza salarial o indemnizatoria de la deuda y demás requisitos en el expediente administrativo oportuno frente a la institución de garantía, en su caso.

d) Si se formulase oposición en el plazo y la forma expresada en la letra a), se dará traslado a la parte demandante para que manifieste en tres días lo que a su derecho convenga respecto a la oposición. Si las partes no solicitan vista, pasarán los autos al juez o jueza para dictar resolución fijando la cantidad concreta por la que despachar ejecución. Si se solicitara vista, se convocará la misma siguiendo la tramitación del procedimiento ordinario.

e) Si no hubiera sido posible notificar personalmente en la forma exigida el requerimiento de pago se dictará resolución convocando vista siguiendo la tramitación del procedimiento ordinario.

f) Si se formulase oposición sólo en cuanto a parte de la cantidad reclamada, el demandante podrá solicitar del juzgado que se dicte auto acogiendo la reclamación en cuanto a las cantidades reconocidas o no impugnadas. Este auto servirá de título de ejecución, que el demandante podrá solicitar mediante simple escrito sin necesidad de esperar a la resolución que recaiga respecto de las cantidades controvertidas.

TÍTULO II. De las modalidades procesales

CAPÍTULO I. Disposición general

Artículo 102. Modalidades procesales.– 1. En todo lo que no esté expresamente previsto en el presente Título, regirán las disposiciones establecidas para el proceso ordinario.

2. Se dará al procedimiento la tramitación que resulte conforme a la modalidad procesal expresada en la demanda. No obstante, si en cualquier momento desde la presentación de la demanda se advirtiere la inadecuación del procedimiento seguido, se procederá a dar al asunto la tramitación que corresponda a la naturaleza de las pretensiones ejercitadas, sin vinculación necesaria a la modalidad elegida por las partes y completando, en su caso, los trámites que fueren procedentes según la modalidad procesal adecuada, con aplicación del régimen de recursos que corresponda a la misma. No procederá el sobreseimiento del proceso o la absolución en la instancia por inadecuación de la modalidad procesal, salvo cuando no sea posible completar la tramitación seguida hasta ese momento o cuando la parte actora persista en la modalidad procesal inadecuada.

3. Las acciones del trabajador autónomo económicamente dependiente cuyo conocimiento corresponda al orden social se ejercitarán a través del proceso ordinario o de la modalidad procesal adecuada a la naturaleza de las pretensiones formuladas, dentro del plazo de prescripción o de caducidad previsto en su caso para la misma o que resulte de la modalidad procesal aplicable, y en su defecto, regirá el plazo de prescripción de un año desde que pudieran ser ejercitadas[47].

---

[47] Véanse arts. 2.d) de esta Ley y 17 LETA.

CAPÍTULO II. De los despidos y sanciones

SECCIÓN 1.ª Despido disciplinario

Artículo 103. Presentación de la demanda por despido.– 1. El trabajador podrá reclamar contra el despido, dentro de los veinte días hábiles siguientes a aquél en que se hubiera producido. Dicho plazo será de caducidad a todos los efectos y no se computarán los sábados, domingos y los festivos en la sede del órgano jurisdiccional[48].

2. Si se promoviese papeleta de conciliación o solicitud de mediación o demanda por despido contra una persona a la que erróneamente se hubiere atribuido la cualidad de empresario, y se acreditase con posterioridad, sea en el juicio o en otro momento anterior del proceso, que lo era un tercero, el trabajador podrá promover nueva demanda contra éste, o ampliar la demanda si no se hubiera celebrado el juicio, sin que comience el cómputo del plazo de caducidad hasta el momento en que conste quién sea el empresario.

3. Las normas del presente Capítulo serán de aplicación a la impugnación de las decisiones empresariales de extinción de contrato con las especialidades necesarias, sin perjuicio de lo previsto en el artículo 120 y de las consecuencias sustantivas de cada tipo de extinción contractual.

4. Cuando el trabajador manifieste que la empresa no ha tramitado su baja por despido en la Tesorería General de la Seguridad Social, el procedimiento será urgente y se le dará tramitación preferente. El acto de la vista habrá de señalarse dentro de los cinco días siguientes al de la admisión de la demanda. La sentencia se dictará en el plazo de cinco días.

5. La tramitación procesal establecida en el apartado anterior será de aplicación a las demandas en las que se solicite la extinción de la

---

[48] Cfr. arts. 59.3 ET y 182.1 LOPJ.

relación laboral invocando la causa prevista en la letra b) del apartado 1 del artículo 50 del texto refundido del Estatuto de los Trabajadores.

Artículo 104. Requisitos de la demanda por despido.– Las demandas por despido, además de los requisitos generales previstos, deberán contener los siguientes:

a) Antigüedad, concretando los períodos en que hayan sido prestados los servicios; categoría profesional; salario, tiempo y forma de pago; lugar de trabajo; modalidad y duración del contrato; jornada; categoría profesional; características particulares, si las hubiere, del trabajo que se realizaba antes de producirse el despido.

b) Fecha de efectividad del despido, forma en que se produjo y hechos alegados por el empresario, acompañando la comunicación recibida, en su caso, o haciendo mención suficiente de su contenido[49].

c) Si el trabajador ostenta, o ha ostentado en el año anterior al despido, la cualidad de representante legal o sindical de los trabajadores, así como cualquier otra circunstancia relevante para la declaración de nulidad o improcedencia o para la titularidad de la opción derivada, en su caso[50].

d) Si el trabajador se encuentra afiliado a algún sindicato, en el supuesto de que alegue la improcedencia del despido por haberse realizado éste sin la previa audiencia de los delegados sindicales, si los hubiera[51].

Artículo 105. Posición de las partes.– 1. Ratificada, en su caso, la demanda, tanto en la fase de alegaciones como en la práctica de la prueba, y en la fase de conclusiones corresponderá al demandado exponer sus posiciones en primer lugar. Asimismo, le corresponderá la

---

49 Arts. 53.1 y 55.1 ET.

50 Arts. 53.4, 55.5, 55.5 y 68.c) ET.

51 Art. 10.3.3º LOLS.

carga de probar la veracidad de los hechos imputados en la carta de despido como justificativos del mismo.

2. Para justificar el despido, al demandado no se le admitirán en el juicio otros motivos de oposición a la demanda que los contenidos en la comunicación escrita de dicho despido.

3. *(Suprimido)*.

Artículo 106. Garantías del proceso.– 1. En los supuestos previstos en el apartado 1 del artículo 32 habrán de respetarse las garantías que, respecto de las alegaciones, prueba y conclusiones, se establecen para el proceso de despido disciplinario.

2. En los despidos de miembros de comité de empresa, delegados de personal o delegados sindicales habrá de aportarse por la demandada el expediente contradictorio legalmente exigido[52].

Artículo 107. Hechos probados.– En los hechos que se estimen probados en la sentencia deberán hacerse constar las siguientes circunstancias:

a) Antigüedad, concretando los períodos en que hayan sido prestados los servicios; categoría profesional; salario, tiempo y forma de pago; lugar de trabajo; modalidad y duración del contrato; jornada; características particulares, si las hubiere, del trabajo que se realizaba antes de producirse el despido.

b) Fecha y forma del despido, causas invocadas para el mismo, en su caso, y hechos acreditados en relación con dichas causas.

c) Si el trabajador ostenta o ha ostentado en el año anterior al despido, la condición de delegado de personal, miembro del comité de empresa o delegado sindical, así como cualquier otra circunstancia relevante para la declaración de nulidad o improcedencia o para la titularidad de la opción derivada, en su caso.

---

[52] Arts. 10.3 LOLS y 68.a) ET.

Artículo 108. Calificación del despido por la sentencia.– 1. En el fallo de la sentencia, el juez calificará el despido como procedente, improcedente o nulo.

Será calificado como procedente cuando quede acreditado el incumplimiento alegado por el empresario en el escrito de comunicación. En caso contrario, o en el supuesto en que se hubieren incumplido los requisitos de forma establecidos en el número 1 del artículo 55 del Texto Refundido de la Ley del Estatuto de los Trabajadores, será calificado como improcedente.

En caso de improcedencia del despido por no apreciarse que los hechos acreditados hubieran revestido gravedad suficiente, pero constituyeran infracción de menor entidad según las normas alegadas por las partes, el juez podrá autorizar la imposición de una sanción adecuada a la gravedad de la falta, de no haber prescrito la de menor gravedad antes de la imposición empresarial de la sanción de despido; sanción que el empresario podrá imponer en el plazo de caducidad de los diez días siguientes a la firmeza de la sentencia, previa readmisión del trabajador y siempre que ésta se haya efectuado en debida forma. La decisión empresarial será revisable a instancia del trabajador, en el plazo, igualmente de caducidad, de los veinte días siguientes a su notificación, a través de incidente de ejecución de la sentencia de despido, conforme al artículo 238[53].

2. El despido será nulo en los supuestos señalados en el artículo 55.5 del Estatuto de los Trabajadores.

3. Si se acreditara que el móvil del despido obedeciera a alguna de las causas del número anterior, el juez se pronunciará sobre ella, con independencia de cuál haya sido la forma del mismo.

Artículo 109. Efectos del despido procedente.– Si se estima el despido procedente se declarará convalidada la extinción del contrato

---

[53] Arts. 58 y 60.2 ET.

que aquél produjo, sin derecho a indemnización ni a salarios de tramitación[54].

Artículo 110. Efectos del despido improcedente.– 1. Si el despido se declara improcedente, se condenará al empresario a la readmisión del trabajador en las mismas condiciones que regían antes de producirse el despido, así como al abono de los salarios de tramitación a los que se refiere el apartado 2 del artículo 56 del Texto Refundido de la Ley del Estatuto de los Trabajadores o, a elección de aquél, a que le abone una indemnización, cuya cuantía se fijará de acuerdo con lo previsto en el apartado 1 del artículo 56 de dicha Ley, con las siguientes particularidades:

a) En el acto de juicio, la parte titular de la opción entre readmisión o indemnización podrá anticipar su opción, para el caso de declaración de improcedencia, mediante expresa manifestación en tal sentido, sobre la que se pronunciará el juez en la sentencia, sin perjuicio de lo dispuesto en los artículos 111 y 112.

b) A solicitud de la parte demandante, si constare no ser realizable la readmisión, podrá acordarse, en caso de improcedencia del despido, tener por hecha la opción por la indemnización en la sentencia, declarando extinguida la relación en la propia sentencia y condenando al empresario a abonar la indemnización por despido, calculada hasta la fecha de la sentencia.

c) En los despidos improcedentes de trabajadores cuya relación laboral sea de carácter especial, la cuantía de la indemnización será la establecida, en su caso, por la norma que regule dicha relación especial.

2. En caso de que se declarase improcedente el despido de un representante legal o sindical de los trabajadores, la opción prevista en el número anterior corresponderá al trabajador.

---

[54] Art. 55.7 ET.

3. La opción deberá ejercitarse mediante escrito o comparecencia ante la oficina del Juzgado de lo Social, dentro del plazo de cinco días desde la notificación de la sentencia que declare el despido improcedente, sin esperar a la firmeza de la misma, si fuera la de instancia.

4. Cuando el despido fuese declarado improcedente por incumplimiento de los requisitos de forma establecidos y se hubiese optado por la readmisión, podrá efectuarse un nuevo despido dentro del plazo de siete días desde la notificación de la sentencia. Dicho despido no constituirá una subsanación del primitivo acto extintivo, sino un nuevo despido, que surtirá efectos desde su fecha.

Artículo 111. Efectos del recurso contra la sentencia de declaración de improcedencia del despido.– 1. Si la sentencia que declarase la improcedencia del despido fuese recurrida, la opción ejercitada por el empresario tendrá los siguientes efectos:

a) Si se hubiere optado por la readmisión, cualquiera que fuera el recurrente, ésta se llevará a efecto de forma provisional en los términos establecidos por el artículo 297.

b) Cuando la opción del empresario hubiera sido por la indemnización, tanto en el supuesto de que el recurso fuere interpuesto por éste como por el trabajador, no procederá la readmisión mientras penda el recurso, si bien durante la tramitación del recurso el trabajador se considerará en situación legal de desempleo involuntario según lo dispuesto en el apartado 3 del artículo 208 del Texto Refundido de la Ley General de la Seguridad Social, aprobado por el Real Decreto Legislativo 1/1994, de 20 de junio[55].

Si la sentencia que resuelva el recurso que hubiera interpuesto el trabajador elevase la cuantía de la indemnización, el empresario, dentro de los cinco días siguientes al de su notificación, podrá cambiar el sentido de su opción y, en tal supuesto, la readmisión retrotraerá sus efectos económicos a la fecha en que tuvo lugar la

---

55 Actualmente, art. 268.5 LGSS.

primera elección, deduciéndose de las cantidades que por tal concepto se abonen las que, en su caso, hubiera percibido el trabajador en concepto de prestación por desempleo. La citada cantidad, así como la correspondiente a la aportación empresarial a la Seguridad Social por dicho trabajador, habrá de ser ingresada por el empresario en la Entidad gestora.

A efectos del reconocimiento de un futuro derecho a la protección por desempleo, el período al que se refiere el párrafo anterior se considerará de ocupación cotizada.

2. Cualquiera que sea el sentido de la opción ejercitada, ésta se tendrá por no hecha si el tribunal superior, al resolver el recurso, declarase nulo el despido. Cuando se confirme la sentencia recurrida, el sentido de la opción no podrá ser alterado.

Artículo 112. Efectos del recurso contra la sentencia de declaración de improcedencia del despido de un representante legal o sindical de los trabajadores.– 1. Cuando la sentencia que declarase la improcedencia del despido de un representante legal o sindical de los trabajadores fuese recurrida, la opción ejercitada por dichos representantes tendrá las siguientes consecuencias:

a) Cuando el trabajador hubiese optado por la readmisión, cualquiera que sea la parte que recurra, habrá de estarse a lo dispuesto por el artículo 297.

b) De haberse optado por la indemnización, tanto si recurre el trabajador como el empresario, no procederá la readmisión ni el abono de salarios mientras esté pendiente el recurso, si bien durante la sustanciación del recurso el trabajador se considerará en situación legal de desempleo involuntario. Si la sentencia que resuelva el recurso interpuesto por el empresario disminuyera la cuantía de la indemnización, el trabajador, dentro de los cinco días siguientes al de su notificación, podrá cambiar el sentido de su opción y, en tal caso, la readmisión retrotraerá a sus efectos económicos a la fecha en que tuvo lugar la primera elección, deduciéndose de las cantidades que por tal concepto se abonen las que, en su caso, hubiera percibido el trabajador en concepto de prestación por desempleo. La citada cantidad, así como la correspondiente a la aportación empresarial a la Seguridad Social por dicho trabajador, habrá de ser ingresada por el empresario en la Entidad gestora.

A efectos del reconocimiento de un futuro derecho a la protección por desempleo, el período al que se refiere el párrafo anterior se considerará de ocupación cotizada.

2. Cualquiera que sea el sentido de la opción ejercitada, ésta se tendrá por no hecha si el tribunal superior, al resolver el recurso, declarase nulo el despido. Cuando se confirme la sentencia recurrida, el sentido de la opción no podrá ser alterado.

Artículo 113. Efectos de la declaración de nulidad del despido.– Si el despido fuera declarado nulo se condenará a la inmediata readmisión del trabajador con abono de los salarios dejados de percibir. La sentencia será ejecutada de forma provisional en los términos establecidos por el artículo 297, tanto si fuera recurrida por el empresario como si lo fuera por el trabajador.

SECCIÓN 2.ª Proceso de impugnación de sanciones

Artículo 114. Impugnación de sanciones.– 1. El trabajador podrá impugnar la sanción que le hubiere sido impuesta mediante demanda, que habrá de ser presentada dentro del plazo señalado en el artículo 103.

2. En los procesos de impugnación de sanciones por faltas graves o muy graves a los trabajadores que ostenten la condición de representante legal o sindical, la parte demandada habrá de aportar el expediente contradictorio legalmente establecido.

3. Corresponderá al empresario probar la realidad de los hechos imputados al trabajador, y su entidad, sin que puedan ser admitidos otros motivos de oposición a la demanda que los alegados en su momento

para justificar la sanción. Las alegaciones, pruebas y conclusiones deberán ser realizadas por las partes en el orden establecido para los despidos disciplinarios.

Artículo 115. Contenido de la sentencia.– 1. La sentencia contendrá alguno de los pronunciamientos siguientes:

a) Confirmar la sanción, cuando se haya acreditado el cumplimiento de las exigencias de forma y la realidad del incumplimiento imputado al trabajador, así como su entidad, valorada según la graduación de faltas y sanciones prevista en las disposiciones legales o en el convenio colectivo aplicable.

b) Revocarla totalmente, cuando no haya sido probada la realidad de los hechos imputados al trabajador o éstos no sean constitutivos de falta, condenando al empresario al pago de los salarios que hubieran dejado de abonarse en cumplimiento de la sanción.

c) Revocarla en parte, con análogo pronunciamiento de condena económica por el período de exceso en su caso, cuando la falta cometida no haya sido adecuadamente calificada, pero los hechos constituyan infracción de menor entidad según las normas alegadas por las partes, de no haber prescrito la falta de menor gravedad antes de la imposición de la sanción más grave[56]. En este caso, el juez podrá autorizar la imposición, en el plazo de caducidad de los diez días siguientes a notificación de sentencia firme, de una sanción adecuada a la gravedad de la falta, y la decisión empresarial será revisable a instancia del trabajador, en el plazo igualmente de caducidad de los veinte días siguientes a su notificación, por medio del incidente de ejecución de dicha sentencia previsto en el artículo 238.

d) Declararla nula, si hubiese sido impuesta sin observar los requisitos formales establecidos legal, convencional o contractualmente,

---

[56] Véase art. 60.2 ET.

o cuando éstos presenten defectos de tal gravedad que no permitan alcanzar la finalidad para la que fueron requeridos, así como cuando tenga como móvil alguna de las causas de discriminación prevista en la Constitución y en la ley, o se produzca con violación de derechos fundamentales y libertades públicas del trabajador, incluidos, en su caso, los demás supuestos que comportan la declaración de nulidad del despido en el apartado 2 del artículo 108. También será nula la sanción cuando consista en alguna de las legalmente prohibidas o no estuviera tipificada en las disposiciones legales o en el convenio colectivo aplicable[57].

2. A los efectos de lo previsto en el apartado anterior serán nulas las sanciones impuestas a los representantes legales de los trabajadores o a los delegados sindicales por faltas graves o muy graves, sin la previa audiencia de los restantes integrantes de la representación a que el trabajador perteneciera así como a los trabajadores afiliados a un sindicato, sin dar audiencia a los delegados sindicales[58].

3. Contra las sentencias dictadas en estos procesos no cabrá recurso alguno, salvo en los casos de sanciones por faltas muy graves, apreciadas judicialmente.

CAPÍTULO III. De la reclamación al Estado del pago de salarios de tramitación en juicios por despido

Artículo 116. Reclamación del pago de salarios de tramitación[59].– 1. Si, desde la fecha en que se tuvo por presentada la demanda por despido, hasta la sentencia del juzgado o tribunal que por primera vez declare su improcedencia, hubiesen transcurrido más de noventa días hábiles, el empresario, una vez firme la sentencia, podrá

---

57 Para los requisitos formales de carácter general del poder disciplinario, así como para las exigencias de tipicidad y sanciones prohibidas, véase art. 58 ET.

58 Respecto de la especial protección de los representantes de los trabajadores y de los trabajadores afiliados, arts. 10.3 LOLS y 68.a) ET.

59 Art. 57 ET.

reclamar al Estado los salarios pagados al trabajador que excedan de dicho plazo.

2. En el supuesto de insolvencia provisional del empresario, el trabajador podrá reclamar directamente al Estado los salarios a los que se refiere el apartado anterior, que no le hubieran sido abonados por aquél.

Artículo 117. Requisito del agotamiento de la vía administrativa previa a la vía judicial.– 1. Para demandar al Estado por los salarios de tramitación, será requisito previo haber reclamado en vía administrativa en la forma y plazos establecidos, contra cuya denegación el empresario o, en su caso, el trabajador, podrá promover la oportuna acción ante el juzgado que conoció en la instancia del proceso de despido [60].

2. A la demanda habrá de acompañarse copia de la resolución administrativa denegatoria o de la instancia de solicitud de pago.

3. El plazo de prescripción de esta acción es el previsto en el apartado 2 del artículo 59 del texto refundido de la Ley del Estatuto de los Trabajadores, iniciándose el cómputo del mismo, en caso de reclamación efectuada por el empresario, desde el momento en que éste sufre la disminución patrimonial ocasionada por el abono de los salarios de tramitación y, en caso de reclamación por el trabajador, desde la fecha de notificación al mismo del auto judicial que haya declarado la insolvencia del empresario.

Artículo 118. Celebración del acto de juicio.– 1. Admitida la demanda, el secretario judicial señalará día para el juicio en los cinco siguientes, citando al efecto al trabajador, al empresario y al abogado del Estado, sin que se suspenda el procedimiento para que éste pueda elevar consulta a la Dirección General del Servicio Jurídico del Estado.

---

[60] RD 418/2014, de 6 de junio, por el que se modifica el procedimiento de tramitación de las reclamaciones al Estado por salarios de tramitación en juicios por despido.

2. El juicio versará tan sólo sobre la procedencia y cuantía de la reclamación, y no se admitirán pruebas encaminadas a revisar las declaraciones probadas en la sentencia de despido.

Artículo 119. Cómputo del tiempo.– 1. A efectos del cómputo de tiempo que exceda de los sesenta días hábiles a que se refiere el artículo 116, serán excluidos del mismo los períodos siguientes:

a) El tiempo invertido en la subsanación de la demanda, por no haber acreditado la celebración de la conciliación, de la mediación o de la reclamación administrativa previa, o por defectos, omisiones o imprecisiones en aquélla.

b) El período en que estuviesen suspendidos los autos, a petición de parte, por suspensión del acto del juicio en los términos previstos en el artículo 83.

c) El tiempo que dure la suspensión para acreditar la presentación de la querella, en los casos en que cualquiera de las partes alegase la falsedad de un documento que pueda ser de notoria influencia en el pleito.

2. En los supuestos enunciados anteriormente el juez, apreciando las pruebas aportadas, decidirá si los salarios correspondientes al tiempo invertido han de correr a cargo del Estado o del empresario. Excepcionalmente, podrá privar al trabajador de su percepción, si apreciase que en su actuación procesal ha incurrido en manifiesto abuso de derecho.

CAPÍTULO IV. De la extinción del contrato por causas objetivas, por despido colectivo y otras causas de extinción

SECCIÓN 1.ª. Extinción por causas objetivas

Artículo 120. Tramitación.– Los procesos derivados de la extinción del contrato de trabajo por causas objetivas, se ajustarán a las normas contenidas en el Capítulo relativo a los procesos por despidos y sanciones sin perjuicio de las especialidades que se enuncian en los artículos siguientes.

Artículo 121. Plazo de ejercicio de la acción. Carga de la prueba.– 1. El plazo para ejercitar la acción de impugnación de la decisión extintiva será de veinte días, que en todo caso comenzará a contarse a partir del día siguiente a la fecha de extinción del contrato de trabajo. El trabajador podrá anticipar el ejercicio de su acción a partir del momento en que reciba la comunicación empresarial de preaviso[61].

2. La percepción por el trabajador de la indemnización ofrecida por el empresario o el uso del permiso para buscar nuevo puesto de trabajo no enervan el ejercicio de la acción ni suponen conformidad con la decisión empresarial.

3. Cuando el trabajador vinculado por la empresa con un contrato de fomento de la contratación indefinida alegue que la utilización por la empresa del procedimiento de despido objetivo no se ajusta a derecho porque la causa real del despido es disciplinaria, corresponderá al mismo la carga de la prueba sobre esta cuestión.

Artículo 122. Calificación de la extinción del contrato.– 1. Se declarará procedente la decisión extintiva cuando el empresario, habiendo cumplido los requisitos formales exigibles, acredite la concurrencia de la causa legal indicada en la comunicación escrita. Si no la acreditase, se calificará de improcedente.

2. La decisión extintiva será nula en los supuestos señalados en el artículo 53.4 del Estatuto de los Trabajadores, así como cuando se haya efectuado en fraude de ley, eludiendo las normas establecidas para los despidos colectivos, en los casos a que se refiere el último párrafo del artículo 51.1 del Estatuto de los Trabajadores.

3. La decisión extintiva se calificará de improcedente cuando no se hubieren cumplido los requisitos establecidos en el apartado 1 del artículo 53 del Texto Refundido de la Ley del Estatuto de los Trabajadores.

---

61 Arts. 59.3 ET y 103.1 de esta Ley sobre el plazo de caducidad y art. 53.1.c) ET respecto al preaviso de la extinción.

No obstante, la no concesión del preaviso o el error excusable en el cálculo de la indemnización no determinará la improcedencia del despido, sin perjuicio de la obligación del empresario de abonar los salarios correspondientes a dicho período o al pago de la indemnización en la cuantía correcta, con independencia de los demás efectos que procedan.

Artículo 123. Efectos de la sentencia.– 1. Si la sentencia estimase procedente la decisión del empresario, se declarará extinguido el contrato de trabajo, condenando al empresario, en su caso, a satisfacer al trabajador las diferencias que pudieran existir, tanto entre la indemnización que ya hubiese percibido y la que legalmente le corresponda, como las relativas a los salarios del período de preaviso, en los supuestos en que éste no se hubiera cumplido.

2. Cuando se declare improcedente o nula la decisión extintiva, se condenará al empresario en los términos previstos para el despido disciplinario, sin que los salarios de tramitación puedan deducirse de los correspondientes al período de preaviso.

3. En los supuestos en que proceda la readmisión, el trabajador habrá de reintegrar la indemnización recibida una vez sea firme la sentencia.

4. El juez acordará, en su caso, la compensación entre la indemnización percibida y la que fije la sentencia.

SECCIÓN 2.ª Despidos colectivos por causas económicas, organizativas, técnicas o de producción o derivadas de fuerza mayor

Artículo 124. Despidos colectivos por causas económicas, organizativas, técnicas o de producción o derivadas de fuerza mayor.– 1. La decisión empresarial podrá impugnarse por los representantes legales de los trabajadores a través del proceso previsto en los apartados siguientes. Cuando la impugnación sea formulada por los representantes sindicales, éstos deberán tener implantación suficiente en el ámbito del despido colectivo.

2. La demanda podrá fundarse en los siguientes motivos:

a) Que no concurre la causa legal indicada en la comunicación escrita.

b) Que no se ha realizado el período de consultas o entregado la documentación prevista en el artículo 51.2 del Estatuto de los Trabajadores o no se ha respetado el procedimiento establecido en el artículo 51.7 del mismo texto legal.

c) Que la decisión extintiva se ha adoptado con fraude, dolo, coacción o abuso de derecho.

d) Que la decisión extintiva se ha efectuado vulnerando derechos fundamentales y libertades públicas.

En ningún caso podrán ser objeto de este proceso las pretensiones relativas a la inaplicación de las reglas de prioridad de permanencia previstas legal o convencionalmente o establecidas en el acuerdo adoptado en el período de consultas. Tales pretensiones se plantearán a través del procedimiento individual al que se refiere el apartado 11 del presente artículo.

3. Cuando la decisión extintiva no se haya impugnado por los sujetos a los que se refiere el apartado 1 o por la Autoridad Laboral de acuerdo con el artículo 148.b) de esta Ley, una vez transcurrido el plazo de caducidad de veinte días para el ejercicio de la acción por los representantes de los trabajadores, el empresario, en el plazo de veinte días desde la finalización del plazo anterior, podrá interponer demanda con la finalidad de que se declare ajustada a derecho su decisión extintiva. Estarán legitimados pasivamente los representantes legales de los trabajadores, y la sentencia que se dicte tendrá naturaleza declarativa y producirá efectos de cosa juzgada sobre los procesos individuales en los términos del apartado 5 del artículo 160 de esta ley.

La presentación de la demanda por el empresario suspenderá el plazo de caducidad de la acción individual del despido.

4. En caso de que el período de consultas regulado en el artículo 51 del Estatuto de los Trabajadores hubiera finalizado con acuerdo, también deberá demandarse a los firmantes del mismo.

5. Para presentar la demanda no será necesario agotar ninguna de las formas de evitación del proceso contempladas en el Título V del Libro I de la presente Ley.

6. La demanda deberá presentarse en el plazo de caducidad de veinte días desde la fecha del acuerdo alcanzado en el período de consultas o de la notificación a los representantes de los trabajadores de la decisión empresarial de despido colectivo.

7. Si una vez iniciado el proceso por los representantes de los trabajadores se plantease demanda de oficio de conformidad con lo previsto en el artículo 148.b) de esta Ley, se suspenderá ésta hasta la resolución de aquél. En este supuesto, la autoridad laboral estará legitimada para ser parte en el proceso incoado por los representantes de los trabajadores o por el empresario. La sentencia, una vez firme, tendrá eficacia de cosa juzgada sobre el proceso de oficio pendiente de resolución.

8. Este proceso tendrá carácter urgente. La preferencia en el despacho de estos asuntos será absoluta sobre cualesquiera otros, salvo los de tutela de los derechos fundamentales y libertades públicas. Contra las resoluciones de tramitación que se dicten no cabrá recurso, salvo el de declaración inicial de incompetencia.

9. Admitida a trámite la demanda, el secretario judicial dará traslado de la misma al empresario demandado y le requerirá para que en el plazo de cinco días presente, preferiblemente en soporte informático, la documentación y las actas del período de consultas y la comunicación a la autoridad laboral del resultado del mismo.

En ese mismo requerimiento, el secretario judicial ordenará al empresario que, en el plazo de cinco días, notifique a los trabajadores que pudieran resultar afectados por el despido colectivo la existencia del proceso planteado por los representantes de los trabajadores, para que en el plazo de quince días comuniquen al órgano judicial un domicilio a efectos de notificación de la sentencia.

En caso de negativa injustificada del empresario a remitir estos documentos o a informar a los trabajadores que pudieran resultar afectados, el secretario judicial reiterará por la vía urgente su inmediata remisión en el plazo de tres días, con apercibimiento de que de no cumplirse en plazo este segundo requerimiento se impondrán las medidas a las que se refiere el apartado 5 del artículo 75, y se podrán tener por ciertos a los efectos del juicio posterior los hechos que pretende acreditar la parte demandante.

Al admitirse la demanda, el secretario judicial acordará recabar de la Autoridad Laboral copia del expediente administrativo relativo al despido colectivo.

10. En la misma resolución de admisión a trámite, el secretario judicial señalará el día y la hora en que haya de tener lugar la celebración del acto del juicio, que deberá tener lugar en única convocatoria dentro de los quince días siguientes a la admisión a trámite de la demanda. En la citación se acordará de oficio el previo traslado entre las partes o la aportación anticipada, en soporte preferiblemente informático, con cinco días de antelación al acto de juicio, de la prueba documental o pericial que, por su volumen o complejidad, sea conveniente posibilitar su examen previo al momento de la práctica de la prueba.

11. La sentencia se dictará dentro de los cinco días siguientes a la celebración del juicio y será recurrible en casación ordinaria.

Se declarará ajustada a derecho la decisión extintiva cuando el empresario, habiendo cumplido lo previsto en los artículos 51.2 o 51.7 del Estatuto de los Trabajadores, acredite la concurrencia de la causa legal esgrimida.

La sentencia declarará no ajustada a Derecho la decisión extintiva cuando el empresario no haya acreditado la concurrencia de la causa legal indicada en la comunicación extintiva.

La sentencia declarará nula la decisión extintiva únicamente cuando el empresario no haya realizado el período de consultas o entregado la documentación prevista en el artículo 51.2 del Estatuto de los Trabajadores o no haya respetado el procedimiento establecido en el artículo 51.7 del mismo texto legal u obtenido la autorización judicial del juez del concurso en los supuestos en que esté legalmente prevista[62], así como cuando la medida empresarial se haya efectuado en vulneración de derechos fundamentales y libertades públicas. En este supuesto la sentencia declarará el derecho de los trabajadores afectados a la reincorporación a su puesto de trabajo, de conformidad con lo previsto en los apartados 2 y 3 del artículo 123 de esta Ley.

12. Una vez firme la sentencia, se notificará a quienes hubieran sido parte y a los trabajadores que pudieran ser afectados por el despido colectivo que hubiesen puesto en conocimiento del órgano judicial un domicilio a efectos de notificaciones, a los efectos previstos en la letra b) del apartado 13 de este artículo.

La sentencia firme se notificará para su conocimiento a la autoridad laboral, la entidad gestora de la prestación por desempleo y la Administración de la Seguridad Social cuando no hubieran sido parte en el proceso.

13. El trabajador individualmente afectado por el despido podrá impugnar el mismo a través del procedimiento previsto en los artículos 120 a 123 de esta Ley, con las especialidades que a continuación se señalan.

a) Cuando el despido colectivo no haya sido impugnado a través del procedimiento regulado en los apartados anteriores, serán de aplicación al proceso individual de despido las siguientes reglas específicas:

1.ª El plazo para la impugnación individual dará comienzo una vez transcurrido el plazo de caducidad de veinte días para el ejercicio de la acción por los representantes de los trabajadores.

2.ª Cuando el objeto del debate verse sobre preferencias atribuidas a determinados trabajadores, éstos también deberán ser demandados.

---

[62] Cfr. arts. 49.1.g) y h) y 51 ET y 169 y ss. LC.

3.ª El despido será nulo, además de por los motivos recogidos en el artículo 122.2 de esta Ley, únicamente cuando el empresario no haya realizado el periodo de consultas o entregado la documentación prevista en el artículo 51.2 del Estatuto de los Trabajadores o no haya respetado el procedimiento establecido en el artículo 51.7 del mismo texto legal, o cuando no se hubiese obtenido la autorización judicial del juez del concurso, en los supuestos en que esté legalmente prevista.

4.ª También será nula la extinción del contrato acordada por el empresario sin respetar las prioridades de permanencia que pudieran estar establecidas en las leyes, los convenios colectivos o en el acuerdo alcanzado durante el periodo de consultas. Esta nulidad no afectará a las extinciones que dentro del mismo despido colectivo hayan respetado las prioridades de permanencia.

b) Cuando el despido colectivo haya sido impugnado a través del procedimiento regulado en los apartados anteriores de este artículo, serán de aplicación las siguientes reglas:

1.ª El plazo de caducidad para la impugnación individual comenzará a computar desde la firmeza de la sentencia dictada en el proceso colectivo, o, en su caso, desde la conciliación judicial.

2.ª La sentencia firme o el acuerdo de conciliación judicial tendrán eficacia de cosa juzgada sobre los procesos individuales, por lo que el objeto de dichos procesos quedará limitado a aquellas cuestiones de carácter individual que no hayan sido objeto de la demanda formulada a través del proceso regulado en los apartados anteriores.

3.ª Será nula la extinción del contrato acordada por el empresario sin respetar las prioridades de permanencia que pudieran estar establecidas en las leyes, los convenios colectivos o en el acuerdo alcanzado durante el periodo de consultas. Esta nulidad no afectará a las extinciones que dentro del mismo despido colectivo hayan respetado las prioridades de permanencia.

CAPÍTULO V. Vacaciones, materia electoral, movilidad geográfica, modificaciones sustanciales de condiciones de trabajo y derechos de conciliación de la vida personal, familiar y laboral reconocidos legal o convencionalmente

SECCIÓN 1.ª Vacaciones

Artículo 125. Fijación de vacaciones.– El procedimiento para la fijación individual o plural de la fecha de disfrute de las vacaciones se regirá por las reglas siguientes:

a) Cuando la fecha esté precisada en convenio colectivo, o por acuerdo entre el empresario y los representantes de los trabajadores, o hubiera sido fijada unilateralmente por aquél, el trabajador dispondrá de un plazo de veinte días, a partir de aquel en que tuviera conocimiento de dicha fecha, para presentar la demanda en el Juzgado de lo Social.

b) Cuando no estuviera señalada la fecha de disfrute de las vacaciones, la demanda deberá presentarse, al menos, con dos meses de antelación a la fecha de disfrute pretendida por el trabajador.

c) Si una vez iniciado el proceso se produjera la fijación de las fechas de disfrute de conformidad con lo previsto en el artículo 38 del Texto Refundido de la Ley del Estatuto de los Trabajadores, no se interrumpirá la continuación del procedimiento.

d) Cuando el objeto del debate verse sobre preferencias atribuidas a determinados trabajadores, éstos también deberán ser demandados.

Artículo 126. Urgencia del procedimiento.– El procedimiento será urgente y se le dará tramitación preferente. El acto de la vista habrá de señalarse por el secretario judicial dentro de los cinco días siguientes al de la admisión de la demanda. La sentencia, que no tendrá recurso, deberá ser dictada en el plazo de tres días.

SECCIÓN 2.ª Materia electoral

Subsección 1.ª Impugnación de los laudos[63]

Artículo 127. Supuestos, legitimación y plazo.– 1. Los laudos arbitrales previstos en el artículo 76 del Texto Refundido de la Ley del Estatuto de los Trabajadores, podrán ser impugnados a través del proceso previsto en los artículos siguientes.

2. Se someterán a dicho arbitraje todas las impugnaciones relativas al proceso electoral desde la promoción de las elecciones, incluida la validez de la comunicación a la oficina pública del propósito de celebrar las mismas, así como todas las actuaciones electorales previas y posteriores a la constitución de la Mesa Electoral y las decisiones de ésta, y la atribución de los resultados, hasta la entrada de las actas en la oficina pública dependiente de la autoridad administrativa o laboral.

3. La impugnación podrá plantearse por quienes tengan interés legítimo, incluida la empresa cuando en ella concurra dicho interés, en el plazo de tres días, contados desde que tuvieron conocimiento del mismo.

Artículo 128. Fundamento de la demanda.– La demanda sólo podrá fundarse en:

a) Indebida apreciación o no apreciación de cualquiera de las causas contempladas en el apartado 2 del artículo 76 del Texto Refundido de la Ley del Estatuto de los Trabajadores, siempre que la misma haya sido alegada por el promotor en el curso del arbitraje.

b) Haber resuelto el laudo aspectos no sometidos al arbitraje o que, de haberlo sido, no puedan ser objeto del mismo. En estos casos la anulación afectará sólo a los aspectos no sometidos a decisión o no

---

63 Art. 76 ET y arts. 36 ss. RD 1844/1994, de 9 de septiembre, por el que se aprueba el Reglamento de elecciones a órganos de representación de los trabajadores en la empresa.

susceptibles de arbitraje, siempre que los mismos tengan sustantividad propia y no aparezcan indisolublemente unidos a la cuestión principal.

c) Promover el arbitraje fuera de los plazos estipulados en el artículo 76 del Texto Refundido de la Ley del Estatuto de los Trabajadores.

d) No haber concedido el árbitro a las partes la oportunidad de ser oídas o de presentar pruebas.

Artículo 129. Legitimación pasiva.– 1. La demanda deberá dirigirse contra las personas y sindicatos que fueron partes en el procedimiento arbitral, así como frente a cualesquiera otros afectados por el laudo objeto de impugnación.

2. En ningún caso tendrán la consideración de demandados los comités de empresa, los delegados de personal, o la mesa electoral.

Artículo 130. Litisconsorcio pasivo necesario.– Si examinada la demanda el secretario judicial estima que puede no haber sido dirigida contra todos los afectados, citará a las partes para que comparezcan ante el órgano judicial, dentro del día siguiente, a una audiencia preliminar en la que éste, oyendo a las partes sobre la posible situación de litisconsorcio pasivo necesario, resolverá sobre la misma en el acto.

Artículo 131. Legitimación de sindicatos y empresario.– En estos procesos podrán comparecer como parte, cuando tengan interés legítimo, los sindicatos, el empresario y los componentes de candidaturas no presentadas por sindicatos.

Artículo 132. Especialidades del proceso.– 1. Este proceso se tramitará con urgencia y tendrá las siguientes especialidades:

a) Al admitir la demanda, se acordará recabar de la oficina pública texto del laudo arbitral, así como copia del expediente administrativo relativo al proceso electoral. La documentación referida deberá ser enviada por el requerido dentro del día siguiente.

b) El acto del juicio habrá de celebrarse dentro de los cinco días siguientes a la admisión de la demanda. La sentencia, contra la que no cabe recurso, habrá de dictarse en el plazo de tres días, debiendo ser comunicada a las partes y a la oficina pública.

c) La sustanciación de este proceso no suspenderá el desarrollo del procedimiento electoral, salvo que se acuerde motivadamente por el juez, a petición de parte, caso de concurrir causa justificativa y en la forma establecida en el artículo 180.

2. Cuando el demandante hubiera sido la empresa y el juez apreciase que la demanda tenía por objeto obstaculizar o retrasar el proceso electoral, la sentencia que resuelva la pretensión impugnatoria impondrá la sanción prevista en el apartado 4 del artículo 75 y en el apartado 3 del artículo 97.

Subsección 2.ª Impugnación de la resolución administrativa que deniegue el registro y de la certificación de la representatividad sindical[64]

Artículo 133. Denegación del registro de actas. Competencia territorial y legitimación.– 1. Ante el Juzgado de lo Social en cuya circunscripción se encuentre la oficina pública se podrá impugnar la denegación por ésta del registro de las actas relativas a elecciones de delegados de personal y miembros de comités de empresa. Podrán ser demandantes quienes hubiesen obtenido algún representante en el acta de elecciones.

2. La Administración a la que esté adscrita la oficina pública será siempre parte, dirigiéndose la demanda también contra quienes hayan presentado candidatos a las elecciones objeto de la resolución administrativa.

---

[64] Art. 75.6 y 7 ET y arts. 21 ss. RD 1844/1994, de 9 de septiembre, por el que se aprueba el Reglamento de elecciones a órganos de representación de los trabajadores en la empresa —en especial, art. 26—.

Artículo 134. Plazo.– El plazo de ejercicio de la acción de impugnación será de diez días, contados a partir de aquel en que se reciba la notificación.

Artículo 135. Especialidades del proceso.– 1. Este proceso se tramitará con urgencia. En la resolución por la que se admita la demanda se requerirá a la oficina pública competente el envío del expediente administrativo, que habrá de ser remitido en el plazo de dos días.

2. El acto del juicio habrá de celebrarse dentro de los cinco días siguientes a la recepción del expediente.

3. La sentencia, contra la que no cabe recurso, habrá de dictarse en el plazo de tres días, debiendo ser comunicada a las partes y a la oficina pública. De estimar la demanda, la sentencia ordenará de inmediato el registro del acta electoral.

Artículo 136. Certificación de capacidad representativa sindical[65].– 1. Las resoluciones de la oficina pública dependiente de la autoridad administrativa o laboral relativas a la expedición de certificaciones de la capacidad representativa de los sindicatos o de los resultados electorales podrán ser impugnadas por el sindicato o sindicatos interesados, ante el Juzgado de lo Social en cuya circunscripción se encuentre la oficina pública correspondiente, dentro el plazo de diez días siguientes a la expedición o denegación de la certificación, dirigiéndose en su caso la demanda contra los demás sindicatos a los que afecte la declaración pretendida.

2. La resolución que admita a trámite la demanda señalará el juicio con carácter urgente dentro del plazo de los diez días siguientes y dispondrá la reclamación del expediente administrativo de la oficina pública para su remisión al juzgado dentro de los dos días siguientes.

---

65 Cfr. DA 1ª LOLS y art. 75.7 ET.

3. La sentencia habrá de dictarse en el plazo de tres días y resolverá sobre los términos de la certificación emitida en función de las pretensiones oportunamente deducidas por las partes. Contra dicha resolución, que se notificará a la oficina pública y a las partes, cabrá recurso de suplicación.

SECCIÓN 3.ª Clasificación profesional

Artículo 137. Reclamación de categoría o grupo profesional.– 1. La demanda que inicie este proceso será acompañada de informe emitido por el comité de empresa o, en su caso, por los delegados de personal sobre las funciones superiores alegadas y la correspondencia de las mismas dentro del sistema de clasificación aplicable. En el caso de que estos órganos no hubieran emitido el informe en el plazo de quince días, al demandante le bastará acreditar que lo ha solicitado.

2. En la resolución por la que se admita la demanda, se recabará informe de la Inspección de Trabajo y Seguridad Social, remitiéndole copia de la demanda y documentos que la acompañen. El informe versará sobre los hechos invocados, en relación con el sistema de clasificación aplicable, y demás circunstancias concurrentes relativas a la actividad del actor, y deberá emitirse en el plazo de quince días.

3. A la acción de reclamación de la categoría o grupo profesional será acumulable la reclamación de las diferencias salariales correspondientes[66]. Contra la sentencia que recaiga no se dará recurso alguno, salvo que las diferencias salariales reclamadas alcancen la cuantía requerida para el recurso de suplicación.

---

[66] Cfr. art. 39.3 ET.

SECCIÓN 4.ª Movilidad geográfica, modificaciones sustanciales de condiciones de trabajo, trabajo a distancia, suspensión del contrato y reducción de jornada por causas económicas, técnicas, organizativas o de producción o derivadas de fuerza mayor

Artículo 138. Tramitación.– 1. El proceso se iniciará por demanda de los trabajadores afectados por la decisión empresarial, aunque no se haya seguido el procedimiento de los artículos 40, 41 y 47 del Estatuto de los Trabajadores. La demanda deberá presentarse en el plazo de caducidad de los veinte días hábiles siguientes a la notificación por escrito de la decisión a los trabajadores o a sus representantes, conforme a lo dispuesto en el apartado 4 del artículo 59 del Estatuto de los Trabajadores, plazo que no comenzará a computarse hasta que tenga lugar dicha notificación, sin perjuicio de la prescripción en todo caso de las acciones derivadas por el transcurso del plazo previsto en el apartado 2 del artículo 59 del Estatuto de los Trabajadores.

2. Cuando el objeto del debate verse sobre preferencias atribuidas a determinados trabajadores, éstos también deberán ser demandados. Igualmente deberán ser demandados los representantes de los trabajadores cuando, tratándose de traslados, modificaciones, suspensiones o reducciones de carácter colectivo, la medida cuente con la conformidad de aquéllos.

3. El órgano jurisdiccional podrá recabar informe urgente de la Inspección de Trabajo y Seguridad Social, remitiéndole copia de la demanda y documentos que la acompañen. El informe versará sobre los hechos invocados como justificativos de la decisión empresarial en relación con la modificación acordada y demás circunstancias concurrentes.

4. Si una vez iniciado el proceso se plantease demanda de conflicto colectivo contra la decisión empresarial, aquel proceso se suspenderá hasta la resolución de la demanda de conflicto colectivo, que una vez firme tendrá eficacia de cosa juzgada sobre el proceso individual en los términos del apartado 3 del artículo 160.

No obstante, el acuerdo entre el empresario y los representantes legales de los trabajadores que pudiera recaer una vez iniciado el proceso no interrumpirá la continuación del procedimiento.

5. El procedimiento será urgente y se le dará tramitación preferente. El acto de la vista habrá de señalarse dentro de los cinco días siguientes al de la admisión de la demanda, de no haberse recabado el informe previsto en el apartado 3 de este artículo.

6. La sentencia deberá ser dictada en el plazo de cinco días y será inmediatamente ejecutiva. Contra la misma no procederá ulterior recurso, salvo en los supuestos de movilidad geográfica previstos en el apartado 2 del artículo 40 del Estatuto de los Trabajadores, en los de modificaciones sustanciales de condiciones de trabajo cuando tengan carácter colectivo de conformidad con el apartado 4 del artículo 41 del referido Estatuto, y en las suspensiones y reducciones de jornada previstas en el artículo 47 del Estatuto de los Trabajadores que afecten a un número de trabajadores igual o superior a los umbrales previstos en el apartado 1 del artículo 51 del Estatuto de los Trabajadores.

7. La sentencia declarará justificada o injustificada la decisión empresarial, según hayan quedado acreditadas o no, respecto de los trabajadores afectados, las razones invocadas por la empresa.

La sentencia que declare justificada la decisión empresarial reconocerá el derecho del trabajador a extinguir el contrato de trabajo en los supuestos previstos en el apartado 1 del artículo 40 y en el apartado 3 del artículo 41 del Estatuto de los Trabajadores, concediéndole al efecto el plazo de quince días.

La sentencia que declare injustificada la medida reconocerá el derecho del trabajador a ser repuesto en sus anteriores condiciones de trabajo, así como al abono de los daños y perjuicios que la decisión empresarial hubiera podido ocasionar durante el tiempo en que ha producido efectos.

Se declarará nula la decisión adoptada en fraude de Ley, eludiendo las normas relativas al periodo de consultas establecido en los artículos 40.2, 41.4 y 47 del Estatuto de los Trabajadores, así como cuando tenga como móvil alguna de las causas de discriminación previstas en la Constitución y en la Ley, o se produzca con violación de derechos fundamentales y libertades públicas del trabajador, incluidos, en su caso, los demás supuestos que comportan la declaración de nulidad del despido en el apartado 2 del artículo 108.

8. Cuando el empresario no procediere a reintegrar al trabajador en sus anteriores condiciones de trabajo o lo hiciere de modo irregular, el trabajador podrá solicitar la ejecución del fallo ante el Juzgado de lo Social y la extinción del contrato por causa de lo previsto en la letra c) del apartado 1 del artículo 50 del Estatuto de los Trabajadores, conforme a lo establecido en los artículos 279, 280 y 281.

9. Si la sentencia declarara la nulidad de la medida empresarial, su ejecución se efectuará en sus propios términos, salvo que el trabajador inste la ejecución prevista en el apartado anterior. En todo caso serán de aplicación los plazos establecidos en el mismo.

Artículo 138 bis. Tramitación en reclamaciones sobre acceso, reversión y modificación del trabajo a distancia.– 1. El procedimiento para las reclamaciones sobre acceso, reversión y modificación del trabajo a distancia se regirá por las siguientes reglas:

a) La persona trabajadora dispondrá de un plazo de veinte días hábiles, a partir de que la empresa le comunique su negativa o su disconformidad con la propuesta realizada por la persona trabajadora, para presentar demanda ante el Juzgado de lo Social.

b) El órgano jurisdiccional podrá recabar informe urgente de la Inspección de Trabajo y Seguridad Social, remitiéndole copia de la demanda y documentos que la acompañen. El informe versará sobre la negativa o la disconformidad comunicada por la empresa respecto de la propuesta realizada por la persona trabajadora y demás circunstancias concurrentes.

c) El procedimiento será urgente y se le dará tramitación preferente. El acto de la vista habrá de señalarse dentro de los cinco días siguientes al de la admisión de la demanda. La sentencia se dictará en el plazo de tres días. Contra la misma no procederá recurso, salvo cuando se haya acumulado pretensión de resarcimiento de perjuicios que por su cuantía pudiera dar lugar a recurso de suplicación, en cuyo caso el pronunciamiento será ejecutivo desde que se dicte la sentencia.

2. Cuando la causa de la reclamación en materia de trabajo a distancia esté relacionada con el ejercicio de los derechos de conciliación de la vida personal, familiar y laboral, reconocidos legal o convencionalmente, se regirá por el procedimiento establecido en el artículo 139.

SECCIÓN 5.ª Derechos de conciliación de la vida personal, familiar y laboral reconocidos legal o convencionalmente

Artículo 139. Tramitación.– 1. El procedimiento para el ejercicio de los derechos de conciliación de la vida personal, familiar y laboral, reconocidos legal o convencionalmente[67], se regirá por las siguientes reglas:

a) El trabajador dispondrá de un plazo de veinte días, a partir de que el empresario le comunique su negativa o su disconformidad con la propuesta realizada por el trabajador, para presentar demanda ante el Juzgado de lo Social.

En la demanda del derecho a la medida de conciliación podrá acumularse la acción de daños y perjuicios causados a al trabajador, exclusivamente por los derivados de la negativa del derecho o de la demora en la efectividad de la medida, de los que el empresario podrá exonerarse si hubiere dado cumplimiento, al menos provisional, a la medida propuesta por el trabajador.

El empresario y el trabajador deberán llevar sus respectivas propuestas y alternativas de concreción a los actos de conciliación previa al juicio y al propio acto de juicio, que podrán acompañar, en su caso,

---

67 Cfr. apartados 4 al 8 del art. 37 ET.

de informe de los órganos paritarios o de seguimiento de los planes de igualdad de la empresa para su consideración en la sentencia.

b) El procedimiento será urgente y se le dará tramitación preferente. El acto de la vista habrá de señalarse dentro de los cinco días siguientes al de la admisión de la demanda. La sentencia se dictará en el plazo de tres días. Contra la misma no procederá recurso, salvo cuando se haya acumulado pretensión de resarcimiento de perjuicios que por su cuantía pudiera dar lugar a recurso de suplicación, en cuyo caso el pronunciamiento sobre las medidas de conciliación será ejecutivo desde que se dicte la sentencia.

2. El procedimiento anterior será aplicable igualmente al ejercicio de los derechos de la trabajadora víctima de violencia de género establecidos en la ley, a la reducción de la jornada de trabajo con disminución proporcional del salario y a la reordenación del tiempo de trabajo, a través de la adaptación del horario, de la aplicación del horario flexible o de otras formas de ordenación del tiempo de trabajo que se utilicen en la empresa[68]. Podrá acumularse a la referida demanda la acción de daños y perjuicios directamente causados a la trabajadora por la negativa o demora del derecho. Podrá instarse, en su caso, la adopción de las medidas cautelares reguladas en el apartado 4 del artículo 180.

CAPÍTULO VI. De las prestaciones de la Seguridad Social

Artículo 140. Tramitación. Impugnación de altas médicas.– 1. En las demandas formuladas en materia de prestaciones de Seguridad Social contra organismos gestores y entidades colaboradoras en la gestión se acreditará haber agotado la vía administrativa correspondiente, incluidas aquellas en las que se haya acumulado la alegación de la lesión de un derecho fundamental o libertad pública y salvo que se opte por ejercitar exclusivamente esta última mediante la modalidad procesal de tutela. No será exigible el previo agotamiento de la vía admi-

68 Art. 37.7 ET.

nistrativa, en los procesos de impugnación de altas médicas emitidas por los órganos competentes de las Entidades gestoras de la Seguridad Social al agotarse el plazo de duración de trescientos sesenta y cinco días de la prestación de incapacidad temporal[69].

2. En caso de omitirse, el secretario judicial dispondrá que se subsane el defecto en el plazo de cuatro días. Realizada la subsanación, se admitirá la demanda. En otro caso, dará cuenta al Tribunal para que por el mismo se resuelva sobre la admisión de la demanda.

3. El proceso de impugnación de alta médica tendrá las siguientes especialidades[70]:

a) La demanda se dirigirá exclusivamente contra la Entidad gestora y, en su caso, contra la colaboradora en la gestión. No existirá necesidad de demandar al servicio público de salud, salvo cuando se impugne el alta emitida por los servicios médicos del mismo, ni a la empresa salvo cuando se cuestione la contingencia.

b) Será urgente y se le dará tramitación preferente.

c) El acto de la vista habrá de señalarse dentro de los cinco días siguientes a la admisión de la demanda, y la sentencia, que no tendrá recurso, se dictará en el plazo de tres días y sus efectos se limitarán al alta médica impugnada, sin condicionar otros procesos diversos, sea en lo relativo a la contingencia, a la base reguladora, a las prestaciones derivadas o a cualquier otro extremo.

d) No podrán acumularse otras acciones, ni siquiera la reclamación de diferencias de prestación económica por incapacidad temporal, si bien la sentencia que estime indebida el alta dispondrá la reposición del beneficiario en la prestación que hubiera venido percibiendo, en tanto no concurra causa de extinción de la misma, por el transcurso del tiempo por el que hubiere sido reconocida o por otra causa legal de extinción.

---

69 Véanse arts. 140.3 y 144.2 *in fine* de esta Ley. Ténganse en cuenta las previsiones del art. 170 LGSS en relación con el procedimiento para dictar el alta en estos casos.

70 Véase también art. 191.2.g) de esta Ley.

Artículo 141. Legitimación de las Entidades gestoras y Tesorería General de la Seguridad Social.– 1. Las entidades u organismos gestores y la Tesorería General de la Seguridad Social, podrán personarse y ser tenidas por parte, con plenitud de posibilidades de alegación y defensa, incluida la de interponer el recurso o remedio procesal que pudiera proceder, en los pleitos en materia de prestaciones de Seguridad Social y, en general, en los procedimientos en los que tengan interés por razón del ejercicio de sus competencias, sin que tal intervención haga retroceder ni detener el curso de las actuaciones.

A tal efecto el secretario judicial deberá efectuar las actuaciones precisas para constatar la posible existencia de las situaciones anteriores y acordar, en su caso, que les sean notificadas las resoluciones de admisión a trámite, señalamiento de la vista o incidente y demás resoluciones, incluida la que ponga fin al trámite correspondiente.

2. El órgano jurisdiccional podrá solicitar de dichas entidades y organismos los antecedentes de que dispongan en relación con los hechos objeto del procedimiento y los mismos podrán igualmente aportar dichos antecedentes, estén o no personados en las actuaciones, en cuanto pudieran afectar a las prestaciones que gestionen, a los fines de completar los elementos de conocimiento del órgano jurisdiccional en la resolución del asunto.

Artículo 142. Documentación en procesos por accidente de trabajo o enfermedad profesional.– 1. Si en las demandas por accidente de trabajo o enfermedad profesional no se consignara el nombre de la Entidad gestora o, en su caso, de la Mutua de accidentes de trabajo y enfermedades profesionales de la Seguridad Social, el secretario judicial, antes del señalamiento del juicio, requerirá al empresario demandado para que en plazo de cuatro días presente el documento acreditativo de la cobertura de riesgo. Si transcurrido este plazo no lo presentara, vistas las circunstancias que concurran y oyendo a la Tesorería General de la Seguridad Social, el juez acordará el embargo de bienes del empresario en cantidad suficiente para asegurar el resultado del juicio y cuantas medidas cautelares se consideren necesarias.

Iguales medidas se adoptarán, en el procedimiento correspondiente, en relación con el aseguramiento del riesgo y el documento de cobertura de las mejoras voluntarias o complementarias de seguridad social y de otras posibles responsabilidades del empresario o de terceros por accidente de trabajo y enfermedad profesional, a cuyo efecto el empresario o el tercero deberán aportar en el plazo antes indicado y previo requerimiento al efecto, el documento de aseguramiento y los datos de la entidad aseguradora que cubra el mismo, con apercibimiento de adoptarse la medida de embargo preventivo prevista anteriormente u otras medidas cautelares idóneas.

2. En los procesos para la determinación de contingencia o de la falta de medidas de seguridad en accidentes de trabajo y enfermedad profesional, y en los demás supuestos en que lo estime necesario, la resolución en la que se admita la demanda a trámite deberá interesar de la Inspección Provincial de Trabajo y Seguridad Social, si no figurase ya en el expediente o en los autos, informe relativo a las circunstancias en que sobrevino el accidente o enfermedad, trabajo que realizaba el accidentado o enfermo, salario que percibía y base de cotización, que será expedido necesariamente en el plazo máximo de diez días. Con antelación de al menos cinco días a la celebración del juicio, el secretario judicial deberá reiterar la remisión de dicho informe si éste no hubiere tenido todavía entrada en los autos.

Artículo 143. Remisión del expediente administrativo.- 1. Al admitirse a trámite la demanda se reclamará a la Entidad gestora o al organismo gestor o colaborador la remisión del expediente o de las actuaciones administrativas practicadas en relación con el objeto de la misma, en original o copia, en soporte escrito o preferentemente informático, y, en su caso, informe de los antecedentes que posea en relación con el contenido de la demanda, en plazo de diez días. El expediente se enviará completo, foliado y, en su caso, autentificado y acompañado de un índice de los documentos que contenga. Si se remitiera el expediente original, el letrado o letrada de la Administración de Justicia lo devolverá a la entidad de procedencia, firme que sea la sentencia, dejando en los autos nota de ello.

La remisión del expediente podrá tener lugar en forma electrónica, facilitándose la puesta a disposición en los términos previstos en el artículo 63 del Reglamento de actuación y funcionamiento del sector público por medios electrónicos, aprobado por el Real Decreto 203/2021, de 30 de marzo.

2. Al solicitarse la referida remisión de expediente o actuaciones se requerirá igualmente al correspondiente organismo y éste, en su caso, deberá poner de oficio en conocimiento del juzgado o tribunal, informe de si tiene conocimiento de las existencia de otras demandas en las que se deduzcan pretensiones en relación con el mismo acto o actuación, a los efectos de posibilitar, en su caso, la acumulación de oficio o a instancia de parte.

3. A la vista del expediente, el Tribunal dispondrá el emplazamiento de las personas que pudieran ostentar un interés legítimo en el proceso o resultar afectadas por el mismo, para que puedan comparecer en el acto de juicio y ser tenidas por parte en el proceso y formular sus pretensiones, procurando que tal emplazamiento se entienda con los interesados con al menos cinco días hábiles de antelación al señalamiento a juicio y sin necesidad de que, en este caso, se cumplan los plazos generales previstos para la citación de las partes demandadas en el artículo 82.

4. En el proceso no podrán aducirse por ninguna de las partes hechos distintos de los alegados en el expediente administrativo, salvo en cuanto a los hechos nuevos o que no hubieran podido conocerse con anterioridad.

Artículo 144. Efectos de la falta de remisión del expediente administrativo.– 1. Cumplido el plazo de remisión del expediente sin que se hubiera recibido el mismo, el secretario judicial reiterará por la vía urgente su inmediata remisión. El juicio se celebrará en el día señalado, aunque la entidad correspondiente no hubiera remitido el expediente o su copia, salvo que justificara suficientemente la omisión.

2. Si al demandante le conviniera la aportación del expediente a sus propios fines, podrá solicitar la suspensión del juicio, para que se reitere la orden de remisión del expediente en un nuevo plazo de diez días con apercibimiento de imposición de las medidas a las que se refiere el apartado 5 del artículo 75.

Dicho plazo será de cinco días en los procesos de impugnación de altas médicas a los que se refiere el apartado 3 del artículo 140.

3. Si llegada la fecha del nuevo señalamiento no se hubiera remitido el expediente, podrán tenerse por probados aquellos hechos alegados por el demandante cuya prueba fuera imposible o de difícil demostración por medios distintos de aquél.

Artículo 145. Responsabilidad disciplinaria por la falta de remisión del expediente administrativo.– La falta de remisión del expediente y cualquier otro incumplimiento de las obligaciones de colaboración con el proceso se notificará por el secretario judicial al director de la entidad gestora u organismo gestor, a los efectos de la posible exigencia de responsabilidades disciplinarias, sin perjuicio de demás medidas que puedan ser procedentes.

Artículo 146. Revisión de actos declarativos de derechos.– 1. Las Entidades, órganos u Organismos gestores, o el Fondo de Garantía Salarial no podrán revisar por sí mismos sus actos declarativos de derechos en perjuicio de sus beneficiarios, debiendo, en su caso, solicitar la revisión ante el Juzgado de lo Social competente, mediante la oportuna demanda que se dirigirá contra el beneficiario del derecho reconocido.

2. Se exceptúan de lo dispuesto en el apartado anterior:

a. La rectificación de errores materiales o de hecho y los aritméticos, así como las revisiones motivadas por la constatación de omisiones o inexactitudes en las declaraciones del beneficiario, así como la reclamación de las cantidades que, en su caso, se hubieran percibido indebidamente por tal motivo.

b. Las revisiones de los actos en materia de protección por desempleo, y por cese de actividad de los trabajadores autónomos, siempre que se efectúen dentro del plazo máximo de un año desde la resolución administrativa o del órgano gestor que no hubiere sido impugnada, sin perjuicio de lo dispuesto en el artículo 147.

c. La revisión de los actos de reconocimiento del derecho a una prestación de muerte y supervivencia, motivada por la condena al beneficiario, mediante sentencia firme, por la comisión de un delito doloso de homicidio en cualquiera de sus formas, cuando la víctima fuera el sujeto causante de la prestación, que podrá efectuarse en cualquier momento, así como la reclamación de las cantidades que, en su caso, hubiera percibido por tal concepto.

3. La acción de revisión a la que se refiere el apartado uno prescribirá a los cuatro años.

4. La sentencia que declare la revisión del acto impugnado será inmediatamente ejecutiva.

Artículo 147. Impugnación de prestaciones por desempleo.– 1. Cuando la Entidad u Organismo Gestor de las prestaciones por desempleo constate que, en los cuatro años inmediatamente anteriores a una solicitud de prestaciones, el trabajador hubiera percibido prestaciones por finalización de varios contratos temporales con una misma empresa, podrá dirigirse de oficio a la autoridad judicial demandando que el empresario sea declarado responsable del abono de las mismas, salvo de la prestación correspondiente al último contrato temporal, si la reiterada contratación temporal fuera abusiva o fraudulenta, así como la condena al empresario a la devolución a la

Entidad Gestora de aquellas prestaciones junto con las cotizaciones correspondientes.

A la comunicación, que tendrá la consideración de demanda, deberá acompañarse copia del expediente o expedientes administrativos en que se fundamente, y en la misma se consignarán los requisitos generales exigidos por la presente Ley para las demandas de los procesos ordinarios.

La comunicación podrá dirigirse a la autoridad judicial en el plazo de los seis meses siguientes a la fecha en que se hubiera formulado la última solicitud de prestaciones en tiempo y forma.

Lo dispuesto en este apartado no conllevará la revisión de las resoluciones que hubieran reconocido el derecho a las prestaciones por desempleo derivadas de la finalización de los reiterados contratos temporales, que se considerarán debidas al trabajador.

2. El secretario judicial examinará la demanda, al efecto de comprobar si reúne todos los requisitos exigidos, advirtiendo a la entidad gestora, en su caso, de los defectos u omisiones de carácter formal de que adolezca, a fin de que sean subsanados en el término de diez días. Realizada la subsanación, se admitirá la demanda. En otro caso, dará cuenta al Tribunal para que por el mismo se resuelva sobre la admisión de la demanda.

3. Admitida a trámite la demanda, continuará el procedimiento con arreglo a las normas generales, con las especialidades siguientes:

a) El empresario y el trabajador que hubieran celebrado los reiterados contratos temporales tendrán la consideración de parte en el proceso, si bien no podrán solicitar su suspensión. Aun sin su asistencia, el procedimiento se seguirá de oficio.

b) Las afirmaciones de hechos que se contengan en la comunicación base del proceso harán fe, salvo prueba en contrario, incumbiendo la carga de la prueba al empresario demandado.

4. La sentencia que estime la demanda de la Entidad Gestora será inmediatamente ejecutiva.

5. Cuando la sentencia adquiera firmeza se comunicará a la Inspección de Trabajo y Seguridad Social.

CAPÍTULO VII. Del procedimiento de oficio y del de impugnación de actos administrativos en materia laboral y de Seguridad Social no prestacionales

SECCIÓN 1.ª Del procedimiento de oficio

Artículo 148. Ámbito de aplicación.– El proceso podrá iniciarse de oficio como consecuencia:

a) De las certificaciones de las resoluciones firmes que dicte la autoridad laboral derivadas de las actas de infracción de la Inspección de Trabajo y Seguridad Social en las que se aprecien perjuicios económicos para los trabajadores afectados.

b) De los acuerdos de la autoridad laboral competente, cuando ésta apreciara fraude, dolo, coacción o abuso de derecho en la conclusión de los acuerdos de suspensión, reducción de la jornada o extinción a que se refieren el artículo 47 y el apartado 6 del artículo 51 del Texto Refundido de la Ley del Estatuto de los Trabajadores y los remitiera a la autoridad judicial a efectos de su posible declaración de nulidad. Del mismo modo actuará la autoridad laboral cuando la entidad gestora de la prestación por desempleo hubiese informado que la decisión extintiva de la empresa pudiera tener por objeto la obtención indebida de las prestaciones por parte de los trabajadores afectados, por inexistencia de la causa motivadora de la situación legal de desempleo.

c) De las actas de infracción o comunicaciones de la Inspección de Trabajo y Seguridad Social acerca de la constatación de una discriminación por razón de sexo y en las que se recojan las bases de los perjuicios estimados para el trabajador, a los efectos de la determinación de la indemnización correspondiente.

Igualmente se iniciará el procedimiento como consecuencia de las correspondientes comunicaciones y a los mismos efectos en los supuestos de discriminación por razón de origen racial o étnico, religión y convicciones, discapacidad, edad u orientación sexual u otros legalmente previstos.

d) (Suprimida)[71].

Artículo 149. Requisitos de la demanda.– 1. En la demanda de oficio se consignarán los requisitos generales exigidos por la presente Ley para las demandas de los procesos ordinarios, expresando las personas contra las que se dirige y la concreta condena que se pida frente a ellas según el contenido de la pretensión, los hechos que resulten imprescindibles para resolver las cuestiones planteadas y, en concreto, aquéllos que se estiman constitutivos de discriminación o de otro incumplimiento laboral. Asimismo se consignará, en su caso, el acuerdo de suspensión, reducción de jornada o extinción impugnado y la causa invocada, junto con la identificación de las partes que intervinieron en el mismo, precisando la concreta pretensión declarativa o de condena que se pide del órgano jurisdiccional, con expresión, de proceder, de los perjuicios estimados o de las bases para la determinación de la indemnización correspondiente, así como de los datos identificativos de los trabajadores afectados y sus domicilios.

2. Siempre que las expresadas demandas afecten a más de diez trabajadores, el secretario judicial les requerirá para que designen representantes en la forma prevista en el artículo 19.

Artículo 150. Admisión de la demanda y tramitación.– 1. El secretario judicial examinará la demanda, al efecto de comprobar si reúne todos los requisitos exigidos, advirtiendo a la autoridad laboral, en su caso, los defectos u omisiones de que adolezca a fin de que sean subsanados en el término de diez días. Realizada la subsanación, ad-

---

[71] La letra d) ha sido suprimida por la DF 9ª de la Ley 3/2023, de 28 de febrero; para su aplicación, téngase en cuenta lo previsto en la DT 5ª de dicha Ley.

mitirá la demanda. En otro caso, dará cuenta al tribunal para que por el mismo se resuelva sobre la admisión de la demanda.

2. Admitida a trámite la demanda, continuará el procedimiento con arreglo a las normas generales del presente texto, con las especialidades siguientes:

a) El procedimiento se seguirá de oficio, aun sin asistencia de los trabajadores perjudicados, a los que se emplazará al efecto y una vez comparecidos tendrán la consideración de parte, si bien no podrán desistir ni solicitar la suspensión del proceso.

b) La conciliación tan sólo podrá autorizarse por el secretario judicial o en su caso por el juez o tribunal, cuando fuera cumplidamente satisfecha la totalidad de los perjuicios causados por la infracción.

c) Los pactos entre trabajadores y empresarios posteriores al acta de infracción tan sólo tendrán eficacia en el supuesto de que hayan sido celebrados en presencia del inspector de trabajo que levantó el acta o de la autoridad laboral.

d) Las afirmaciones de hechos que se contengan en la resolución o comunicación base del proceso harán fe salvo prueba en contrario, incumbiendo toda la carga de la prueba a la parte demandada.

e) Las sentencias que se dicten en estos procesos habrán de ejecutarse siempre de oficio.

SECCIÓN 2.ª Del procedimiento de impugnación de actos administrativos en materia laboral y de seguridad social excluidos los prestacionales

Artículo 151. Tramitación.– 1. De no existir regulación especial, el procedimiento iniciado por demanda en impugnación de los actos administrativos en materia laboral dirigida contra el Estado, Comunidades Autónomas, entidades locales u otras Administraciones u Organismos públicos se regirá por los principios y reglas del proceso ordinario laboral, con las especialidades contenidas en esta Sección. En lo no expresamente previsto serán de aplicación las normas reguladoras de la jurisdicción contencioso-administrativa, en cuanto sean compatibles con los principios del proceso social.

2. Con la demanda deberá acreditarse, en su caso, el agotamiento de la vía administrativa en la forma y plazos que correspondan según la normativa aplicable a la Administración autora del acto, en la forma establecida en el artículo 69 de esta Ley, salvo lo dispuesto en el apartado 2 del artículo 70 de la misma y en el artículo 44 de la Ley 29/1998, de 13 de julio, reguladora de la Jurisdicción Contencioso-Administrativa, que será de aplicación a los litigios entre Administraciones públicas ante el orden jurisdiccional social.

3. En la demanda se identificará con precisión el acto o resolución objeto de impugnación y la Administración pública o Entidad de derecho público contra cuya actividad se dirija el recurso y se hará indicación, en su caso, de las personas o entidades cuyos derechos o intereses legítimos pudieran quedar afectados por la estimación de las pretensiones del demandante.

4. En caso de omitirse los requisitos anteriores, el secretario judicial dispondrá que se subsane el defecto en el plazo de cuatro días. Realizada la subsanación, se admitirá la demanda. En otro caso, dará cuenta al tribunal para que por el mismo se resuelva sobre su admisión.

5. Estarán legitimados para promover el proceso, los destinatarios del acto o resolución impugnada o quienes ostenten derechos o intereses legítimos en su revocación o anulación. La legitimación pasiva corresponde a la Administración o Entidad pública autora del acto.

Los empresarios y los trabajadores afectados o los causahabientes de ambos, así como aquellos terceros a los que pudieran alcanzar las responsabilidades derivadas de los hechos considerados por el acto objeto de impugnación y quienes pudieran haber resultado perjudicados por los mismos, podrán comparecer como parte en el procedimiento y serán emplazados al efecto, en especial cuando se trate de enjuiciar hechos que pudieran ser constitutivos de accidente de trabajo o enfermedad profesional.

En los litigios sobre sanciones administrativas en materia de acoso laboral sexual o por razón de sexo, la víctima estará legitimada para comparecer en el procedimiento según su libre decisión y no podrá ser demandada o emplazada de comparecencia contra su voluntad. Si se requiriese el testimonio de la víctima el órgano jurisdiccional velará por las condiciones de su práctica en términos compatibles con su situación personal y con las restricciones de publicidad e intervención de las partes y de sus representantes que sean necesarias[72].

6. Los sindicatos y asociaciones empresariales más representativos, así como aquellos con implantación en el ámbito de efectos del litigio, y el empresario y la representación unitaria de los trabajadores en el ámbito de la empresa, podrán personarse y ser tenidos como parte en los procesos en los que tengan interés en defensa de los intereses económicos y sociales que les son propios o en su función de velar por el cumplimiento de las normas vigentes, sin que tal intervención haga detener o retroceder el curso de las actuaciones.

7. El plazo de interposición de la demanda será el previsto en los artículos 69 y 70 o el expresamente señalado, en su caso, según la modalidad procesal aplicable, siendo de aplicación a este respecto, lo previsto en el artículo 73 de esta Ley.

8. En orden al señalamiento del juicio, reclamación del expediente administrativo, emplazamiento de los posibles interesados, congruencia con el expediente administrativo y demás aspectos relacionados se estará a lo dispuesto en los artículos 143 a 145.

Los hechos constatados por los inspectores de Trabajo y Seguridad Social o por los Subinspectores de Empleo y Seguridad Social actuantes que se formalicen en las actas de infracción observando los requisitos legales pertinentes, tendrán presunción de certeza, sin perjuicio de las pruebas que en defensa de los respectivos derechos e intereses puedan aportar los interesados[73]. El mismo valor probatorio tendrán los hechos

---

72 Cfr. art. 12.3 LOI.

73 Véanse art. 53 LISOS y DA 4ª LIT.

constatados por los funcionarios a los que se reconoce la condición de autoridad, y que se formalicen en documento público observando los requisitos legales pertinentes.

9. La sentencia efectuará los pronunciamientos que correspondan según las pretensiones oportunamente formuladas por las partes y, en concreto:

a) Declarará la inadmisibilidad de la demanda por carencia de jurisdicción, por no ser susceptible de impugnación el acto recurrido, haberse formulado aquélla fuera del plazo establecido o cuando se aprecie la falta de cualquier otro presupuesto procesal, así como cuando se impugnen actos que sean reproducción de otros anteriores definitivos y firmes y los confirmatorios de actos consentidos por no haber sido recurridos en tiempo y forma.

b) Desestimará la demanda cuando se ajuste a derecho el acto impugnado.

c) Estimará la demanda si se aprecia infracción del ordenamiento jurídico, incluida la desviación de poder por haberse utilizado las potestades administrativas para fines distintos de los legalmente previstos. En este caso, la sentencia declarará no conforme a derecho el acto impugnado y lo anulará total o parcialmente y, cuando así proceda, ordenará el cese o la modificación de la actuación impugnada o impondrá el reconocimiento de una determinada situación jurídica individualizada.

d) En caso de declaración de nulidad del acto o resolución por omisión de requisitos de forma subsanables de carácter esencial que hayan ocasionado indefensión, podrá disponerse la nulidad del procedimiento seguido a los solos efectos de retrotraerlo al momento de producción. La declaración de la caducidad del expediente, no impedirá la nueva iniciación de la actuación administrativa si por su naturaleza no estuviera sujeta a un plazo extintivo de cualquier clase, sin que el procedimiento caducado tenga eficacia interruptiva de dicho plazo.

10. La Administración autora de un acto administrativo declarativo de derechos cuyo conocimiento corresponda a este orden jurisdiccio-

nal, está legitimada para impugnarlo ante este mismo orden, previa su declaración de lesividad para el interés público en los términos legalmente establecidos y en el plazo de dos meses a contar desde el día siguiente a la fecha de declaración de lesividad[74]. La revisión de actos declarativos de derechos de sus beneficiarios por las entidades u organismos gestores y servicios comunes en materia de Seguridad Social y desempleo se regirá por lo dispuesto en los artículos 146 y 147.

11. La sentencia que deje sin efecto una resolución administrativa en virtud de la cual se hubieren producido extinciones de la relación de trabajo derivadas de fuerza mayor declarará el derecho de los trabajadores afectados a reincorporarse en su puesto de trabajo.

Salvo que el empresario dentro de los cinco días siguientes a la firmeza de la sentencia opte, por escrito ante el órgano judicial, por indemnizar a los trabajadores con la indemnización establecida para el despido improcedente, deberá comunicar por escrito a dichos trabajadores la fecha de su reincorporación al trabajo dentro de los quince días siguientes a la referida firmeza. El trabajador, en su caso y de conformidad con lo dispuesto en el artículo 110.1 de esta Ley, tendrá derecho a los salarios dejados de percibir, con deducción de los que hubiere recibido desde la extinción y con devolución o deducción de las cantidades percibidas como indemnización, según lo dispuesto en los apartados 3 y 4 del artículo 123 de esta Ley. De no readmitir el empresario al trabajador o de efectuarse la readmisión de modo irregular, éste podrá instar la ejecución de la sentencia en los veinte días siguientes conforme, en lo demás, a lo establecido en los artículos 279 a 281 de esta Ley.

De dejarse sin efecto la resolución administrativa por apreciarse vulneración de derechos fundamentales o libertades públicas, los trabajadores tendrán derecho a la inmediata readmisión y al abono de los salarios dejados de percibir y podrán, en su caso, instar la ejecución conforme a los artículos 282 y siguientes de esta Ley.

---

[74] Cfr. arts. 106 ss. LPAC.

De haber percibido el trabajador prestaciones por desempleo, se aplicarán las disposiciones del apartado 5 del artículo 209 del Texto Refundido de la Ley General de la Seguridad Social, aprobado por el Real Decreto Legislativo 1/1994, de 20 de junio[75], en función de que haya tenido lugar o no la readmisión del trabajador.

Artículo 152. Adopción de medidas cautelares.– 1. Los interesados podrán solicitar, en cualquier estado del proceso, la suspensión del acto o resolución administrativos recurridos y en general cuantas medidas aseguren la efectividad de la sentencia, cuando la ejecución del acto impugnado pudiera hacer perder su finalidad legítima a la demanda. El juez o tribunal dictará seguidamente auto, resolviendo sobre la suspensión, una vez oídas las partes por tres días, salvo que concurran razones de especial urgencia, en cuyo caso se podrá anticipar la medida sin perjuicio de la posterior audiencia de las partes. La medida cautelar podrá denegarse cuando de ésta pudiera seguirse perturbación grave de los intereses generales o de terceros que el juez o tribunal ponderará en forma circunstanciada.

2. En procedimientos de impugnación de resoluciones de la autoridad laboral sobre paralización de trabajos por riesgo grave e inminente para la seguridad y la salud, el trabajador o trabajadores afectados, su representación unitaria o sindical y el empresario interesado podrán solicitar el alzamiento, mantenimiento o adopción de la medida en los términos del apartado anterior[76]. A tal efecto se citará al empresario y a los trabajadores afectados o a sus representantes a una audiencia preliminar en el día y hora que se señale dentro de las cuarenta y ocho horas siguientes, debiendo el juez o tribunal requerir de la Inspección de Trabajo y Seguridad Social la aportación dentro del mismo plazo de las actuaciones que hubiera practicado al respecto y, en caso de considerarlo necesario, la presencia en la audiencia del funcionario

75 Actualmente, art. 268.5 LGSS.

76 Art. 44 LPRL.

que hubiera ordenado la paralización, así como de los técnicos que le hubieren asistido. En el procedimiento podrán personarse las entidades gestoras, colaboradoras y servicios públicos de salud, en relación con las responsabilidades empresariales conforme al artículo 195 del Texto Refundido de la Ley General de Seguridad Social, aprobado por Real Decreto Legislativo 1/1994, de 20 de junio[77], en caso de incumplimiento de la paralización de los trabajos acordada por la autoridad laboral y solicitar las medidas cautelares que procedan en orden al aseguramiento de las prestaciones que deban dispensar o anticipar las citadas entidades. Los trabajadores y su representación unitaria o sindical podrán igualmente solicitar la adopción de las mismas medidas cautelares en relación con el referido aseguramiento.

CAPÍTULO VIII. Del proceso de conflictos colectivos

Artículo 153. Ámbito de aplicación.– 1. Se tramitarán a través del presente proceso las demandas que afecten a intereses generales de un grupo genérico de trabajadores o a un colectivo genérico susceptible de determinación individual y que versen sobre la aplicación e interpretación de una norma estatal, convenio colectivo, cualquiera que sea su eficacia, pactos o acuerdos de empresa, o de una decisión empresarial de carácter colectivo, incluidas las que regulan el apartado 2 del artículo 40, el apartado 2 del artículo 41, y las suspensiones y reducciones de jornada previstas en el artículo 47 del Estatuto de los Trabajadores que afecten a un número de trabajadores igual o superior a los umbrales previstos en el apartado 1 del artículo 51 del Estatuto de los Trabajadores, o de una práctica de empresa y de los acuerdos de interés profesional de los trabajadores autónomos económicamente dependientes[78], así como la impugnación directa de los convenios o

77 Actualmente, art. 242 LGSS.

78 Arts. 13 y 17.2 LETA.

pactos colectivos no comprendidos en el artículo 163 de esta Ley[79]. Las decisiones empresariales de despidos colectivos se tramitarán de conformidad con lo previsto en el artículo 124 de esta Ley.

2. También se tramitará en este proceso la impugnación de convenios colectivos y de los laudos arbitrales sustitutivos de éstos, de conformidad con lo dispuesto en el Capítulo IX del presente Título.

3. Asimismo, se tramitará conforme a este proceso la impugnación de las decisiones de la empresa de atribuir carácter reservado o de no comunicar determinadas informaciones a los representantes de los trabajadores, así como los litigios relativos al cumplimiento por los representantes de los trabajadores y los expertos que les asistan de su obligación de sigilo[80].

El juez o Sala deberá adoptar las medidas necesarias para salvaguardar el carácter reservado o secreto de la información de que se trate.

Artículo 154. Legitimación activa.– Estarán legitimados para promover procesos sobre conflictos colectivos:

a) Los sindicatos cuyo ámbito de actuación se corresponda o sea más amplio que el del conflicto.

b) Las asociaciones empresariales cuyo ámbito de actuación se corresponda o sea más amplio que el del conflicto, siempre que se trate de conflictos de ámbito superior a la empresa.

---

79 Se remiten también a esta modalidad procesal las cuestiones litigiosas suscitadas en relación con la negociación de la puesta en marcha del comité de empresa europeo o procedimiento de información y consulta alternativo (cfr. art. 38.1 Ley 10/1997, de 24 de abril, por la que se regulan los derechos de información y consulta de los trabajadores en las empresas y grupos de empresa de dimensión comunitaria) así como de las reglas relativas a la implicación en las sociedades de ámbito europeo (cfr. art. 36.1 Ley 31/2006, sobre implicación de los trabajadores en las sociedades anónimas y cooperativas europeas).

80 Art. 65 ET —así como, en sus ámbitos específicos, arts. 38.5 Ley 10/1997 y 36.3 Ley 31/2006—.

c) Los empresarios y los órganos de representación legal o sindical de los trabajadores, cuando se trate de conflictos de empresa o de ámbito inferior.

d) Las Administraciones públicas empleadoras incluidas en el ámbito del conflicto y los órganos de representación del personal laboral al servicio de las anteriores.

e) Las asociaciones representativas de los trabajadores autónomos económicamente dependientes y los sindicatos representativos de estos, para el ejercicio de las acciones colectivas relativas a su régimen profesional, siempre que reúnan el requisito de la letra a) anterior, así como las empresas para las que ejecuten su actividad y las asociaciones empresariales de éstas siempre que su ámbito de actuación sea al menos igual al del conflicto[81].

Artículo 155. Intervención de sindicatos, asociaciones empresariales y órganos de representación.- En todo caso, los sindicatos representativos, de conformidad con los artículos 6 y 7 de la Ley Orgánica 11/1985, de 2 de agosto, de Libertad Sindical, las asociaciones empresariales representativas en los términos del artículo 87 del Texto Refundido de la Ley del Estatuto de los Trabajadores y los órganos de representación legal o sindical podrán personarse como partes en el proceso, aun cuando no lo hayan promovido, siempre que su ámbito de actuación se corresponda o sea más amplio que el del conflicto.

Artículo 156. Intento de conciliación o de mediación.- 1. Será requisito necesario para la tramitación del proceso el intento de conciliación o de mediación en los términos previstos en el artículo 63.

2. Lo acordado en conciliación o mediación tendrá, según su naturaleza, la misma eficacia atribuida a los convenios colectivos por el artículo 82 del Texto Refundido de la Ley del Estatuto de los Trabajadores, siempre que las partes que concilien, ostenten la legitimación

---

[81] Arts. 19 ss. LETA.

y adopten el acuerdo conforme a los requisitos exigidos por las citadas normas. En tal caso se enviará copia de la misma a la autoridad laboral. En el caso de los trabajadores autónomos económicamente dependientes, el acuerdo alcanzado tendrá la eficacia correspondiente a los acuerdos de interés profesional regulados en el artículo 13 de la Ley del Estatuto del trabajo autónomo.

Artículo 157. Contenido de la demanda.– 1. El proceso se iniciará mediante demanda dirigida al juzgado o tribunal competente que, además de los requisitos generales, contendrá:

a) La designación general de los trabajadores y empresas afectados por el conflicto y, cuando se formulen pretensiones de condena que aunque referidas a un colectivo genérico, sean susceptibles de determinación individual ulterior sin necesidad de nuevo litigio, habrán de consignarse los datos, características y requisitos precisos para una posterior individualización de los afectados por el objeto del conflicto y el cumplimiento de la sentencia respecto de ellas.

b) La designación concreta del demandado o demandados, con expresión del empresario, asociación empresarial, sindicato o representación unitaria a quienes afecten las pretensiones ejercitadas.

c) Una referencia sucinta a los fundamentos jurídicos de la pretensión formulada.

d) Las pretensiones interpretativas, declarativas, de condena o de otra naturaleza concretamente ejercitadas según el objeto del conflicto.

2. A la demanda deberá acompañarse certificación de haberse intentado la conciliación o mediación previa a la que se refiere el artículo anterior o alegación de no ser necesaria ésta.

Artículo 158. Iniciación por la autoridad laboral.– El proceso podrá iniciarse también mediante comunicación de la autoridad laboral, a instancia de las representaciones referidas en el artículo 154. En dicha comunicación se contendrán idénticos requisitos a los exigidos para la demanda en el artículo anterior. El secretario judicial advertirá a la autoridad laboral de los defectos u omisiones que pudiera contener la comunicación, a fin de que se subsanen en el plazo de diez días.

Artículo 159. Urgencia y preferencia del proceso.– Este proceso tendrá carácter urgente. La preferencia en el despacho de estos asuntos será absoluta sobre cualesquiera otros, salvo los de tutela de los derechos fundamentales y libertades públicas.

Artículo 160. Celebración del juicio y sentencia.– 1. Una vez admitida la demanda o la comunicación de la autoridad laboral, el secretario judicial citará a las partes para la celebración del acto del juicio, que deberá tener lugar, en única convocatoria, dentro de los cinco días siguientes a la admisión a trámite de la demanda.

2. La sentencia se dictará dentro de los tres días siguientes, notificándose, en su caso, a la autoridad laboral competente.

3. De ser estimatoria de una pretensión de condena susceptible de ejecución individual, deberá contener, en su caso, la concreción de los datos, características y requisitos precisos para una posterior individualización de los afectados por el objeto del conflicto y beneficiados por la condena y especificar la repercusión directa sobre los mismos del pronunciamiento dictado. Asimismo deberá contener, en su caso, la declaración de que la condena ha de surtir efectos procesales no limitados a quienes hayan sido partes en el proceso correspondiente.

4. La sentencia será ejecutiva desde el momento en que se dicte, no obstante el recurso que contra la misma pueda interponerse.

5. La sentencia firme producirá efectos de cosa juzgada sobre los procesos individuales pendientes de resolución o que puedan plantearse, que versen sobre idéntico objeto o en relación de directa conexidad con aquél, tanto en el orden social como en el contencioso-administrativo, que quedarán en suspenso durante la tramitación del conflicto colectivo. La suspensión se acordará aunque hubiere recaído sentencia de instancia y estuviere pendiente el recurso de suplicación y de casación, vinculando al tribunal correspondiente la sentencia firme recaída en el proceso de

conflicto colectivo, incluso aunque en el recurso de casación unificadora no se hubiere invocado aquélla como sentencia contradictoria.

6. La iniciación del proceso de conflicto colectivo interrumpirá la prescripción de las acciones individuales en igual relación con el objeto del referido conflicto.

Artículo 161. Inimpugnabilidad de las resoluciones de tramitación.– Contra las resoluciones que se dicten en su tramitación no cabrá recurso, salvo el de declaración inicial de incompetencia.

Artículo 162. Archivo de actuaciones.– De recibirse en el juzgado o tribunal comunicación de las partes de haber quedado solventado el conflicto, se procederá por el secretario judicial sin más al archivo de las actuaciones, cualquiera que sea el estado de su tramitación anterior a la sentencia.

CAPÍTULO IX. De la impugnación de convenios colectivos[82]

Artículo 163. Iniciación.– 1. La impugnación de un convenio colectivo de los regulados en el Título III del Texto Refundido de la Ley del Estatuto de los Trabajadores o de los laudos arbitrales sustitutivos de éstos, por considerar que conculca la legalidad vigente o lesiona gravemente el interés de terceros, podrá promoverse de oficio ante el juzgado o Sala competente, mediante comunicación remitida por la autoridad correspondiente.

2. Si el convenio colectivo no hubiera sido aún registrado ante la oficina pública correspondiente conforme a lo dispuesto en el apartado 2 del artículo 90 del Texto Refundido de la Ley del Estatuto de los Trabajadores, los representantes legales o sindicales de los trabajadores o los empresarios que sostuvieran la ilegalidad del convenio o los terceros lesionados que la invocaran, deberán solicitar previamente de

---

[82] Art. 90.5 ET.

la autoridad laboral que curse al juzgado o Sala su comunicación de oficio.

3. Si la autoridad laboral no contestara la solicitud a la que se refiere el apartado anterior en el plazo de quince días, la desestimara o el convenio colectivo ya hubiere sido registrado, la impugnación de éstos podrá instarse directamente por los legitimados para ello por los trámites del proceso de conflicto colectivo, mientras subsista la vigencia de la correspondiente norma convencional.

4. La falta de impugnación directa de un convenio colectivo de los mencionados en el apartado 1 de este artículo no impide la impugnación de los actos que se produzcan en su aplicación, a través de los conflictos colectivos o individuales posteriores que pudieran promoverse por los legitimados para ello, fundada en que las disposiciones contenidas en los mismos no son conformes a Derecho. El juez o tribunal que en dichos procedimientos apreciara la ilegalidad de alguna de las referidas disposiciones lo pondrá en conocimiento del Ministerio Fiscal para que, en su caso, pueda plantear su ilegalidad a través de la modalidad procesal de impugnación de convenios colectivos.

Artículo 164. Requisitos de la comunicación de oficio.– 1. La comunicación de oficio que sostenga la ilegalidad del convenio, pacto o acuerdo habrá de contener los requisitos siguientes:

a) La concreción de la legislación y los extremos de ella que se consideren conculcados por el convenio.

b) Una referencia sucinta a los fundamentos jurídicos de la ilegalidad.

c) La relación de las representaciones integrantes de la comisión o mesa negociadora del convenio impugnado.

2. La comunicación de oficio que sostenga la lesividad del convenio habrá de contener, además del requisito mencionado en la letra c) del apartado anterior, relación de los terceros reclamantes, presuntamente lesionados, e indicación del interés de los mismos que se trata de proteger.

3. El secretario judicial advertirá a la autoridad remitente de los defectos u omisiones que pudiera contener la comunicación, a fin de que se subsanen en el plazo de diez días.

4. El proceso se seguirá, además de con las representaciones integrantes de la Comisión o Mesa negociadora del convenio, con los denunciantes o terceros presuntamente lesionados.

5. Cuando la impugnación procediera de la autoridad laboral y no hubiera denunciantes, también será citado la representación legal de dicha autoridad.

6. El Ministerio Fiscal será parte siempre en estos procesos.

7. A la comunicación de oficio se acompañará el convenio impugnado y copias del mismo para cuantos sean parte en el proceso.

Artículo 165. Legitimación.– 1. La legitimación activa para impugnar un convenio colectivo, por los trámites del proceso de conflicto colectivo corresponde:

a) Si la impugnación se fundamenta en la ilegalidad, a los órganos de representación legal o sindical de los trabajadores, sindicatos y asociaciones empresariales interesadas, así como al Ministerio Fiscal, a la Administración General del Estado y a la Administración de las Comunidades Autónomas su respectivo ámbito. A los efectos de impugnar las cláusulas que pudieran contener discriminaciones directas o indirectas por razón de sexo, están también legitimados el Instituto de la Mujer y los organismos correspondientes de las Comunidades Autónomas[83].

b) Si el motivo de la impugnación fuera la lesividad, a los terceros cuyo interés haya resultado gravemente lesionado. No se tendrá por terceros a los trabajadores y empresarios incluidos en el ámbito de aplicación del convenio.

2. Estarán pasivamente legitimadas todas las representaciones integrantes de la comisión o mesa negociadora del convenio.

---

[83] Téngase en cuenta, además, art. 90.6 ET.

3. La demanda contendrá, además de los requisitos generales, los particulares que para la comunicación de oficio se prevén en el artículo anterior, debiendo, asimismo, acompañarse el convenio y sus copias.

4. El Ministerio Fiscal será siempre parte en estos procesos.

Artículo 166. Celebración del juicio y sentencia.– 1. Admitida a trámite la comunicación de oficio o la demanda, el secretario judicial señalará para juicio, con citación del Ministerio Fiscal y, en su caso, de las partes a las que se refiere el apartado 4 del artículo 164. En su comparecencia a juicio, dichas partes alegarán en primer término la postura procesal que adopten, de conformidad u oposición, respecto de la pretensión interpuesta.

2. La sentencia, que se dictará dentro de los tres días siguientes, se comunicará a la autoridad laboral, y será ejecutiva desde el momento en que se dicte, no obstante el recurso que contra ella pudiera interponerse. Una vez firme producirá efectos de cosa juzgada sobre los procesos individuales pendientes de resolución o que puedan plantearse en todos los ámbitos de la jurisdicción sobre los preceptos convalidados, anulados o interpretados objeto del proceso.

3. Cuando la sentencia sea anulatoria, en todo o en parte, del convenio colectivo impugnado y éste hubiera sido publicado, también se publicará en el Boletín Oficial en que aquél se hubiere insertado.

CAPÍTULO X. De las impugnaciones relativas a los estatutos de los sindicatos y de las asociaciones empresariales o a su modificación

SECCIÓN 1.ª Impugnación de la resolución administrativa que deniegue el depósito[84]

Artículo 167. Legitimación.– 1. Los promotores de los sindicatos de trabajadores en fase de constitución, y los firmantes del acta de

---

84 Apartados 1, 2, 3 y 8, art. 4 LOLS.

constitución de los mismos, podrán impugnar las resoluciones de las oficinas públicas que rechacen el depósito de los estatutos presentados para su publicidad.

2. La Administración pública a la que esté adscrita la oficina de depósito de estatutos autora de la resolución impugnada, así como el Ministerio Fiscal, serán siempre parte en estos procesos.

Artículo 168. Plazo.– El plazo para el ejercicio de la acción de impugnación será de diez días hábiles, contados a partir de aquél en que sea recibida la notificación de la resolución denegatoria expresa o transcurra un mes desde la presentación de los estatutos sin que hubieren notificado a los promotores defectos a subsanar.

Artículo 169. Contenido de la demanda.– A la demanda deberán acompañarse copias de los estatutos y de la resolución denegatoria, de haber ésta recaído expresamente, o bien copia acreditativa de la presentación de dichos estatutos.

Artículo 170. Remisión del expediente.– Dentro del siguiente día hábil a la admisión de la demanda, el secretario judicial requerirá de la oficina pública competente el envío del expediente, que habrá de ser remitido en el plazo de cinco días.

Artículo 171. Efectos de la sentencia estimatoria.– La sentencia, de estimar la demanda, ordenará de inmediato el depósito del estatuto sindical en la correspondiente oficina pública.

Artículo 172. Impugnación de la resolución administrativa denegatoria del depósito de la modificación de estatutos.– 1. Las reglas establecidas en la presente Sección serán de aplicación a los procesos de impugnación de la resolución denegatoria del depósito de los estatutos de los sindicatos, en los casos de modificación de los mismos, así como respecto de las modificaciones de los estatutos de los sindicatos que ya tuvieran personalidad jurídica.

2. Estarán legitimados para impugnar la resolución administrativa los representantes del sindicato, pudiendo comparecer como coadyuvantes sus afiliados.

SECCIÓN 2.ª Impugnación de los estatutos de los sindicatos[85]

Artículo 173. Legitimación.– 1. El Ministerio Fiscal y quienes acrediten un interés directo, personal y legítimo podrán solicitar la declaración judicial de no ser conformes a Derecho los estatutos de los sindicatos, o sus modificaciones, que hayan sido objeto de depósito y publicación, tanto en el caso de que estén en fase de constitución como en el de que hayan adquirido personalidad jurídica.

2. Estarán pasivamente legitimados los promotores del sindicato y los firmantes del acta de constitución, así como quienes legalmente representen al sindicato, caso de haber ya adquirido éste personalidad jurídica.

3. El Ministerio Fiscal será siempre parte en estos procesos.

Artículo 174. Remisión del expediente.– Admitida la demanda, el secretario judicial requerirá a la oficina pública correspondiente la remisión de la copia autorizada del expediente, debiendo dicha oficina enviarla en el plazo de cinco días.

Artículo 175. Efectos de la sentencia.– 1. Caso de ser estimatoria, la sentencia declarará la nulidad de las cláusulas estatutarias que no sean conformes a Derecho o de los estatutos en su integridad.

2. La sentencia deberá ser comunicada a la oficina pública correspondiente.

---

[85] Apartados 4, 5, 6 y 8, art. 4 LOLS.

SECCIÓN 3.ª Estatutos de las asociaciones empresariales

Artículo 176. Tramitación.– Los procesos de impugnación de las resoluciones administrativas que denieguen el depósito de los estatutos de las asociaciones empresariales, o de sus modificaciones, así como las de declaración de no ser conforme a Derecho dichos estatutos, o sus modificaciones, se sustanciarán, respectivamente, por los trámites de las modalidades procesales reguladas en las secciones anteriores. El Ministerio Fiscal será siempre parte en dichos procesos, con independencia de su legitimación activa para promover los mismos.

CAPÍTULO XI. De la tutela de los derechos fundamentales y libertades públicas[86]

Artículo 177. Legitimación.– 1. Cualquier trabajador o sindicato que, invocando un derecho o interés legítimo, considere lesionados los derechos de libertad sindical, huelga u otros derechos fundamentales y libertades públicas, incluida la prohibición de tratamiento discriminatorio y del acoso, podrá recabar su tutela a través de este procedimiento cuando la pretensión se suscite en el ámbito de las relaciones jurídicas atribuidas al conocimiento del orden jurisdiccional social o en conexión directa con las mismas, incluidas las que se formulen contra terceros vinculados al empresario por cualquier título, cuando la vulneración alegada tenga conexión directa con la prestación de servicios.

2. En aquellos casos en los que corresponda al trabajador, como sujeto lesionado, la legitimación activa como parte principal, podrán personarse como coadyuvantes el sindicato al que éste pertenezca, cualquier otro sindicato que ostente la condición de más representativo, así como, en supuestos de discriminación, las entidades públicas o privadas entre cuyos fines se encuentre la promoción y defensa de los

[86] Art. 53.2 CE, arts. 12 ss. LOLS y 12 LOI.

intereses legítimos afectados, si bien no podrán personarse, recurrir ni continuar el proceso contra la voluntad del trabajador perjudicado.

3. El Ministerio Fiscal será siempre parte en estos procesos en defensa de los derechos fundamentales y de las libertades públicas, velando especialmente por la integridad de la reparación de las víctimas e interesando la adopción, en su caso, de las medidas necesarias para la depuración de las conductas delictivas.

4. La víctima del acoso o de la lesión de derechos fundamentales y libertades públicas con motivo u ocasión de las relaciones jurídicas atribuidas al conocimiento del orden jurisdiccional social o en conexión directa con las mismas, podrá dirigir pretensiones, tanto contra el empresario como contra cualquier otro sujeto que resulte responsable, con independencia del tipo de vínculo que le una al empresario. Corresponderá a la víctima, que será la única legitimada en esta modalidad procesal, elegir la clase de tutela que pretende dentro de las previstas en la ley, sin que deba ser demandado necesariamente con el empresario el posible causante directo de la lesión, salvo cuando la víctima pretenda la condena de este último o pudiera resultar directamente afectado por la resolución que se dictare; y si se requiriese su testimonio el órgano jurisdiccional velará por las condiciones de su práctica en términos compatibles con su situación personal y con las restricciones de publicidad e intervención de las partes y de sus representantes que sean necesarias.

Artículo 178. No acumulación con acciones de otra naturaleza.– 1. El objeto del presente proceso queda limitado al conocimiento de la lesión del derecho fundamental o libertad pública, sin posibilidad de acumulación con acciones de otra naturaleza o con idéntica pretensión basada en fundamentos diversos a la tutela del citado derecho o libertad.

2. Cuando la tutela del derecho deba necesariamente realizarse a través de las modalidades procesales a que se refiere el artículo 184, se aplicarán en cuanto a las pretensiones de tutela de derechos funda-

mentales y libertades públicas las reglas y garantías previstas en este Capítulo, incluida la citación como parte al Ministerio Fiscal.

Artículo 179. Tramitación.– 1. La tramitación de estos procesos tendrá carácter urgente a todos los efectos, siendo preferente respecto de todos los que se sigan en el juzgado o tribunal. Los recursos que se interpongan se resolverán por el Tribunal con igual preferencia.

2. La demanda habrá de interponerse dentro del plazo general de prescripción o caducidad de la acción previsto para las conductas o actos sobre los que se concrete la lesión del derecho fundamental o libertad pública.

3. La demanda, además de los requisitos generales establecidos en la presente Ley, deberá expresar con claridad los hechos constitutivos de la vulneración, el derecho o libertad infringidos y la cuantía de la indemnización pretendida, en su caso, con la adecuada especificación de los diversos daños y perjuicios, a los efectos de lo dispuesto en los artículos 182 y 183, y que, salvo en el caso de los daños morales unidos a la vulneración del derecho fundamental cuando resulte difícil su estimación detallada, deberá establecer las circunstancias relevantes para la determinación de la indemnización solicitada, incluyendo la gravedad, duración y consecuencias del daño, o las bases de cálculo de los perjuicios estimados para el trabajador.

4. Sin perjuicio de lo dispuesto en el artículo 81, el juez o tribunal rechazará de plano las demandas que no deban tramitarse con arreglo a las disposiciones de este Capítulo y no sean susceptibles de subsanación, advirtiendo al demandante del derecho que le asiste a promover la acción por el cauce procesal correspondiente. No obstante, el juez o la Sala dará a la demanda la tramitación ordinaria o especial si para el procedimiento adecuado fuese competente y la demanda reuniese los requisitos exigidos por la ley para tal clase de procedimiento.

Artículo 180. Medidas cautelares.– 1. En el mismo escrito de interposición de la demanda el actor podrá solicitar la suspensión de los efectos del acto impugnado, así como las demás medidas necesarias para asegurar la efectividad de la tutela judicial que pudiera acordarse en sentencia.

2. El juez o tribunal podrá acordar la suspensión de los efectos del acto impugnado cuando su ejecución produzca al demandante perjuicios que pudieran hacer perder a la pretensión de tutela su finalidad, siempre y cuando la suspensión no ocasione perturbación grave y desproporcionada a otros derechos y libertades o intereses superiores constitucionalmente protegidos.

No obstante lo anterior, en el caso de que se invoque vulneración de la libertad sindical, sólo se podrá deducir la suspensión de los efectos del acto impugnado cuando las presuntas lesiones impidan la participación de candidatos en el proceso electoral o el ejercicio de la función representativa o sindical respecto de la negociación colectiva, reestructuración de plantillas u otras cuestiones de importancia trascendental que afecten al interés general de los trabajadores y que puedan causar daños de imposible reparación.

3. Podrá solicitarse la adopción de medidas cautelares cuando, en caso de huelga, se impugnen exclusivamente los actos de determinación del personal laboral adscrito a los mínimos necesarios para garantizar los servicios esenciales de la comunidad, así como cuando se impugnen los actos de designación del personal laboral adscrito a los servicios de seguridad y mantenimiento precisos para la reanudación ulterior de las tareas. El órgano jurisdiccional resolverá manteniendo, modificando o revocando la designación de personal adscrito a dichos servicios conforme a las propuestas que, en su caso, formulen al respecto las partes.

4. Cuando la demanda se refiera a protección frente al acoso, así como en los procesos seguidos a instancia de la trabajadora víctima de la violencia de género para el ejercicio de los derechos que le sean reconocidos en tal situación, podrán solicitarse, además, la suspensión de la relación o la exoneración de prestación de servicios, el traslado de puesto o de centro de trabajo, la reordenación o reducción del

tiempo de trabajo y cuantas otras tiendan a preservar la efectividad de la sentencia que pudiera dictarse, incluidas, en su caso, aquéllas que pudieran afectar al presunto acosador u vulnerador de los derechos o libertades objeto de la tutela pretendida, en cuyo supuesto deberá ser oído éste.

5. De haberse solicitado medidas cautelares, dentro del día siguiente a la admisión de la demanda o a la solicitud, el secretario judicial citará a las partes y al Ministerio Fiscal para que, en el día y hora que se señale dentro de las cuarenta y ocho horas siguientes, comparezcan a una audiencia preliminar, en la que sólo se admitirán alegaciones y pruebas sobre la justificación y proporcionalidad de las medidas, en relación con el derecho fundamental y el riesgo para la efectividad de la resolución que deba recaer, debiendo aportar la parte solicitante el necesario principio de prueba al respecto. En supuestos de urgencia excepcional, la adopción de las medidas cautelares podrá efectuarse por el juez o Sala al admitirse a trámite la demanda, sin perjuicio de que se celebre ulteriormente la comparecencia prevista en este número.

6. El órgano judicial resolverá al término de la audiencia sobre las medidas cautelares solicitadas mediante auto dictado de viva voz, adoptando, en su caso, las medidas oportunas para reparar la situación.

Artículo 181. Conciliación y juicio.– 1. Admitida a trámite la demanda, el secretario judicial citará a las partes para los actos de conciliación y juicio conforme a los criterios establecidos en el apartado 1 del artículo 82, que habrán de tener lugar dentro del plazo improrrogable de los cinco días siguientes al de la admisión de la demanda. En todo caso, habrá de mediar un mínimo de dos días entre la citación y la efectiva celebración de aquellos actos.

2. En el acto del juicio, una vez justificada la concurrencia de indicios de que se ha producido violación del derecho fundamental o libertad pública, corresponderá al demandado la aportación de una

justificación objetiva y razonable, suficientemente probada, de las medidas adoptadas y de su proporcionalidad[87].

3. El juez o la Sala dictará sentencia en el plazo de tres días desde la celebración del acto del juicio publicándose y notificándose inmediatamente a las partes o a sus representantes.

Artículo 182. Sentencia.– 1. La sentencia declarará haber lugar o no al amparo judicial solicitado y, en caso de estimación de la demanda, según las pretensiones concretamente ejercitadas:

a) Declarará la existencia o no de vulneración de derechos fundamentales y libertades públicas, así como el derecho o libertad infringidos, según su contenido constitucionalmente declarado, dentro de los límites del debate procesal y conforme a las normas y doctrina constitucionales aplicables al caso, hayan sido o no acertadamente invocadas por los litigantes.

b) Declarará la nulidad radical de la actuación del empleador, asociación patronal, Administración pública o cualquier otra persona, entidad o corporación pública o privada.

c) Ordenará el cese inmediato de la actuación contraria a derechos fundamentales o a libertades públicas, o en su caso, la prohibición de interrumpir una conducta o la obligación de realizar una actividad omitida, cuando una u otra resulten exigibles según la naturaleza del derecho o libertad vulnerados.

d) Dispondrá el restablecimiento del demandante en la integridad de su derecho y la reposición de la situación al momento anterior a producirse la lesión del derecho fundamental, así como la reparación de las consecuencias derivadas de la acción u omisión del sujeto responsable, incluida la indemnización que procediera en los términos señalados en el artículo 183.

2. En la sentencia se dispondrá lo procedente sobre las medidas cautelares que se hubieran adoptado previamente.

---

[87] Arts. 95 y 96 de esta Ley y 13 LOI.

Artículo 183. Indemnizaciones.– 1. Cuando la sentencia declare la existencia de vulneración, el juez deberá pronunciarse sobre la cuantía de la indemnización que, en su caso, le corresponda a la parte demandante por haber sufrido discriminación u otra lesión de sus derechos fundamentales y libertades públicas, en función tanto del daño moral unido a la vulneración del derecho fundamental, como de los daños y perjuicios adicionales derivados.

2. El tribunal se pronunciará sobre la cuantía del daño, determinándolo prudencialmente cuando la prueba de su importe exacto resulte demasiado difícil o costosa, para resarcir suficientemente a la víctima y restablecer a ésta, en la medida de lo posible, en la integridad de su situación anterior a la lesión, así como para contribuir a la finalidad de prevenir el daño.

3. Esta indemnización será compatible, en su caso, con la que pudiera corresponder al trabajador por la modificación o extinción del contrato de trabajo o en otros supuestos establecidos en el Estatuto de los Trabajadores y demás normas laborales.

4. Cuando se haya ejercitado la acción de daños y perjuicios derivada de delito o falta en un procedimiento penal no podrá reiterarse la petición indemnizatoria ante el orden jurisdiccional social, mientras no se desista del ejercicio de aquélla o quede sin resolverse por sobreseimiento o absolución en resolución penal firme, quedando mientras tanto interrumpido el plazo de prescripción de la acción en vía social.

Artículo 184. Demandas de ejercicio necesario a través de la modalidad procesal correspondiente.– No obstante lo dispuesto en los artículos anteriores y sin perjuicio de lo dispuesto en el apartado 2 del artículo 178, las demandas por despido y por las demás causas de extinción del contrato de trabajo, las de modificaciones sustanciales de condiciones de trabajo, las de suspensión del contrato y reducción de jornada por causas económicas, técnicas, organizativas o de producción o derivadas de fuerza mayor, las de disfrute de vacaciones, las de materia electoral, las de impugnación de estatutos de los sindicatos o de su modificación, las de movilidad geográfica, las de derechos de conciliación de la vida personal, familiar y laboral a las que se refiere el artículo 139, las de impugnación de convenios colectivos y las de sanciones impuestas por los empresarios a los trabajadores en que se invoque lesión de derechos fundamentales y libertades públicas se tramitarán inexcusablemente, con arreglo a la modalidad procesal correspondiente a cada una de ellas, dando carácter preferente a dichos procesos y acumulando en ellos, según lo dispuesto en el apartado 2 del artículo 26, las pretensiones de tutela de derechos fundamentales y libertades públicas con las propias de la modalidad procesal respectiva.

TÍTULO III. De la audiencia al demandado rebelde

Artículo 185. Especialidades.– A los procesos seguidos sin que haya comparecido el demandado, les serán de aplicación las normas contenidas en el Título V del Libro II de la Ley de Enjuiciamiento Civil, con las especialidades siguientes:

1. No será necesaria la declaración de rebeldía del demandado que, citado en forma, no comparezca al juicio.

2. A petición del demandante se podrá decretar el embargo de bienes muebles e inmuebles u otras medidas cautelares en lo necesario para asegurar el suplico.

3. El plazo para solicitar la audiencia será de veinte días desde la notificación personal de la sentencia o desde que conste el conocimiento procesal o extraprocesal de la misma y en todo caso de cuatro meses desde la notificación de la sentencia en el Boletín Oficial correspondiente, en los supuestos y condiciones previstos en el artículo 501 de la Ley de Enjuiciamiento Civil.

4. La petición de audiencia se formulará ante el órgano judicial que hubiere dictado la sentencia firme que se pretende rescindir.

5. La audiencia al demandado se sustanciará ante el órgano que conoció del litigio en instancia.

6. En ambos supuestos se seguirán los trámites del proceso ordinario regulado en esta Ley, con aplicación de lo previsto en el apartado 2 del artículo 504 y regla 3ª, del apartado 1 del artículo 507 de la Ley de Enjuiciamiento Civil, con exclusión de los trámites de las reglas 1ª y 2ª del apartado 1 del artículo 507 de la referida Ley.

7. La pretensión de nulidad de la sentencia o resolución firme por defectos de forma que hayan causado indefensión deberá plantearse, de concurrir los presupuestos para ello, por la vía del incidente de nulidad de actuaciones regulado en el artículo 241 de la Ley Orgánica del Poder Judicial.

LIBRO TERCERO. DE LOS MEDIOS DE IMPUGNACIÓN

TÍTULO I. De los recursos contra providencias, autos, diligencias de ordenación y decretos

Artículo 186. Recurso de reposición.– 1. Contra las diligencias de ordenación y decretos no definitivos cabrá recurso de reposición ante el secretario judicial que dictó la resolución recurrida, excepto en los casos en que la ley prevea recurso directo de revisión.

2. Contra todas las providencias y autos cabrá recurso de reposición ante el mismo juez o tribunal que dictó la resolución recurrida.

3. La interposición del recurso de reposición no tendrá efectos suspensivos respecto de la resolución recurrida.

4. No habrá lugar al recurso de reposición contra providencias, autos, diligencias de ordenación y decretos que se dicten en los procesos de conflictos colectivos, en los procesos en materia electoral, cuando versen sobre el ejercicio de conciliación de la vida personal familiar y laboral, y en los procesos de impugnación de convenios colectivos, sin perjuicio, en su caso, de poder efectuar la alegación correspondiente en el acto de la vista.

Artículo 187. Tramitación[88].– 1. El recurso de reposición deberá interponerse en el plazo de tres días contra las resoluciones dictadas en procedimientos seguidos ante un órgano unipersonal y de cinco días contra las resoluciones dictadas en procedimientos seguidos ante un órgano colegiado, expresándose la infracción en que la resolución hubiera incurrido a juicio del recurrente.

2. Si no se cumplieran los requisitos establecidos en el apartado anterior, se inadmitirá, mediante providencia no susceptible de recurso, la reposición interpuesta frente a providencias y autos, y mediante

---

[88] Cfr. DA 15.4ª LOPJ sobre depósito para recurrir en reposición.

decreto, directamente recurrible en revisión, la formulada contra diligencias de ordenación y decretos no definitivos.

3. Admitido a trámite el recurso de reposición, por el secretario judicial se concederá a las demás partes personadas un plazo común de tres o cinco días, según el carácter unipersonal o colegiado del órgano en el que se haya dictado la resolución recurrida, para impugnarlo, si lo estiman conveniente.

4. Transcurrido el plazo de impugnación, háyanse o no presentado escritos, el juez o tribunal, si se tratara de reposición interpuesta frente a providencias o autos, o el secretario judicial si hubiera sido formulada frente a diligencias de ordenación o decretos, resolverán sin más trámites mediante auto o decreto, respectivamente, en un plazo de tres o de cinco días, según el carácter unipersonal o colegiado del órgano.

5. Contra el auto resolutorio del recurso de reposición no se dará nuevo recurso, salvo en los supuestos expresamente establecidos en la presente Ley[89], sin perjuicio de poder efectuar la alegación correspondiente en el acto de la vista, en su caso, o de la responsabilidad civil que en otro caso proceda.

Artículo 188. Impugnación de la resolución del recurso de reposición.– 1. Contra el decreto resolutivo de la reposición cabrá recurso de revisión. También cabrá recurso directo de revisión contra los decretos que pongan fin al procedimiento o impidan su continuación. Dichos recursos carecerán de efectos suspensivos sin que, en ningún caso, proceda actuar en sentido contrario a lo que se hubiese resuelto.

Cabrá interponer igualmente recurso directo de revisión contra los decretos en aquellos casos en que expresamente se prevea.

2. El recurso directo de revisión deberá interponerse en el plazo de tres o cinco días, según el carácter unipersonal o colegiado del órgano en el que se haya dictado la resolución recurrida, mediante escrito en

---

[89] Cfr. arts. 189, 191.4 y 206.3 y 4 LJS.

el que deberá fundamentarse la infracción en que la resolución hubiera incurrido[90].

Cumplidos los anteriores requisitos, el secretario judicial, mediante diligencia de ordenación, admitirá el recurso, concediendo a las demás partes personadas un plazo común de tres o cinco días, según el carácter unipersonal o colegiado del órgano en el que se haya dictado la resolución recurrida, para impugnarlo si lo estiman conveniente.

Si no se cumplieran los requisitos de admisibilidad del recurso, el juez o tribunal lo inadmitirá mediante providencia.

Transcurrido el plazo para impugnación, háyanse presentado o no escritos, el juez o tribunal resolverá sin más trámites, mediante auto, en un plazo de tres o de cinco días, según el carácter unipersonal o colegiado del órgano.

Contra las resoluciones sobre admisión o inadmisión no cabrá recurso alguno.

3. Contra el auto dictado resolviendo el recurso de revisión, únicamente cabrá recurso de suplicación o de casación cuando así expresamente se prevea en esta Ley[91].

Artículo 189. Recurso de queja[92].– Los recursos de queja de que conozcan las Salas de lo Social de los Tribunales Superiores de Justicia o la Sala de lo Social del Tribunal Supremo, según los casos, se tramitarán de conformidad con lo dispuesto en la Ley de Enjuiciamiento Civil para recurrir en queja.

TÍTULO II. Del recurso de suplicación

Artículo 190. Competencia.– 1. Las Salas de lo Social de los Tribunales Superiores de Justicia conocerán de los recursos de suplicación

---

90 Cfr. DA 15.4ª LOPJ sobre depósito para recurrir en revisión.

91 Cfr. arts. 191.4 y 206.3 y 4 LJS.

92 DA 15.ª3.a) LOPJ, sobre depósito para recurrir en queja. Arts. 494 y 495 LEC en relación con la tramitación.

que se interpongan contra las resoluciones dictadas por los Juzgados de lo Social de su circunscripción, así como contra los autos y sentencias que puedan dictar los Jueces de lo Mercantil que se encuentren en su circunscripción y que afecten al derecho laboral.

2. Procederá dicho recurso contra las resoluciones que se determinan en esta Ley y por los motivos que en ella se establecen.

Artículo 191. Ámbito de aplicación.– 1. Son recurribles en suplicación las sentencias que dicten los Juzgados de lo Social en los procesos que ante ellos se tramiten, cualquiera que sea la naturaleza del asunto, salvo cuando la presente Ley disponga lo contrario.

2. No procederá recurso de suplicación en los procesos relativos a las siguientes materias:

a) Impugnación de sanción por falta que no sea muy grave, así como por falta muy grave no confirmada judicialmente[93].

b) Procesos relativos a la fecha de disfrute de las vacaciones[94].

c) Materia electoral[95], salvo en el caso del artículo 136.

d) Procesos de clasificación profesional, salvo en el caso previsto en el apartado 3 del artículo 137.

e) Procesos de movilidad geográfica distintos de los previstos en el apartado 2 del artículo 40 del Estatuto de Trabajadores; en los de modificaciones sustanciales de condiciones de trabajo, salvo cuando tengan carácter colectivo de conformidad con el apartado 2 del artículo 41 del referido Estatuto; y en los de cambio de puesto o movilidad funcional, salvo cuando fuera posible acumular a estos otra acción susceptible de recurso de suplicación; y en las suspensiones y reducciones de jornada previstas en el artículo 47 del Estatuto de los Trabajadores

93 Art. 115.3 de esta Ley.

94 Arts. 125 y 126 de esta Ley.

95 Arts. 127 ss. de esta Ley.

que afecten a un número de trabajadores inferior a los umbrales previstos en el apartado 1 del artículo 51 del Estatuto de los Trabajadores[96].

f) Procedimientos relativos a los derechos de conciliación de la vida personal, familiar y laboral previstos en el artículo 139, salvo cuando se haya acumulado pretensión de resarcimiento de daños y perjuicios que por su cuantía pudiera dar lugar a recurso de suplicación.

g) Reclamaciones cuya cuantía litigiosa no exceda de 3.000 euros[97]. Tampoco procederá recurso en procesos de impugnación de alta médica cualquiera que sea la cuantía de las prestaciones de incapacidad temporal que viniere percibiendo el trabajador[98].

3. Procederá en todo caso la suplicación:

a) En procesos por despido o extinción del contrato, salvo en los procesos por despido colectivo impugnados por los representantes de los trabajadores.

b) En reclamaciones, acumuladas o no, cuando la cuestión debatida afecte a todos o a un gran número de trabajadores o de beneficiarios de la Seguridad Social, siempre que tal circunstancia de afectación general fuera notoria o haya sido alegada y probada en juicio o posea claramente un contenido de generalidad no puesto en duda por ninguna de las partes; así como cuando la sentencia de instancia fuera susceptible de extensión de efectos.

c) En los procesos que versen sobre reconocimiento o denegación del derecho a obtener prestaciones de Seguridad Social, así como sobre el grado de incapacidad permanente aplicable.

d) Cuando el recurso tenga por objeto subsanar una falta esencial del procedimiento o la omisión del intento de conciliación o de mediación obligatoria previa, siempre que se haya formulado la protesta en tiempo y forma y hayan producido indefensión. Si el fondo del asunto

---

96 Art. 138 de esta Ley.

97 Cfr. art. 192 de esta Ley.

98 Art. 140.3 de esta Ley.

no estuviera comprendido dentro de los límites de la suplicación, la sentencia resolverá sólo sobre el defecto procesal invocado.

e) Contra las sentencias que decidan sobre la falta de jurisdicción por razón de la materia o de competencia territorial o funcional. Si el fondo del asunto no estuviera comprendido dentro de los límites de la suplicación la sentencia, resolverá sólo sobre la jurisdicción o competencia.

f) Contra las sentencias dictadas en materias de conflictos colectivos[99], impugnación de convenios colectivos[100], impugnación de los estatutos de los sindicatos[101], procedimientos de oficio[102] y tutela de derechos fundamentales y libertades públicas[103].

g) Contra las sentencias dictadas en procesos de impugnación de actos administrativos en materia laboral no comprendidos en los apartados anteriores[104], cuando no sean susceptibles de valoración económica o cuando la cuantía litigiosa exceda de dieciocho mil euros[105].

4. Podrá interponerse recurso de suplicación contra las siguientes resoluciones:

a) Los autos que resuelvan el recurso de reposición interpuesto contra la resolución en que el órgano jurisdiccional, antes del acto del juicio, declare la falta de jurisdicción o de competencia por razón de la materia, de la función o del territorio.

b) Los autos y sentencias que se dicten por los Juzgados de lo Mercantil en el proceso concursal en cuestiones de carácter laboral[106]. En dichas resoluciones deberán consignarse expresamente y por separado, los hechos que se estimen probados.

---

99 Arts. 153 ss. de esta Ley.
100 Arts. 163 ss. de esta Ley.
101 Arts. 167 ss. de esta Ley.
102 Arts. 148 ss. de esta Ley.
103 Arts. 177 ss. de esta Ley.
104 Art. 151 de esta Ley.
105 Arts. 192.4 de esta Ley.
106 Arts. 53, 136 ss., 169 ss. y 551 LC.

c) Los autos que resuelvan el recurso de reposición, o en su caso de revisión, interpuesto contra la resolución que disponga la terminación anticipada del proceso en los siguientes supuestos:

1.º Satisfacción extraprocesal o pérdida sobrevenida de objeto.

2.º Falta de subsanación de los defectos advertidos en la demanda no imputable a la parte o a su representación procesal o incomparecencia injustificada a los actos de conciliación y juicio, siempre que, por caducidad de la acción o de la instancia o por otra causa legal, no fuera jurídicamente posible su reproducción ulterior.

d) Los autos que decidan el recurso de reposición interpuesto contra los que dicten los Juzgados de lo Social y los autos que decidan el recurso de revisión interpuesto contra los decretos del secretario judicial, dictados unos y otros en ejecución definitiva de sentencia u otros títulos, siempre que la sentencia hubiere sido recurrible en suplicación o que, de tratarse de ejecución derivada de otro título, haya recaído en asunto en el que, de haber dado lugar a sentencia, la misma hubiere sido recurrible en suplicación, en los siguientes supuestos:

1.º Cuando denieguen el despacho de ejecución.

2.º Cuando resuelvan puntos sustanciales no controvertidos en el pleito, no decididos en la sentencia o que contradigan lo ejecutoriado.

3.º Cuando pongan fin al procedimiento incidental en la ejecución decidiendo cuestiones sustanciales no resueltas o no contenidas en el título ejecutivo.

4.º En los mismos casos, procederá también recurso de suplicación en ejecución provisional si se hubieran excedido materialmente los límites de la misma o se hubiera declarado la falta de jurisdicción o competencia del orden social.

Artículo 192. Determinación de la cuantía del proceso.– 1. Si fuesen varios los demandantes o algún demandado reconviniese, la cuantía litigiosa a efectos de la procedencia o no del recurso, la determinará la reclamación cuantitativa mayor sin intereses ni recargos por mora.

2. Si el actor formulase varias pretensiones y reclamare cantidad por cada una de ellas, se sumarán todas para establecer la cuantía.

Cuando en un mismo proceso se ejerciten una o más acciones acumuladas de las que solamente alguna sea recurrible en suplicación, procederá igualmente dicho recurso, salvo expresa disposición en contrario.

3. Cuando la reclamación verse sobre prestaciones económicas periódicas de cualquier naturaleza o diferencias sobre ellas, la cuantía litigiosa a efectos de recurso vendrá determinada por el importe de la prestación básica o de las diferencias reclamadas, ambas en cómputo anual, sin tener en cuenta las actualizaciones o mejoras que pudieran serle aplicables, ni los intereses o recargos por mora. La misma regla se aplicará a las reclamaciones de reconocimiento de derechos, siempre que tengan traducción económica.

4. En impugnación de actos administrativos en materia laboral y de Seguridad Social se atenderá, a efectos de recurso, al contenido económico de la pretensión o del acto objeto del proceso cuando sea susceptible de tal valoración y, en su caso, en cómputo anual. Cuando se pretenda el reconocimiento de un derecho o situación jurídica individualizada, la cuantía vendrá determinada por el valor económico de lo reclamado o, en su caso, por la diferencia respecto de lo previamente reconocido en vía administrativa. Cuando se pretenda la anulación de un acto, incluidos los de carácter sancionador, se atenderá al contenido económico del mismo. En ambos casos no se tendrán en cuenta los intereses o recargos por mora. En materia de prestaciones de Seguridad Social igualmente valorables económicamente, se estará a la regla del apartado 3 de este mismo artículo, computándose exclusivamente a estos fines las diferencias reclamadas sobre el importe reconocido previamente en vía administrativa.

Artículo 193. Objeto del recurso de suplicación.– El recurso de suplicación tendrá por objeto:

a) Reponer los autos al estado en el que se encontraban en el momento de cometerse una infracción de normas o garantías del procedimiento que haya producido indefensión.

b) Revisar los hechos declarados probados, a la vista de las pruebas documentales y periciales practicadas.

c) Examinar las infracciones de normas sustantivas o de la jurisprudencia.

Artículo 194. Anuncio del recurso[107].– El recurso de suplicación deberá anunciarse dentro de los cinco días siguientes a la notificación de la sentencia, bastando para ello la mera manifestación de la parte o de su abogado, graduado social colegiado o de su representante, al hacerle la notificación de aquélla, de su propósito de entablarlo. También podrá anunciarse por comparecencia o por escrito de las partes o de su abogado o graduado social colegiado, o representante ante el juzgado que dictó la resolución impugnada, dentro del indicado plazo.

Artículo 195. Interposición del recurso.– 1. Si la resolución fuera recurrible en suplicación y la parte hubiera anunciado el recurso en tiempo y forma y cumplido las demás prevenciones establecidas en esta Ley, el secretario judicial tendrá por anunciado el recurso y acordará poner los autos a disposición del letrado o graduado social colegiado designado por la parte recurrente, por el orden de anuncio, en la forma dispuesta en el apartado 1 del artículo 48, para que interponga el recurso, dentro de los diez días siguientes a que se notifique la puesta a disposición, debiendo sustituirse el traslado material de las actuaciones por la entrega de soporte informático o mediante acceso telemático, si se dispusiera de los medios necesarios para ello. Este plazo correrá cualquiera que sea el momento en que el letrado o el graduado social colegiado examinara o recogiera los autos.

---

107 Los arts. 229 ss. de esta Ley contienen disposiciones comunes a los recursos de suplicación y casación.

Si el órgano jurisdiccional dispusiera de los medios para dar simultáneo traslado o acceso a las actuaciones a todas las partes recurrentes, se dispondrá que tanto la puesta a disposición de las actuaciones, como la interposición del recurso, se efectúen dentro de un plazo común a todos los recurrentes.

2. Si la resolución impugnada no fuera recurrible en suplicación, si el recurso no se hubiera anunciado en tiempo o si el recurrente hubiera incumplido los requisitos necesarios para el anuncio del recurso de modo insubsanable o no hubiera subsanado dichos requisitos dentro del término conferido al efecto, según lo dispuesto en el apartado 5 del artículo 230, el órgano judicial declarará, mediante auto, tener por no anunciado el recurso, quedando firme en su caso la sentencia impugnada. Contra este auto podrá recurrirse en queja ante la Sala de lo Social del Tribunal Superior de Justicia.

Artículo 196. Escrito de interposición.– 1. El escrito interponiendo el recurso de suplicación se presentará ante el juzgado que dictó la resolución impugnada, con tantas copias cuantas sean las partes recurridas[108].

2. En el escrito de interposición del recurso, junto con las alegaciones sobre su procedencia y sobre el cumplimiento de los requisitos exigidos, se expresarán, con suficiente precisión y claridad, el motivo o los motivos en que se ampare, citándose las normas del ordenamiento jurídico o la jurisprudencia que se consideren infringidas. En todo caso se razonará la pertinencia y fundamentación de los motivos.

3. También habrán de señalarse de manera suficiente para que sean identificados, el concreto documento o pericia en que se base cada

---

[108] La Ley 10/2012, de 20 de noviembre, consideró la interposición del recurso de suplicación hecho imponible de la tasa por el ejercicio de la potestad jurisdiccional en los órdenes civil, contencioso-administrativo y social. La STC 140/2016, de 21 de julio, declaró la inconstitucionalidad de las mencionadas tasas en los órdenes contencioso-administrativo y social, así como algunas correspondientes a procesos en el orden civil.

motivo de revisión de los hechos probados que se aduzca e indicando la formulación alternativa que se pretende.

Artículo 197. Traslado a las otras partes.– 1. Interpuesto el recurso en tiempo y forma, el secretario judicial proveerá en el plazo de dos días dando traslado del mismo para su impugnación, a la parte o partes recurridas por un plazo común de cinco días para todas ellas. En los escritos de impugnación, que se presentarán acompañados de tantas copias como sean las demás partes para su traslado a las mismas, podrán alegarse motivos de inadmisibilidad del recurso, así como eventuales rectificaciones de hecho o causas de oposición subsidiarias aunque no hubieran sido estimadas en la sentencia, con análogos requisitos a los indicados en el artículo anterior.

2. Del escrito o escritos de impugnación se dará traslado a las partes. De haberse formulado en dichos escritos alegaciones sobre inadmisibilidad del recurso o los motivos a que se refiere el apartado anterior, las demás partes podrán presentar directamente sus alegaciones al respecto, junto con las correspondientes copias para su traslado a las demás partes, dentro de los dos días siguientes a recibir el traslado del escrito de impugnación.

3. Transcurrido el plazo de impugnación y en su caso el de alegaciones del apartado anterior, háyanse presentado o no escritos en tal sentido y previo traslado de las alegaciones si se hubieran presentado, se elevarán los autos a la Sala de lo Social del Tribunal Superior de Justicia, junto con el recurso y escritos presentados, dentro de los dos días siguientes.

Artículo 198. Determinación de domicilio.– Las partes recurrentes y recurridas deberán hacer constar, en los escritos de interposición del recurso y de impugnación del mismo, un domicilio en la sede de la Sala de lo Social del Tribunal Superior de Justicia a efectos de notificaciones, de no haberlo consignado previamente, con los efectos del apartado 2 del artículo 53.

Artículo 199. Subsanación.– Recibidos los autos en la Sala de lo Social del Tribunal Superior de Justicia, si el secretario judicial apreciara defectos u omisiones subsanables en el recurso, concederá a la parte el plazo de cinco días para que se aporten los documentos omitidos o se subsanen los defectos apreciados. De no efectuarse, la Sala dictará auto declarando la inadmisión del recurso y la firmeza de la resolución recurrida, con devolución del depósito constituido y la remisión de las actuaciones al juzgado de procedencia. Contra dicho auto sólo cabe recurso de reposición.

Artículo 200. Inadmisión del recurso.– 1. Instruido de los autos por tres días el Magistrado ponente, dará cuenta a la Sala del recurso interpuesto y ésta, identificando de forma sucinta las circunstancias justificativas, podrá oír al recurrente por tres días sobre la inadmisión del recurso por haberse incumplido de manera manifiesta e insubsanable los requisitos para recurrir o por existir doctrina jurisprudencial unificada del Tribunal Supremo en el mismo sentido que la sentencia recurrida.

2. Si la Sala estimara que concurre alguna de las causas de inadmisión referidas dictará, en el plazo de tres días, auto, contra el que no cabrá recurso, declarando la inadmisión del recurso y la firmeza de la resolución recurrida con imposición de las costas al recurrente y con pérdida del depósito necesario para recurrir, dándose a las consignaciones y aseguramientos prestados el destino que corresponda y notificando la resolución a las partes y al Ministerio Fiscal.

Cuando la inadmisión se refiera solamente a alguno de los motivos aducidos o a alguno de los recursos interpuestos, mediante auto, no susceptible de recurso, se dispondrá la continuación del trámite de los restantes recursos o motivos no afectados por el auto de inadmisión parcial.

Artículo 201. Sentencia.– 1. De no haberse acordado la inadmisión por el trámite del artículo anterior, previo señalamiento para deliberación, votación y fallo, la Sala dictará sentencia dentro del plazo de diez días, que se notificará a las partes y a la Fiscalía de la Comunidad Autónoma, resolviendo sobre la estimación o desestimación del recurso, así como, en su caso, sobre las cuestiones oportunamente suscitadas en impugnación, o apreciando su inadmisibilidad y desestimándolo en consecuencia. La estimación del recurso dará lugar a la anulación o revocación de la sentencia recurrida en los términos establecidos en el artículo siguiente y la desestimación del mismo determinará la confirmación de la resolución recurrida.

2. Firme la sentencia, el secretario judicial acordará la devolución de los autos, junto con la certificación de aquélla, al juzgado de procedencia.

Artículo 202. Efectos de la estimación del recurso.– 1. Cuando la revocación de la resolución de instancia se funde en la infracción de normas o garantías del procedimiento que haya producido indefensión, de acuerdo con lo dispuesto en la letra a) del artículo 193, la Sala, sin entrar en el fondo de la cuestión, mandará reponer los autos al estado en que se encontraban en el momento de cometerse la infracción, y si ésta se hubiera producido en el acto del juicio, al momento de su señalamiento.

2. Si la infracción cometida versara sobre las normas reguladoras de la sentencia, la estimación del motivo obligará a la Sala a resolver lo que corresponda, dentro de los términos en que aparezca planteado el debate. Pero si no pudiera hacerlo, por ser insuficiente el relato de hechos probados de la resolución recurrida y por no poderse completar por el cauce procesal correspondiente, acordará la nulidad en todo o en parte de dicha resolución y de las siguientes actuaciones procesales, concretando en caso de nulidad parcial los extremos de la resolución impugnada que conservan su firmeza, y mandará reponer lo actuado al momento de dictar sentencia, para que se salven las deficiencias advertidas y sigan los autos su curso legal.

3. De estimarse alguno de los restantes motivos comprendidos en el artículo 193, la Sala resolverá lo que corresponda, con preferencia de la resolución de fondo del litigio, dentro de los términos en que aparezca planteado el debate, incluso sobre extremos no resueltos en su momento en la sentencia recurrida por haber apreciado alguna circunstancia obstativa, así como, en su caso, sobre las alegaciones deducidas en los escritos de impugnación, siempre y cuando el relato de hechos probados y demás antecedentes no cuestionados obrantes en autos resultaran suficientes.

Artículo 203. Estimación total y parcial del recurso.– 1. Cuando la Sala revoque totalmente la sentencia de instancia y el recurrente haya consignado en metálico la cantidad importe de la condena o asegurado la misma conforme a lo prevenido en esta Ley, así como constituido el depósito para recurrir, el fallo dispondrá la devolución de todas las consignaciones y del depósito y la cancelación de los aseguramientos prestados, una vez firme la sentencia.

2. Si estimado el recurso de suplicación se condenara a una cantidad inferior a la reconocida por la resolución recurrida, el fallo dispondrá la devolución parcial de las consignaciones, en la cuantía que corresponda a la diferencia de las dos condenas, y la cancelación también parcial de los aseguramientos prestados, una vez firme la sentencia.

3. En todos los supuestos de estimación parcial del recurso de suplicación, el fallo dispondrá la devolución de la totalidad del depósito.

Artículo 204. Pérdida de cantidades consignadas.– 1. Cuando la Sala confirme la sentencia y el recurrente haya consignado las cantidades a las que se refiere la presente Ley, el fallo condenará a la pérdida de las consignaciones, a las que se dará el destino que corresponda cuando la sentencia sea firme.

2. En el caso de que el juez haya impuesto a la parte que obró con mala fe o temeridad la multa que señalan el apartado 4 del artículo 75 y el apartado 3 del artículo 97, la sentencia de la Sala confirmará o no,

en todo o en parte, dicha multa, pronunciándose asimismo, cuando el condenado fuere el empresario, sobre los honorarios de los abogados o de los graduados sociales impuestos en la sentencia recurrida. La Sala podrá imponer dichas sanciones y medidas a los recurrentes de apreciarse temeridad o mala fe en la actuación de las partes o su representación procesal durante el recurso.

3. Si el recurrente hubiera asegurado el importe de la condena conforme a lo prevenido en esta Ley mandará la Sala en su fallo confirmatorio que se mantengan los aseguramientos prestados, hasta que el condenado cumpla la sentencia o hasta que en cumplimiento de la sentencia resuelva la realización de dichos aseguramientos.

4. Si el recurrente hubiera constituido el depósito necesario para recurrir, la sentencia confirmatoria dispondrá su pérdida, lo que se realizará cuando la sentencia sea firme.

TÍTULO III. Del recurso de casación y demás procesos atribuidos al conocimiento del Tribunal Supremo

Artículo 205. Competencia y tramitación.– 1. La Sala de lo Social del Tribunal Supremo conocerá, en los supuestos y por los motivos establecidos en esta Ley, de los recursos de casación interpuestos contra las sentencias y otras resoluciones dictadas en única instancia por las Salas de lo Social de los Tribunales Superiores de Justicia y por la Sala de lo Social de la Audiencia Nacional.

2. También conocerá de los procesos de impugnación de actos administrativos en los supuestos de la letra a) del artículo 9. Se iniciará mediante escrito que deberá presentarse, en el plazo de dos meses siguientes a la notificación del acto impugnado o de los dos meses siguientes a la desestimación expresa o presunta del recurso de reposición potestativo, en su caso, solicitando se tenga por anunciada la impugnación jurisdiccional, acompañando copia del acto impugnado. En su tramitación se observarán las reglas siguientes:

a) De no concurrir causa de inadmisión y una vez subsanados en el plazo de diez días los defectos apreciados, se procederá a la reclamación del expediente administrativo de la Administración autora del acto y una vez recibido, con simultáneo emplazamiento de los interesados que resulten del expediente, se pondrá a disposición del recurrente o recurrentes en la oficina judicial, mediante acceso informático o soporte electrónico de disponerse de tales medios, para que en el plazo común de quince días procedan a la formalización de la demanda, con expresión de las infracciones formales y sustantivas en que hubiera incurrido el acuerdo recurrido.

b) Del escrito o escritos de demanda presentados se dará traslado a la representación de la Administración del Estado y demás partes personadas para contestación a la demanda en plazo común de quince días. La prueba documental distinta de la que obre en el expediente administrativo se aportará con los escritos de demanda y contestación, pudiendo solicitarse la práctica de otras diligencias de prueba cuando exista disconformidad en los hechos y lo estime necesario el Tribunal, que señalará a tal efecto una vista única para la práctica de la prueba, pudiendo delegar en uno de sus Magistrados o en una Sala o juzgado a estos fines, en función de las circunstancias concurrentes.

c) De haberse practicado prueba, el Tribunal resolverá dar traslado para conclusiones por un plazo común de diez días a todas las partes, salvo que estime necesaria la celebración de vista.

d) Los autos se señalarán para votación y fallo en el plazo de los diez días siguientes a la presentación de la contestación de la demanda o, en su caso, de la presentación de conclusiones o de la celebración de la vista.

e) La sentencia se dictará en el plazo de los diez días siguientes a la votación y fallo, y en ella se efectuarán los pronunciamientos que correspondan en los términos establecidos en el apartado 9 del artículo 151, y contra ella no cabrá ulterior recurso.

Artículo 206. Resoluciones procesales recurribles en casación.– Son recurribles en casación:

1. Son recurribles en casación las sentencias dictadas en única instancia por las Salas a las que se refiere el apartado 1 del artículo anterior, excepto las sentencias dictadas en procesos de impugnación de actos de las Administraciones públicas atribuidos al orden social en las letras n) y s) del artículo 2 que sean susceptibles de valoración económica cuando la cuantía litigiosa no exceda de ciento cincuenta mil euros.

En todo caso serán recurribles en casación las sentencias dictadas en procesos de impugnación de la resolución administrativa recaída en los procedimientos previstos en el apartado 7 del artículo 51 del Texto Refundido de la Ley del Estatuto de los Trabajadores, aprobado por Real Decreto Legislativo 1/1995, de 24 de marzo.

2. Los autos que resuelvan el recurso de reposición interpuesto contra la resolución en que la Sala, antes del acto de juicio, declare la falta de jurisdicción o competencia.

3. Los autos dictados por dichas Salas que resuelvan el recurso de reposición, o de revisión, en su caso, interpuesto contra la resolución que disponga la terminación anticipada del proceso:

a) Por satisfacción extraprocesal o pérdida sobrevenida de objeto.

b) Por falta de subsanación de los defectos advertidos en la demanda no imputable a la parte o a su representación procesal o por incomparecencia injustificada a los actos de conciliación y juicio, siempre que por caducidad de la acción o de la instancia u otra causa legal no fuera jurídicamente posible su reproducción ulterior.

4. Los autos que decidan el recurso de reposición interpuesto contra los que dicten dichas Salas y los autos que decidan el recurso de revisión interpuesto contra los decretos del secretario judicial, dictados unos y otros en ejecución definitiva de sentencia, en los siguientes casos:

a) Cuando denieguen el despacho de ejecución.

b) Cuando resuelvan puntos sustanciales no controvertidos en el pleito, no decididos en la sentencia o que contradigan lo ejecutoriado.

c) Cuando pongan fin al procedimiento incidental en la ejecución decidiendo cuestiones sustanciales no resueltas o no contenidas en el título ejecutivo. En los mismos casos, procederá también recurso de casación en ejecución provisional cuando excedan materialmente de los límites de la misma o declaren la falta de jurisdicción o competencia del orden social.

Artículo 207. Motivos del recurso de casación.– El recurso de casación habrá de fundarse en alguno de los siguientes motivos:

a) Abuso, exceso o defecto en el ejercicio de la jurisdicción.

b) Incompetencia o inadecuación de procedimiento.

c) Quebrantamiento de las formas esenciales del juicio por infracción de las normas reguladoras de la sentencia o de las que rigen los actos y garantías procesales, siempre que, en este último caso, se haya producido indefensión para la parte.

d) Error en la apreciación de la prueba basado en documentos que obren en autos que demuestren la equivocación del juzgador, sin resultar contradichos por otros elementos probatorios.

e) Infracción de las normas del ordenamiento jurídico o de la jurisprudencia que fueren aplicables para resolver las cuestiones objeto de debate.

Artículo 208. Preparación del recurso[109].– 1. El recurso de casación deberá prepararse en el plazo de los cinco días siguientes a la notificación de la sentencia, bastando para considerarlo preparado la mera manifestación de las partes o de su abogado, graduado social colegiado o representante, al hacerle la notificación de aquélla, de su propósito de entablarlo.

---

[109] Los arts. 229 ss. de esta Ley contienen disposiciones comunes a los recursos de suplicación y casación.

2. También podrá prepararse por comparecencia o por escrito de las partes o de su abogado, graduado social colegiado o representante, dentro del mismo plazo señalado en el número anterior, ante la Sala que dictó la resolución que se impugna.

Artículo 209. Resolución sobre la preparación del recurso.– 1. Cumplidos los requisitos establecidos para recurrir, el secretario judicial tendrá por preparado el recurso de casación. Contra esta resolución la parte recurrida no podrá interponer recurso alguno, pero podrá oponerse a la admisión del recurso de casación en el trámite previsto en el apartado 1 del artículo 211 de esta Ley.

Si el secretario judicial apreciara la existencia de defectos subsanables, requerirá su subsanación conforme al apartado 5 del artículo 230, dando cuenta a la Sala si ésta no se produjera para que resuelva lo que proceda.

2. Si la resolución impugnada no fuera recurrible en casación, si el recurso no se hubiera preparado dentro de plazo, o si el recurrente hubiera incumplido los requisitos necesarios para la preparación del recurso de modo insubsanable o no hubiera subsanado dichos requisitos dentro del término conferido al efecto, en la forma dispuesta en el apartado 5 del artículo 230, la Sala de instancia declarará, mediante auto, tener por no preparado el recurso, quedando firme, en su caso, la resolución impugnada. Contra este auto podrá recurrirse en queja ante la Sala de lo Social del Tribunal Supremo.

3. Preparado el recurso, el secretario judicial concederá a la parte o partes recurrentes, por el orden de preparación, el plazo de quince días para formalizar el recurso, durante cuyo plazo, a partir de la notificación de la resolución al letrado designado, los autos se encontrarán a su disposición en la oficina judicial de la Sala para su entrega o su examen, en la forma dispuesta en el apartado 1 del artículo 48, en soporte convencional o mediante acceso informático o soporte electrónico de disponerse de tales medios. Este plazo correrá cualquiera que sea el momento en que el letrado recogiera o examinara los autos puestos

a su disposición. Si la Sala dispusiera de medios para dar simultáneo traslado o acceso a las actuaciones a todas las partes recurrentes, dispondrá que tanto la puesta a disposición de las mismas, como la formalización del recurso, se efectúen dentro de un plazo común a todos los recurrentes.

Artículo 210. Interposición del recurso.– 1. El escrito de formalización se presentará ante la Sala que dictó la resolución impugnada, por el abogado designado al efecto quien, de no indicarse otra cosa, asumirá desde ese momento la representación de la parte en el recurso, con tantas copias como partes recurridas y designando un domicilio a efectos de notificaciones, con todos los datos necesarios para su práctica, con los efectos del apartado 2 del artículo 53[110].

2. En el escrito se expresarán por separado, con el necesario rigor y claridad, cada uno de los motivos de casación, por el orden señalado en el artículo 207, razonando la pertinencia y fundamentación de los mismos y el contenido concreto de la infracción o vulneración cometidas, haciendo mención precisa de las normas sustantivas o procesales infringidas, así como, en el caso de invocación de quebranto de doctrina jurisprudencial, de las concretas resoluciones que establezcan la doctrina invocada y, en particular, los siguientes extremos:

a) En los motivos basados en infracción de las normas y garantías procesales, deberá consignarse la protesta, solicitud de subsanación o recurso destinados a subsanar la falta o trasgresión en la instancia, de haber existido momento procesal oportuno para ello y el efecto de indefensión producido.

---

[110] La Ley 10/2012, de 20 de noviembre, consideró la interposición del recurso de casación hecho imponible de la tasa por el ejercicio de la potestad jurisdiccional en los órdenes civil, contencioso-administrativo y social. La STC 140/2016, de 21 de julio, declaró la inconstitucionalidad de las mencionadas tasas en los órdenes contencioso-administrativo y social, así como algunas correspondientes a procesos en el orden civil.

b) En los motivos basados en error de hecho en la apreciación de la prueba deberán señalarse de modo preciso cada uno de los documentos en que se fundamente y el concreto extremo a que se refiere, ofreciendo la formulación alternativa de los hechos probados que se propugna.

3. Si el recurso no se hubiera formalizado dentro del plazo conferido al efecto o si en el escrito se hubiesen omitido de modo manifiesto los requisitos exigidos, la Sala dictará auto poniendo fin al trámite del recurso quedando firme, en cuanto a dicha parte recurrente, la sentencia o resolución impugnada. Contra dicho auto, previa reposición ante la Sala, procederá recurso de queja ante la Sala de lo Social del Tribunal Supremo.

Artículo 211. Traslado a las otras partes.– 1. Una vez formalizado el recurso o recursos dentro del plazo concedido y con los requisitos exigidos, el secretario judicial proveerá en el plazo de dos días dando traslado del mismo a las demás partes por término común de diez días para su impugnación.

El escrito de impugnación deberá presentarse acompañado de tantas copias como sean las demás partes para su traslado a las mismas. En el mismo se desarrollarán por separado los distintos motivos de impugnación, correlativos a los de casación formulados de contrario y las causas de inadmisión que estime concurrentes, así como, en su caso, otros motivos subsidiarios de fundamentación del fallo de la sentencia recurrida o eventuales rectificaciones de hechos que, con independencia de los fundamentos aplicados por ésta, pudieran igualmente sustentar la estimación de las pretensiones de la parte impugnante, observando análogos requisitos que los exigidos para la formalización del recurso.

El escrito deberá estar suscrito por letrado, quien de no indicarse otra cosa asumirá desde ese momento la representación de la parte en el recurso, designando domicilio con todos los datos necesarios para notificaciones en la sede de la Sala de lo Social del Tribunal Supremo.

2. Durante el plazo de impugnación los autos se encontrarán a disposición de la parte o del letrado que designe a tal fin, en la oficina judicial de la Sala para su entrega o examen. En el caso de que la Sala disponga de los autos en soporte electrónico o pueda accederse a ellos por medios telemáticos, podrá sustituir el traslado material de las actuaciones por tales medios, conforme dispone el apartado 1 del artículo 48.

3. Del escrito o escritos de impugnación se dará traslado a las partes. De haberse formulado en dichos escritos alegaciones sobre inadmisibilidad del recurso o los motivos subsidiarios de fundamentación de la sentencia recurrida a que se refiere el artículo anterior, las demás partes, si lo estiman oportuno, podrán presentar directamente sus alegaciones al respecto, junto con las correspondientes copias para su traslado a las demás partes, dentro de los cinco días siguientes a recibir el escrito de impugnación.

Artículo 212. Remisión de los autos.– Transcurrido el plazo de impugnación y, en su caso, el de alegaciones del apartado 3 del artículo anterior, háyanse presentado o no escritos en tal sentido, y previo traslado de las alegaciones si se hubieran presentado, se elevarán los autos a la Sala de lo Social del Tribunal Supremo dentro de los cinco días siguientes.

Artículo 213. Decisión sobre la admisión del recurso.– 1. Recibidos los autos en la Sala de lo Social del Tribunal Supremo, si el secretario judicial apreciara defectos subsanables en el recurso, concederá a la parte un plazo de cinco días a tal efecto para la aportación de los documentos omitidos o subsanación de los defectos apreciados. De no efectuarse la subsanación en el tiempo y forma establecidos la Sala dictará auto de inadmisión del recurso declarando la firmeza en su caso de la resolución recurrida, con pérdida del depósito constituido y remisión de las actuaciones a la Sala de procedencia. Contra dicho auto sólo procederá recurso de reposición.

2. Si el secretario apreciare defectos insubsanables dará cuenta a la Sala para que ésta adopte la resolución que proceda.

3. De no haber apreciado defectos el secretario, o una vez subsanados los advertidos, dará cuenta al Magistrado ponente para instrucción de los autos por tres días. El Magistrado ponente dará cuenta a la Sala del recurso interpuesto y ésta, si estima que concurre causa de inadmisión, previo informe del Ministerio Fiscal por cinco días, dictará auto inadmitiendo el recurso. De no haberse alegado la causa de inadmisibilidad en la impugnación, con carácter previo oirá al recurrente sobre dicho extremo por cinco días.

4. Son causas de inadmisión, el incumplimiento de manera manifiesta e insubsanable de los requisitos para recurrir, la carencia sobrevenida del objeto del recurso, la falta de contenido casacional de la pretensión y el haberse desestimado en el fondo otros recursos en supuestos sustancialmente iguales.

5. Si la Sala estimare que concurre alguna de las causas de inadmisión referidas, dictará en el plazo de tres días auto declarando la firmeza de la resolución recurrida con imposición de costas al recurrente en los términos establecidos en esta Ley y con pérdida del depósito necesario para recurrir, dándose a las consignaciones y aseguramientos prestados el destino que corresponda, notificando la resolución a las partes y al Ministerio Fiscal, sin que quepa recurso contra dicha resolución.

Cuando la inadmisión se refiera solamente a alguno de los motivos aducidos o a alguno de los recursos interpuestos, mediante auto, no susceptible de recurso, se dispondrá la continuación del trámite de los restantes recursos o motivos no afectados por el auto de inadmisión parcial.

Artículo 214. Traslado al Ministerio Fiscal.– 1. De haberse admitido parcial o totalmente el recurso o recursos, el secretario pasará seguidamente los autos a la Fiscalía de lo Social del Tribunal Supremo, en soporte convencional o electrónico, para que en el plazo de diez días, informe sobre la procedencia o improcedencia de la casación pretendida. El referido traslado se efectuará igualmente, a los estrictos fines de defensa de la legalidad, cuando el Ministerio Fiscal sea parte en el proceso.

2. Devueltos los autos por el Ministerio Fiscal junto con su informe, si la Sala lo estima necesario el secretario judicial señalará día y hora para la celebración de la vista. En otro caso, el Tribunal señalará día y hora para deliberación, votación y fallo, debiendo celebrarse una u otros dentro de los diez días siguientes.

3. La Sala dictará sentencia en el plazo de diez días, contados desde el siguiente al de la terminación de la vista o al de la celebración de la votación.

Artículo 215. Efectos de la sentencia.– La sentencia, si se estimare el recurso por todos o algunos de sus motivos, casando la resolución recurrida, resolverá conforme a Derecho, teniendo en cuenta lo siguiente:

a) De estimarse la falta de jurisdicción, la incompetencia o la inadecuación del procedimiento, se anulará la sentencia y se dejará a salvo el derecho de ejercitar las pretensiones ante quien corresponda o por el procedimiento adecuado.

b) De estimarse las infracciones procesales previstas en la letra c) del artículo 207, se mandarán reponer las actuaciones al estado y momento en que se hubiera incurrido en la falta, salvo que la infracción se hubiera producido durante la celebración del juicio, en cuyo caso se mandarán reponer al momento de su señalamiento.

Si la infracción cometida versara sobre las normas reguladoras de la sentencia, la estimación del motivo obligará a la Sala a resolver lo que corresponda, dentro de los términos en que aparezca planteado el debate. Pero si no pudiera hacerlo, por ser insuficiente el relato de hechos probados de la resolución recurrida y no poderse completar por el cauce procesal correspondiente, acordará la nulidad en todo o en parte de dicha resolución y de las siguientes actuaciones procesales, concretando en caso de nulidad parcial los extremos de la resolución impugnada que conservan su firmeza, y mandará reponer lo actuado al momento de dictar sentencia, para que se salven las deficiencias advertidas y sigan los autos su curso legal.

c) De estimarse alguno de los restantes motivos comprendidos en el artículo 207, la Sala resolverá lo que corresponda dentro de los términos en que aparezca planteado el debate, con preferencia de la resolución de fondo del litigio, incluso sobre extremos no resueltos en su momento en la sentencia recurrida por haber apreciado alguna circunstancia obstativa, así como, en su caso, sobre las alegaciones deducidas en los escritos de impugnación, siempre y cuando el relato de hechos probados y demás antecedentes no cuestionados obrantes en autos resultaran suficientes.

Artículo 216. Devolución de cantidades consignadas.– 1. Siempre que el recurso de casación sea estimado, si el recurrente hubiera consignado en metálico la cantidad importe de la condena o asegurado ésta conforme a lo prevenido en esta Ley, así como constituido el depósito necesario para recurrir, el fallo dispondrá la devolución de todas las consignaciones y del depósito y la cancelación de los aseguramientos prestados.

2. Si estimado el recurso de casación se condenara a una cantidad inferior a la fijada en la resolución recurrida, el fallo dispondrá la devolución parcial de las consignaciones, en la cuantía que corresponda a la diferencia de las dos condenas, y la cancelación también parcial de los aseguramientos realizados.

3. En todos los supuestos de estimación parcial del recurso de casación, el fallo dispondrá la devolución de la totalidad del depósito.

Artículo 217. Pérdida de las cantidades consignadas.– 1. Si el recurso fuese desestimado y el recurrente hubiese tenido que consignar en metálico la cantidad importe de la condena o asegurar la misma y constituir el depósito, el fallo dispondrá la pérdida de las consignaciones a las que se dará el destino que corresponda o el mantenimiento de los aseguramientos prestados hasta que se cumpla la sentencia o se resuelva, en su caso, la realización de los mismos y la pérdida del citado depósito.

2. En el caso de que la Sala de instancia haya impuesto a la parte que obró con mala fe o temeridad la multa que señalan el apartado 4 del artículo 75 y el apartado 3 del artículo 97, la sentencia de la Sala se pronunciará sobre dichos extremos, así como sobre los honorarios de los abogados si hubieran sido impuestos en la sentencia recurrida. La Sala podrá imponer dichas sanciones y medidas a los recurrentes de apreciarse temeridad o mala fe en la actuación de las partes o su representación procesal durante el recurso.

TÍTULO IV. Del recurso de casación para la unificación de doctrina

Artículo 218. Sentencias recurribles.– Son recurribles en casación para la unificación de doctrina, las sentencias dictadas en suplicación por las Salas de lo Social de los Tribunales Superiores de Justicia.

Artículo 219. Finalidad del recurso. Legitimación del Ministerio Fiscal.– 1. El recurso tendrá por objeto la unificación de doctrina con ocasión de sentencias dictadas en suplicación por las Salas de lo Social de los Tribunales Superiores de Justicia, que fueran contradictorias entre sí, con la de otra u otras Salas de los referidos Tribunales Superiores o con sentencias del Tribunal Supremo, respecto de los mismos litigantes u otros diferentes en idéntica situación donde, en mérito a hechos, fundamentos y pretensiones sustancialmente iguales, se hubiere llegado a pronunciamientos distintos.

2. Podrá alegarse como doctrina de contradicción la establecida en las sentencias dictadas por el Tribunal Constitucional y los órganos jurisdiccionales instituidos en los Tratados y Acuerdos internacionales en materia de derechos humanos y libertades fundamentales ratificados por España, siempre que se cumplan los presupuestos del número

anterior referidos a la pretensión de tutela de tales derechos y libertades. La sentencia que resuelva el recurso se limitará, en dicho punto de contradicción, a conceder o denegar la tutela del derecho o libertad invocados, en función de la aplicabilidad de dicha doctrina al supuesto planteado.

Con iguales requisitos y alcance sobre su aplicabilidad, podrá invocarse la doctrina establecida en las sentencias del Tribunal de Justicia de la Unión Europea en interpretación del derecho comunitario.

3. El Ministerio Fiscal, en su función de defensa de la legalidad, de oficio o a instancia de los sindicatos, organizaciones empresariales, asociaciones representativas de los trabajadores autónomos económicamente dependientes o entidades públicas que, por las competencias que tengan atribuidas, ostenten interés legítimo en la unidad jurisprudencial sobre la cuestión litigiosa, y con independencia de la facultad que ordinariamente tiene atribuida conforme al artículo siguiente de esta Ley, podrá interponer recurso de casación para unificación de doctrina. Dicho recurso podrá interponerse cuando, sin existir doctrina unificada en la materia de que se trate, se hayan dictado pronunciamientos distintos por los Tribunales Superiores de Justicia, en interpretación de unas mismas normas sustantivas o procesales y en circunstancias sustancialmente iguales, así como cuando se constate la dificultad de que la cuestión pueda acceder a unificación de doctrina según los requisitos ordinariamente exigidos o cuando las normas cuestionadas por parte de los tribunales del orden social sean de reciente vigencia o aplicación, por llevar menos de cinco años en vigor en el momento de haberse iniciado el proceso en primera instancia, y no existieran aún resoluciones suficientes e idóneas sobre todas las cuestiones discutidas que cumplieran los requisitos exigidos en el apartado 1 de este artículo.

El recurso podrá prepararlo la Fiscalía de Sala de lo Social del Tribunal Supremo dentro de los diez días siguientes a la notificación a la Fiscalía de la Comunidad Autónoma de la sentencia impugnada, mediante escrito reducido a la manifestación del propósito de entablar el recurso y exponiendo sucintamente la fundamentación que se propondrá desarrollar en el mismo.

El escrito se presentará ante la Sala que dictó la resolución impugnada y del mismo se dará traslado a las demás partes, hayan o no preparado las mismas recurso. Las partes podrán dentro de los cinco días siguientes, solicitar que en el recurso el Ministerio Fiscal interese la alteración de la situación jurídica particular resultante de la sentencia recurrida y el contenido de las pretensiones que el ministerio público habría de formular en su nombre en tal caso.

Trascurrido el plazo anterior, aunque no se hubieran presentado escritos de las partes en el sentido expresado, dentro de los cinco días siguientes se elevarán los autos a la Sala de lo Social del Tribunal Supremo junto con los escritos de preparación que se hubieran presentado y las actuaciones que se hubieren practicado hasta ese momento en el estado en que se encuentren, previo emplazamiento por el secretario judicial a las demás partes que no hubieran recurrido para su personación por escrito por medio de letrado ante la Sala de lo Social del Tribunal Supremo dentro del plazo de los diez días siguientes, debiendo acreditarse la representación de la parte de no constar previamente en las actuaciones. La parte recurrente en su caso, y el Ministerio Fiscal se entenderán personados de derecho con la remisión de los autos.

Las actuaciones ulteriores se seguirán ante la Sala de lo Social del Tribunal Supremo conforme a las reglas establecidas en los artículos 222 a 228 con las adaptaciones necesarias teniendo en cuenta las especialidades de esta modalidad del recurso.

En caso de estimación del recurso, la sentencia fijará en el fallo la doctrina jurisprudencial y podrá afectar a la situación jurídica particular derivada de la sentencia recurrida conforme a las pretensiones oportunamente deducidas por el Ministerio Fiscal y por las partes comparecidas en el recurso que se hubieren adherido al mismo.

En defecto de solicitud de parte o en el caso de que las partes no hayan recurrido, la sentencia respetará la situación jurídica particular derivada de la sentencia recurrida y en cuanto afecte a las pretensiones deducidas por el Ministerio Fiscal, de ser estimatoria, fijará en el fallo la doctrina jurisprudencial. En este caso, el fallo se publicará en el Boletín Oficial del Estado y, a partir de su inserción en él, complementará el ordenamiento jurídico, vinculando en tal concepto a todos los jueces y tribunales del orden jurisdiccional social diferentes al Tribunal Supremo.

Artículo 220. Preparación del recurso.– 1. El recurso podrá prepararlo cualquiera de las partes o el Ministerio Fiscal dentro de los diez días siguientes a la notificación de la sentencia impugnada.

2. Durante el plazo referido en el apartado anterior, las partes, el Ministerio Fiscal o el letrado designado a tal fin, tendrán a su disposición en la oficina judicial del Tribunal Superior de Justicia los autos para su examen, debiendo acceder a los mismos por los medios electrónicos o telemáticos, en caso de disponerse de ellos.

Artículo 221. Forma y contenido del escrito de preparación del recurso.– 1. El recurso se preparará mediante escrito dirigido a la Sala de lo Social del Tribunal Superior de Justicia que dictó la sentencia de suplicación, con tantas copias como partes recurridas y designando un domicilio en la sede de la Sala de lo Social del Tribunal Supremo a efectos de notificaciones, con todos los datos necesarios para su práctica y con los efectos del apartado 2 del artículo 53.

2. El escrito de preparación deberá estar firmado por abogado, acreditando la representación de la parte de no constar previamente en las actuaciones, y expresará el propósito de la parte de formalizar el recurso, con exposición sucinta de la concurrencia de los requisitos exigidos. El escrito deberá:

a) Exponer cada uno de los extremos del núcleo de la contradicción, determinando el sentido y alcance de la divergencia existente entre las resoluciones comparadas, en atención a la identidad de la situación, a la igualdad sustancial de hechos, fundamentos y pretensiones y a la diferencia de pronunciamientos.

b) Hacer referencia detallada y precisa a los datos identificativos de la sentencia o sentencias que la parte pretenda utilizar para fundamentar cada uno de los puntos de contradicción.

3. Las sentencias invocadas como doctrina de contradicción deberán haber ganado firmeza a la fecha de finalización del plazo de interposición del recurso.

4. Las sentencias que no hayan sido objeto de expresa mención en el escrito de preparación no podrán ser posteriormente invocadas en el escrito de interposición.

Artículo 222. Resolución sobre la preparación del recurso.– 1. Cumplidos los requisitos establecidos para recurrir, el secretario judicial tendrá por preparado el recurso de casación. Contra esta resolución la parte recurrida no podrá interponer recurso alguno, pero podrá oponerse a la admisión del recurso de casación al personarse ante la Sala de lo Social del Tribunal Supremo.

Si el secretario judicial apreciara la existencia de defectos subsanables, requerirá su subsanación conforme al apartado 5 del artículo 230, dando cuenta a la Sala si ésta no se produjera para que resuelva lo que proceda.

2. Si la resolución impugnada no fuera recurrible en casación, si el recurso no se hubiera preparado dentro de plazo, si el escrito de preparación no contuviera las menciones exigidas para la fundamentación del recurso, o si el recurrente hubiera incumplido los requisitos necesarios para la preparación del recurso de modo insubsanable o no hubiera subsanado dichos requisitos dentro del término conferido al efecto, en la forma dispuesta en el apartado 5 del artículo 230, la Sala de suplicación declarará, mediante auto, tener por no preparado el recurso, quedando firme, en su caso, la resolución impugnada. Contra este auto podrá recurrirse en queja ante la Sala de lo Social del Tribunal Supremo.

Artículo 223. Interposición del recurso.– 1. Preparado en tiempo y forma el recurso, el secretario judicial, dentro de los dos días siguientes, concederá a la parte o partes recurrentes el plazo común de quince días para interponer el recurso ante la misma Sala de suplicación, a partir de la notificación de la resolución al letrado o letrados designados, durante cuyo plazo los autos se encontrarán a su disposición en la oficina judicial de la Sala para su entrega o examen, si lo estiman necesario. En el caso de que la Sala disponga de los autos en soporte electrónico o pueda accederse a ellos por medios telemáticos, podrá sustituir el traslado material de las actuaciones por tales medios, conforme dispone el apartado 1 del artículo 48.

2. El escrito de interposición del recurso deberá ir firmado por abogado, con tantas copias como partes recurridas, y reunir los requisitos del artículo 224[111].

3. De no efectuarse la interposición o si se hubiera efectuado fuera de plazo, quedará desierto el recurso y firme la sentencia, con las consecuencias establecidas en el apartado 5 del artículo 225. Contra el auto que así lo establezca, previa reposición, podrá recurrirse en queja ante la Sala de lo Social del Tribunal Supremo.

4. Presentado en tiempo el escrito de interposición, junto, en su caso, con las oportunas certificaciones de sentencias en la forma que posibilita el apartado 3 del artículo 224, el secretario judicial emplazará a las demás partes para su personación por escrito por medio de letrado ante la Sala de lo Social del Tribunal Supremo dentro del plazo de los diez días siguientes, con las menciones del apartado 1 del artículo 221 y debiendo acreditar la representación de la parte de no

---

[111] La Ley 10/2012, de 20 de noviembre, consideró la interposición del recurso de casación hecho imponible de la tasa por el ejercicio de la potestad jurisdiccional en los órdenes civil, contencioso-administrativo y social. La STC 140/2016, de 21 de julio, declaró la inconstitucionalidad de las mencionadas tasas en los órdenes contencioso-administrativo y social, así como algunas correspondientes a procesos en el orden civil.

constar previamente en las actuaciones. La parte recurrente se entenderá personada de derecho con la remisión de los autos.

5. Los autos se remitirán por el secretario judicial dentro de los cinco días siguientes al emplazamiento.

6. La preparación e interposición del recurso se efectuarán por el letrado que hubiera asistido a la parte hasta ese momento, incluso en virtud de designación de oficio, salvo que se efectúe nueva designación de letrado.

Artículo 224. Contenido del escrito de interposición del recurso.– 1. El escrito de interposición del recurso deberá contener:

a) Una relación precisa y circunstanciada de la contradicción alegada en los términos de la letra a) del apartado 2 del artículo 221, evidenciando que concurre la sustancial contradicción de sentencias y argumentando sobre la concurrencia de las identidades del artículo 219.

b) La fundamentación de la infracción legal cometida en la sentencia impugnada y, en su caso, del quebranto producido en la unificación de la interpretación del derecho y la formación de la jurisprudencia.

2. Para dar cumplimiento a las exigencias del apartado b) del número anterior, en el escrito se expresará separadamente, con la necesaria precisión y claridad, la pertinencia de cada uno de los motivos de casación, en relación con los puntos de contradicción a que se refiere el apartado a) precedente, por el orden señalado en el artículo 207, excepto el apartado d), que no será de aplicación, razonando la pertinencia y fundamentación de cada motivo y el contenido concreto de la infracción o vulneración cometidas, haciendo mención precisa de las normas sustantivas o procesales infringidas, así como, en el caso de que se invoque la unificación de la interpretación del derecho, haciendo referencia sucinta a los particulares aplicables de las resoluciones que establezcan la doctrina jurisprudencial invocada.

3. Sólo podrá invocarse una sentencia por cada punto de contradicción, que deberá elegirse necesariamente de entre las designadas en el

escrito de preparación y ser firme en el momento de la finalización del plazo de interposición.

4. Con el escrito de interposición, de no haberse aportado con anterioridad, podrá hacerse aportación certificada de la sentencia o sentencias contrarias, acreditando su firmeza en la fecha de expiración del plazo de interposición, o con certificación posterior de que ganó firmeza dentro de dicho plazo la sentencia anteriormente aportada. Si la parte recurrente no aporta la certificación de la sentencia y de su firmeza en tiempo oportuno se reclamará de oficio por la secretaría de la Sala.

Artículo 225. Decisión sobre la admisión del recurso.– 1. Recibidos los autos en la Sala de lo Social del Tribunal Supremo, si el letrado o letrada de la Administración de Justicia apreciara el defecto insubsanable de haberse preparado o interpuesto fuera de plazo dictará decreto poniendo fin al trámite del recurso, contra el que sólo procederá recurso de revisión.

De apreciar defectos subsanables en la tramitación del recurso, o en su preparación e interposición, concederá a la parte un plazo de diez días para la aportación de los documentos omitidos o la subsanación de los defectos apreciados.

De no efectuarse la subsanación en el tiempo y forma establecidos, dará cuenta a la Sala para que resuelva lo que proceda y, de dictarse auto poniendo fin al trámite del recurso, declarará la firmeza en su caso de la resolución recurrida, con pérdida del depósito constituido y remisión de las actuaciones a la Sala de procedencia.

2. De no haber apreciado defectos el letrado o letrada de la Administración de Justicia, o una vez subsanados los advertidos, o si apreciare defectos insubsanables, sea en la preparación o en la interposición, distintos de los de su preparación o interposición fuera de plazo, dará cuenta al magistrado ponente para instrucción de los autos por tres días.

3. El magistrado ponente, dará cuenta a la Sala del recurso interpuesto y de las causas de inadmisión que apreciare, en su caso. Si la

Sala estimare que concurre alguna de las causas de inadmisión referidas en las letras a), b) y c) del apartado siguiente, pasará los autos al Ministerio Fiscal, de no haber interpuesto el recurso, para que, en el plazo de cinco días, informe sobre la admisión o inadmisión del mismo.

Si la Sala estimare que concurre la causa de inadmisión referida en las letras d) y e) del apartado siguiente acordará oír al recurrente sobre las mismas por un plazo de cinco días, con ulterior informe del Ministerio Fiscal por otros cinco días, de no haber interpuesto el recurso.

4. Son causas de inadmisión:

a) el incumplimiento de manera manifiesta e insubsanable de los requisitos procesales para preparar o interponer el recurso,

b) la carencia sobrevenida del objeto del recurso,

c) a falta de contradicción entre las sentencias comparadas,

d) la falta de contenido casacional de la pretensión,

e) el haberse desestimado en el fondo otros recursos en supuestos sustancialmente iguales.

5. Si la Sala estimara que concurre alguna de las causas de inadmisión referidas dictará, en el plazo de tres días, auto declarando la inadmisión y la firmeza de la resolución recurrida, con imposición al recurrente de las costas causadas, de haber comparecido en el recurso las partes recurridas, en los términos establecidos en esta ley y sin que quepa recurso contra dicha resolución. El auto de inadmisión comportará, en su caso, la pérdida del depósito constituido, dándose a las consignaciones y aseguramientos prestados el destino que corresponda, de acuerdo con la sentencia de suplicación.

6. Si por la Sección de admisiones se apreciare la falta de competencia funcional para el conocimiento del litigio, se concederá audiencia a las partes y al Ministerio Fiscal por un plazo común de tres días. Finalizado el plazo, se señalará dentro de los diez días siguientes para deliberación, votación y fallo, debiendo dictarse sentencia dentro de los diez días siguientes a la celebración de la votación.

7. Para el despacho ordinario y resolución de la inadmisión de este recurso la Sala se constituirá con tres Magistrados.

Artículo 225 bis. Suspensión de recursos de casación pendientes de tramitación en caso de identidad jurídica sustancial.- 1. Cuando por la Sección de admisión de la Sala de lo Social del Tribunal Supremo se constate la existencia de un gran número de recursos que susciten una cuestión jurídica sustancialmente igual, podrá acordar la admisión de uno o varios de ellos, cuando cumplan las exigencias impuestas en los artículos 221 y 224 y presenten contenido casacional, para su tramitación y resolución preferente, suspendiendo el trámite de admisión de los demás hasta que se dicte sentencia en el primero o primeros.

2. Una vez dictada sentencia de fondo se llevará testimonio de esta a los recursos suspendidos y se notificará a los interesados afectados por la suspensión, dándoles un plazo de alegaciones de diez días a fin de que puedan interesar la continuación del trámite de su recurso de casación, o bien desistir del mismo. Caso de que interesen la continuación valorarán la incidencia que la sentencia de fondo dictada por el Tribunal Supremo tiene sobre su recurso.

3. Efectuadas dichas alegaciones y cuando no se hubiera producido el desistimiento, si la sentencia impugnada en casación resulta coincidente, en su fallo y razón de decidir, con lo resuelto por la sentencia o sentencias del Tribunal Supremo, se inadmitirán por providencia los recursos de casación pendientes.

Por el contrario, si la sentencia impugnada en casación no resulta coincidente, en su fallo y razón de decidir, con lo resuelto por la sentencia o sentencias del Tribunal Supremo, se dictará auto de admisión y se remitirá el conocimiento del asunto a la Sección correspondiente, siempre que se cumplan las exigencias impuestas en los artículos 221 y 224 y presente contenido casacional.

4. Remitidas las actuaciones, la Sección resolverá si continúa con la tramitación prevista en los artículos 226 y 227 o si dicta sentencia sin más trámite, remitiéndose a lo acordado en la sentencia de referencia y adoptando los demás pronunciamientos que considere necesarios.

Artículo 226. Tramitación.– 1. Si la parte o partes recurridas no se hubieran personado, el trámite del recurso seguirá adelante sin su intervención.

2. De no haberse apreciado causa de inadmisión en el recurso, el secretario judicial dará traslado del escrito de interposición a la parte o partes personadas para que formalicen su impugnación dentro del plazo común de quince días, durante el cual, a partir de la notificación de la resolución al letrado designado, los autos se encontrarán a su disposición en la oficina judicial del Tribunal para su examen. En el caso de que la Sala disponga de los autos en soporte electrónico o pueda accederse a ellos por medios telemáticos en la misma Sala, se entenderán puestos a disposición de la representación procesal desde el momento de la entrega de la copia o soporte o de la puesta a disposición por dichos medios de las actuaciones.

3. El secretario judicial dará traslado seguidamente de los autos a la Fiscalía de lo Social del Tribunal Supremo, en soporte convencional o electrónico, háyanse presentado o no escritos de impugnación, para que en el plazo de diez días informe sobre la procedencia o improcedencia de la casación pretendida. El referido traslado se efectuará igualmente, a los estrictos fines de defensa de la legalidad, aunque el Ministerio Fiscal sea parte en el proceso. Cuando el recurso se hubiere interpuesto directamente por el Ministerio Fiscal en defensa de la legalidad conforme al apartado 3 del artículo 219 no se efectuará dicho traslado.

Artículo 227. Deliberación, votación y fallo.– 1. Devueltos los autos por el Ministerio Fiscal, junto con su informe, la Sala acordará señalar, dentro de los diez días siguientes, para deliberación, votación y fallo. La sentencia deberá dictarse en el plazo de diez días, contados desde el siguiente al de la celebración de la votación.

2. Si la trascendencia o complejidad del asunto lo aconsejara, el presidente, por sí mismo, o a propuesta de la mayoría de los Magistrados de la Sala, podrá acordar que ésta se constituya con cinco Magistrados, o, motivadamente, en Pleno.

Artículo 228. Sentencia.– 1. Los pronunciamientos de la Sala de lo Social del Tribunal Supremo al resolver estos recursos, en ningún caso alcanzarán a las situaciones jurídicas creadas por las resoluciones precedentes a la impugnada.

2. Si la sentencia del Tribunal Supremo declarara que la recurrida quebranta la unidad de doctrina, casará y anulará esta sentencia y resolverá el debate planteado en suplicación con pronunciamientos ajustados a dicha unidad de doctrina, alcanzando a las situaciones jurídicas particulares creadas por la sentencia impugnada. En la sentencia de la Sala de lo Social del Tribunal Supremo se resolverá lo que proceda sobre consignaciones, aseguramientos, costas, honorarios y multas, en su caso, derivados del recurso de suplicación de acuerdo con lo prevenido en esta Ley. Si se hubiere constituido depósito para recurrir, se acordará la devolución de su importe.

3. La sentencia desestimatoria por considerar que la sentencia recurrida contiene la doctrina ajustada acarreará la pérdida del depósito para recurrir. El fallo dispondrá la cancelación o el mantenimiento total o parcial, en su caso, de las consignaciones o aseguramientos prestados, de acuerdo con sus pronunciamientos.

TÍTULO V. De las disposiciones comunes a los recursos de suplicación y casación[112]

Artículo 229. Depósito para recurrir[113].– 1. Todo el que, sin tener la condición de trabajador, causahabiente suyo o beneficiario del régi-

---

[112] De acuerdo con la Ley 10/2012, de 20 de noviembre, la interposición de estos recursos es hecho imponible de la tasa por el ejercicio de la potestad jurisdiccional en los órdenes civil, contencioso-administrativo y social. La STC 140/2016, de 21 de julio, declaró la inconstitucionalidad de las mencionadas tasas en los órdenes contencioso-administrativo y social, así como algunas correspondientes a procesos en el orden civil.

[113] Cfr. DA 15.ª14 LOPJ.

men público de la Seguridad Social, anuncie recurso de suplicación o prepare recurso de casación, consignará como depósito:

a) Trescientos euros, si se trata de recurso de suplicación.

b) Seiscientos euros, si el recurso fuera el de casación incluido el de casación para la unificación de doctrina.

2. Los depósitos se constituirán en la cuenta de depósitos y consignaciones correspondiente al órgano que hubiere dictado la resolución recurrida. El secretario judicial verificará en la cuenta la realización del ingreso, debiendo quedar constancia de dicha actuación en el procedimiento.

3. Los depósitos cuya pérdida hubiere sido acordada por sentencia se ingresarán en el Tesoro Público.

4. El Estado, las Comunidades Autónomas, las entidades locales y las entidades de derecho público con personalidad jurídica propia vinculadas o dependientes de los mismos, así como las entidades de derecho público reguladas por su normativa específica y los órganos constitucionales, estarán exentos de la obligación de constituir los depósitos, cauciones, consignaciones o cualquier otro tipo de garantía previsto en las leyes. Los sindicatos y quienes tuvieren reconocido el beneficio de justicia gratuita quedarán exentos de constituir el depósito referido y las consignaciones que para recurrir vienen exigidas en esta Ley.

Artículo 230. Consignación de cantidad.– 1. Cuando la sentencia impugnada hubiere condenado al pago de cantidad, será indispensable que el recurrente que no gozare del derecho de asistencia jurídica gratuita acredite, al anunciar el recurso de suplicación o al preparar el recurso de casación, haber consignado en la oportuna entidad de crédito y en la cuenta de depósitos y consignaciones abierta a nombre del órgano jurisdiccional, la cantidad objeto de la condena, pudiendo sustituirse la consignación en metálico por el aseguramiento mediante aval solidario de duración indefinida y pagadero a primer requerimiento emitido por entidad de crédito. En este último caso, el documento de aseguramiento quedará registrado y depositado en la oficina judicial. El secretario expedirá testimonio del mismo para su unión a autos, facilitando el oportuno recibo.

En el caso de condena solidaria, la obligación de consignación o aseguramiento alcanzará a todos los condenados con tal carácter, salvo que la consignación o el aseguramiento, aunque efectuado solamente por alguno de los condenados, tuviera expresamente carácter solidario respecto de todos ellos para responder íntegramente de la condena que pudiera finalmente recaer frente a cualquiera de los mismos.

Cuando la condena se haya efectuado por primera vez en la sentencia de suplicación, o se haya incrementado en la misma la cuantía previamente reconocida en la sentencia de instancia, la consignación o aseguramiento regulados en el presente artículo se efectuarán por primera vez, o se complementarán en la medida correspondiente, al preparar el recurso de casación.

2. En materia de Seguridad Social se aplicarán las siguientes reglas:

a) Cuando en la sentencia se reconozca al beneficiario el derecho a percibir prestaciones, para que pueda recurrir el condenado al pago de dicha prestación será necesario que haya ingresado en la Tesorería General de la Seguridad Social el capital coste de la pensión o el importe de la prestación a la que haya sido condenado en el fallo, con objeto de abonarla a los beneficiarios durante la sustanciación del recurso, presentando en la oficina judicial el oportuno resguardo, que se testimoniará en autos, quedando bajo la custodia del secretario.

El mismo ingreso deberá efectuar el declarado responsable del recargo por falta de medidas de seguridad, en cuanto al porcentaje que haya sido reconocido por primera vez en vía judicial y respecto de las pensiones causadas hasta ese momento, previa fijación por la Tesorería General de la Seguridad Social del capital coste o importe del recargo correspondiente.

En los casos en los que no proceda el ingreso del capital coste o del importe de la prestación se estará a las reglas generales del apartado 1 de este artículo.

b) Cuando proceda efectuar el ingreso del capital coste de la pensión o del importe de la prestación conforme al apartado a) anterior, una vez anunciado o preparado el recurso, el secretario judicial dictará diligencia ordenando que se dé traslado a la Tesorería General de la Seguridad Social para que se fije el capital coste o importe de la prestación a percibir. Recibida esta comunicación, la notificará al recurrente para que en el plazo de cinco días efectúe la consignación requerida en la Tesorería General de la Seguridad Social, bajo apercibimiento de que de no hacerlo así se pondrá fin al trámite del recurso.

c) Si en la sentencia se condenara a la Entidad Gestora de la Seguridad Social, ésta quedará exenta del ingreso prevenido en los apartados a) y b) anteriores, pero deberá presentar ante la oficina judicial, al anunciar o preparar su recurso, certificación acreditativa de que comienza el abono de la prestación y que lo proseguirá puntualmente durante la tramitación del recurso, hasta el límite de su responsabilidad, salvo en prestaciones de pago único o correspondientes a un período ya agotado en el momento del anuncio. De no cumplirse efectivamente este abono se pondrá fin al trámite del recurso.

d) Cuando la condena se refiera a mejoras voluntarias de la acción protectora de la Seguridad Social, el condenado o declarado responsable vendrá obligado a efectuar la consignación o aseguramiento de la condena ante el juzgado en la forma establecida en el apartado 1 de este mismo artículo.

3. Los anteriores requisitos de consignación y aseguramiento de la condena deben justificarse, junto con la constitución del depósito necesario para recurrir, en su caso, en el momento del anuncio del recurso de suplicación o de la preparación del recurso de casación. Si el anuncio o la preparación del recurso se hubiere efectuado por medio de mera manifestación en el momento de la notificación de la sentencia, el depósito y la consignación o aseguramiento podrá efectuarse hasta la expiración del plazo establecido para el anuncio o preparación del recurso, debiendo en este último caso acreditar dichos extremos den-

tro del mismo plazo ante la oficina judicial mediante los justificantes correspondientes.

4. Si el recurrente no hubiere efectuado la consignación o aseguramiento de la cantidad objeto de condena en la forma prevenida en los apartados anteriores, incluidas las especialidades en materia de Seguridad Social, el juzgado o la Sala tendrán por no anunciado o por no preparado el recurso de suplicación o de casación, según proceda, y declararán la firmeza de la resolución mediante auto contra el que podrá recurrirse en queja ante la Sala que hubiera debido conocer del recurso.

5. El secretario judicial concederá a la parte recurrente, con carácter previo a que se resuelva sobre el anuncio o preparación, un plazo de cinco días para la subsanación de los defectos advertidos, si el recurrente hubiera incurrido en defectos consistentes en:

a) insuficiencia de la consignación o del aseguramiento efectuados, incluidas las especialidades en materia de Seguridad Social.

b) falta de aportación, en el momento del anuncio o preparación del recurso, de los justificantes de la consignación o del aseguramiento, siempre que el requisito se hubiera cumplimentado dentro del plazo de anuncio o preparación.

c) defecto, omisión o error en la constitución del depósito o en la justificación documental del mismo.

d) falta de acreditación o acreditación insuficiente de la representación necesaria o de cualquier requisito formal de carácter subsanable necesario para el anuncio o preparación.

6. De no efectuarse la subsanación en tiempo y forma se dictará auto poniendo fin al trámite del recurso, quedando firme la resolución. Contra dicho auto podrá recurrirse en queja ante la Sala que hubiera debido conocer del recurso.

Artículo 231. Nombramiento de letrado o graduado social colegiado.– 1. Si el recurso que se entabla es el de suplicación, el nombramiento de letrado o de graduado social colegiado se efectuará ante el juzgado en el momento de anunciar el recurso, entendiéndose que asume la representación y dirección técnica del recurrente el mismo que hubiera actuado con tal carácter en la instancia, salvo que se efectúe expresamente nueva designación.

2. En el recurso de casación ordinario, el nombramiento de letrado se realizará por las partes ante la Sala de lo Social de procedencia dentro del plazo señalado para su preparación o impugnación, según proceda. En el recurso de casación para unificación de doctrina, el nombramiento se efectuará por la parte recurrente al prepararlo ante la Sala de procedencia, y por las demás partes ante la Sala de lo Social del Tribunal Supremo dentro del término del emplazamiento para su personación. Se entenderá, en ambos casos, que asume la representación del recurrente el mismo letrado que hubiera actuado con tal carácter ante la Sala de instancia o de suplicación, salvo que se efectúe expresamente nueva designación.

3. La designación se podrá hacer por comparecencia o por escrito. En este último caso, aunque no se acompañe poder notarial, no habrá necesidad de ratificarse. Si no hubiere designación expresa de representante, se entenderá que el letrado o el graduado social colegiado llevan también la representación. En todo caso deberán facilitarse todos los datos del domicilio profesional, así como la dirección de correo electrónico, teléfono y fax del profesional designado que haya de ostentar la representación de la parte durante el recurso, con las demás cargas del apartado 2 del artículo 53.

4. Cuando el recurrente no hiciere designación expresa de letrado o de graduado social colegiado, si es un trabajador, beneficiario o un empresario que goce del derecho de asistencia jurídica gratuita, salvo que tuviere efectuada previamente designación de oficio, se le nombrará letrado de dicho turno por el juzgado en el día siguiente a aquél en que concluya el plazo para anunciar el recurso de suplicación.

5. La designación de letrado de oficio efectuada para alguno de los litigantes mencionados en el número anterior en la instancia comprende los trámites de anuncio, preparación, formalización, interposición o

impugnación del respectivo recurso, sin necesidad de nueva designación de oficio, salvo en el caso del recurso de casación para unificación de doctrina, en el que el nombramiento de letrado de oficio de la parte recurrida, en los mismos casos, se efectuará en el momento de la personación ante el Tribunal Supremo. En la casación ordinaria, en su caso, se efectuará la oportuna designación de letrado de oficio para las actuaciones ulteriores de las partes que resulten necesarias durante la sustanciación del recurso ante dicho tribunal.

Cuando la competencia para el conocimiento de los recursos de suplicación o de casación corresponda a un órgano jurisdiccional cuya sede se encuentre en la misma localidad que el juzgado o tribunal que hubiere dictado la resolución impugnada no será preciso el nombramiento de nuevo abogado de oficio para las actuaciones ante el tribunal que deba decidir el recurso.

Artículo 232. Designación de letrado de oficio.—1. Si el letrado hubiera sido designado de oficio por primera vez para el correspondiente trámite del recurso, los plazos de interposición, formalización o impugnación empezarán a correr desde la fecha en que se le notifique que están los autos a su disposición en la oficina judicial del tribunal para su examen, puesta a disposición o entrega, según proceda. En el caso de que la Sala disponga de los autos en soporte electrónico o pueda accederse a ellos por medios telemáticos en la misma Sala, se entenderán puestos a disposición de la representación procesal desde el momento de la entrega de la copia o soporte o de la puesta a disposición por dichos medios de las actuaciones.

2. Si el letrado designado de oficio estimase inviable la pretensión, lo expondrá a la Sala por escrito sin razonar su opinión en el plazo de cinco días, sin perjuicio de que aquél proceda conforme al procedimiento previsto en los artículos 32 a 35 de la Ley 1/1996, de 10 de enero, de Asistencia Jurídica Gratuita. El cómputo del plazo para la interposición del recurso quedará suspendido hasta tanto se resuelva materialmente la viabilidad de la pretensión por la Comisión

de Asistencia Jurídica Gratuita. La parte comunicará la designación de abogado al juzgado o a la Sala dentro del plazo de cinco días, acordando éstos la puesta a disposición de los autos al designado en la forma que se dispone en el apartado anterior. En otro caso, se pondrá fin al trámite del recurso. Si el recurso que se entabla es el de suplicación, la parte también podrá valerse para su representación técnica de graduado social colegiado de su libre designación.

3. Si el letrado o letrados designados de oficio no efectuaran dentro de plazo antes indicado manifestación de ser improcedente la actuación de referencia, quedarán obligados a su realización en el plazo legalmente establecido.

Artículo 233. Admisión de documentos nuevos.– 1. La Sala no admitirá a las partes documento alguno ni alegaciones de hechos que no resulten de los autos. No obstante, si alguna de las partes presentara alguna sentencia o resolución judicial o administrativa firmes o documentos decisivos para la resolución del recurso que no hubiera podido aportar anteriormente al proceso por causas que no le fueran imputables, y en general cuando en todo caso pudiera darse lugar a posterior recurso de revisión por tal motivo o fuera necesario para evitar la vulneración de un derecho fundamental, la Sala, oída la parte contraria dentro del plazo de tres días, dispondrá en los dos días siguientes lo que proceda, mediante auto contra el que no cabrá recurso de reposición, con devolución en su caso a la parte proponente de dichos documentos, de no acordarse su toma en consideración. De admitirse el documento, se dará traslado a la parte proponente para que, en el plazo de cinco días, complemente su recurso o su impugnación y por otros cinco días a la parte contraria a los fines correlativos.

2. El trámite al que se refiere el apartado anterior interrumpirá el que, en su caso, acuerde la Sala sobre la inadmisión del propio recurso.

Artículo 234. Acumulación.– 1. La Sala acordará en resolución motivada y sin ulterior recurso, de oficio o a instancia de parte, antes del señalamiento para votación y fallo o para vista, en su caso, la acumulación de los recursos en trámite en los que exista identidad de objeto y de alguna de las partes. La acumulación podrá acordarse directamente de oficio, previo traslado a las partes para que manifiesten lo que a su derecho convenga en un plazo de cinco días. Acordada la acumulación de recursos, no podrá ésta dejarse sin efecto por el tribunal, salvo que no se hayan cumplido las prescripciones legales sobre acumulación o cuando la Sala justifique, de forma motivada, que la acumulación efectuada podría ocasionar perjuicios desproporcionados a la tutela judicial efectiva del resto de intervinientes.

2. Se designará Magistrado ponente de los recursos acumulados al que, de ellos, hubiera sido primeramente nombrado, y en igualdad de fechas, al más moderno.

3. En los recursos sobre pretensiones derivadas de un mismo accidente de trabajo o enfermedad profesional, cuando exista más de una Sección, conocerá de ellos la Sección que esté conociendo del primero de dichos recursos, siempre que conste dicha circunstancia de las actuaciones o se ponga de manifiesto al Tribunal por alguna de las partes.

4. La acumulación producirá el efecto de discutirse y resolverse conjuntamente todas las cuestiones planteadas.

5. El secretario judicial velará por el cumplimiento de lo dispuesto en este artículo, poniendo en conocimiento del Tribunal los recursos en los que se cumplan dichos requisitos, a fin de que se resuelva sobre la acumulación.

Artículo 235. Imposición de costas y convenio transaccional.– 1. La sentencia impondrá las costas a la parte vencida en el recurso, excepto cuando goce del beneficio de justicia gratuita o cuando se trate de sindicatos, o de funcionarios públicos o personal estatutario que deban ejercitar sus derechos como empleados públicos ante el orden social.

Las costas comprenderán los honorarios del abogado o del graduado social colegiado de la parte contraria que hubiera actuado en el recurso en defensa o en representación técnica de la parte, sin que la atribución en las costas de dichos honorarios puedan superar la cantidad de mil doscientos euros en recurso de suplicación y de mil ochocientos euros en recurso de casación.

2. La regla general del vencimiento establecida en el apartado anterior, no se aplicará cuando se trate de proceso sobre conflicto colectivo, en el que cada parte se hará cargo de las costas causadas a su instancia. Ello no obstante, la Sala podrá imponer el pago de las costas a cualquiera de las partes que en dicho proceso o en el recurso hubiera actuado con temeridad o mala fe.

3. La Sala que resuelva el recurso de suplicación o casación o declare su inadmisibilidad podrá imponer a la parte recurrente que haya obrado con mala fe o temeridad la multa que señalan el apartado 4 del artículo 75 y el apartado 3 del artículo 97, así como cuando entienda que el recurso se interpuso con propósito dilatorio. Igualmente en tales casos, impondrá a dicho litigante, excepto cuando sea trabajador, funcionario, personal estatutario o beneficiario de la Seguridad Social, los honorarios de los abogados y, en su caso, de los graduados sociales colegiados actuantes en el recurso dentro de los límites fijados en el párrafo primero de este artículo. Cuando la Sala pretenda de oficio imponer las anteriores medidas, oirá previamente a las partes personadas en la forma que establezca.

4. Las partes podrán alcanzar, en cualquier momento durante la tramitación del recurso, convenio transaccional que, de no apreciarse lesión grave para alguna de las partes, fraude de ley o abuso de derecho, será homologado por el órgano jurisdiccional que se encuentre tramitando el recurso, mediante auto, poniendo así fin al litigio y asumiendo cada parte las costas causadas a su instancia, con devolución del depósito constituido. El convenio transaccional, una vez homologado, sustituye el contenido de lo resuelto en la sentencia o sentencias anteriormente dictadas en el proceso y la resolución que homologue el

mismo constituye título ejecutivo. La impugnación de la transacción judicial así alcanzada se efectuará ante el órgano jurisdiccional que haya acordado la homologación, mediante el ejercicio por las partes de la acción de nulidad por las causas que invalidan los contratos o por los posibles perjudicados con fundamento en su ilegalidad o lesividad, siguiendo los trámites establecidos para la impugnación de la conciliación judicial, sin que contra la sentencia dictada quepa recurso.

TÍTULO VI. De la revisión de sentencias y laudos arbitrales firmes, y del proceso de error judicial

Artículo 236. Revisión y error judicial, competencia y tramitación.– 1. Contra cualquier sentencia firme dictada por los órganos del orden jurisdiccional social y contra los laudos arbitrales firmes sobre materias objeto de conocimiento del orden social, procederá la revisión prevista en la Ley 1/2000, de 7 de enero, por los motivos de su artículo 510 y por el regulado en el apartado 3 del artículo 86 de la presente ley. La revisión se solicitará ante la Sala de lo Social del Tribunal Supremo[114].

En la revisión no se celebrará vista, salvo que así lo acuerde el tribunal o cuando deba practicarse prueba. En caso de condena en costas se estará a lo previsto en el artículo anterior y el depósito para recurrir tendrá la cuantía que en la presente ley se señala para los recursos de casación.

La revisión se inadmitirá de no concurrir los requisitos y presupuestos procesales exigibles o de no haberse agotado previamente los recursos jurisdiccionales que la ley prevé para que la sentencia pueda considerarse firme; así como si se formula por los mismos motivos que hubieran podido plantearse, de concurrir los presupuestos para ello, en el incidente de nulidad de actuaciones regulado en el artículo 241 de la Ley Orgánica del Poder Judicial o mediante la audiencia al

---

[114] Cfr. arts. 509 ss. LEC.

demandado rebelde establecida en el artículo 185 de la presente ley, o cuando,planteados aquéllos los referidos motivos hubieren sido desestimados por resolución firme.

En los supuestos del apartado 2 del artículo 510 de la Ley 1/2000, de 7 de enero, salvo en aquellos procedimientos en que alguna de las partes esté representada y defendida por el Abogado del Estado, el letrado o letrada de la Administración de Justicia dará traslado a la Abogacía General del Estado de la presentación de la demanda de revisión, así como de la decisión sobre su admisión. La Abogacía del Estado podrá intervenir, sin tener la condición de parte, por propia iniciativa o a instancia del órgano judicial, mediante la aportación de información o presentación de observaciones escritas sobre cuestiones relativas a la ejecución de la Sentencia del Tribunal Europeo de Derechos Humanos. El letrado o letrada de la Administración de Justicia notificará igualmente la decisión de la revisión a la Abogacía General del Estado. Del mismo modo, en caso de estimarse la revisión, los letrados y las letradas de la Administración de Justicia de los tribunales correspondientes informarán a la Abogacía General del Estado de las principales actuaciones que se lleven a cabo como consecuencia de la revisión.

2. El proceso de error judicial, destinado a reparar el daño producido por una resolución firme errónea que carece de posibilidad de rectificación por la vía normal de los recursos, cuando sea competencia de la Sala de lo Social del Tribunal Supremo, se seguirá por los trámites y requisitos establecidos para la declaración de error judicial en los artículos 292 y concordantes de la Ley Orgánica del Poder Judicial, con las especialidades sobre depósitos, vista y costas establecidas para la revisión y sin que la apreciación del error pueda fundamentarse en pruebas distintas de las practicadas en las actuaciones procesales origen del mismo presunto error.

LIBRO CUARTO. DE LA EJECUCIÓN DE SENTENCIAS

TÍTULO I. De la ejecución de sentencias y demás títulos ejecutivos

CAPÍTULO I. Disposiciones de carácter general

SECCIÓN 1.ª Normas generales

Artículo 237. Competencia.– 1. Las sentencias firmes y demás títulos, judiciales o extrajudiciales, a los que la presente Ley otorga eficacia para iniciar directamente un proceso de ejecución, se llevarán a efecto en la forma establecida en la Ley de Enjuiciamiento Civil para la ejecución de sentencias y títulos constituidos con intervención judicial[115], con las especialidades previstas en esta Ley.

2. La ejecución se llevará a efecto por el órgano judicial que hubiere conocido del asunto en instancia, incluido el supuesto de resoluciones que aprueben u homologuen transacciones judiciales, acuerdos de mediación y acuerdos logrados en el proceso. Cuando en la constitución del título no hubiere mediado intervención judicial, será competente el juzgado en cuya circunscripción se hubiere constituido.

3. En los supuestos de acumulación de ejecuciones y en los de atribución en exclusiva del conocimiento de la ejecución a determinados Juzgados de lo Social en el ámbito de una misma circunscripción, se estará a su regulación específica.

4. Donde hubiere varios Juzgados de lo Social podrá establecerse, en los términos previstos en la Ley Orgánica del Poder Judicial, que el conocimiento de las ejecuciones se asuma en exclusiva por determinados juzgados de la misma circunscripción, con exclusión total o parcial del reparto de otros asuntos[116].

---

115 Títulos I a V del Libro III LEC.

116 Art. 98 LOPJ.

5. En caso de concurso, se estará a lo establecido en la Ley Concursal.

Artículo 238. Cuestiones incidentales.– Las cuestiones incidentales que se promuevan en ejecución se sustanciarán citando de comparecencia, en el plazo de cinco días, a las partes, que podrán alegar y probar cuanto a su derecho convenga, concluyendo por auto o, en su caso, por decreto que habrán de dictarse en el plazo de tres días. El auto resolutorio del incidente, de ser impugnable en suplicación o casación, atendido el carácter de las cuestiones decididas, deberá expresar los hechos que estime probados.

Cuando la comparecencia se celebre ante el Magistrado, se registrará en soporte apto para la grabación y reproducción del sonido y de la imagen conforme a lo previsto en el artículo 89.

Artículo 239. Solicitud de ejecución.– 1. La ejecución de las sentencias firmes se iniciará a instancia de parte, salvo las que recaigan en los procedimientos de oficio, cuya ejecución se iniciará de este modo.

2. La ejecución podrá solicitarse tan pronto la sentencia o resolución judicial ejecutable haya ganado firmeza o desde que el título haya quedado constituido o, en su caso, desde que la obligación declarada en el título ejecutivo fuese exigible, mediante escrito del interesado, en el que, además de los datos identificativos de las partes, expresará:

a) Con carácter general, la clase de tutela ejecutiva que se pretende en relación con el título ejecutivo aducido.

b) Tratándose de ejecuciones dinerarias, la cantidad líquida reclamada como principal, así como la que se estime para intereses de demora y costas conforme al artículo 251.

c) Los bienes del ejecutado susceptibles de embargo de los que tuviere conocimiento y, en su caso, si los considera suficientes para el fin de la ejecución.

d) Las medidas que proponga para llevar a debido efecto la ejecución.

En el caso de títulos extrajudiciales o de resoluciones dictadas por otro órgano jurisdiccional deberá acompañarse el testimonio de la resolución, con expresión de su firmeza, o la certificación del organismo administrativo, conciliador, mediador o arbitral correspondiente.

3. Iniciada la ejecución, la misma se tramitará de oficio, dictándose al efecto las resoluciones necesarias. No será de aplicación el plazo de espera previsto en el artículo 548 de la Ley de Enjuiciamiento Civil. No obstante, si la parte ejecutada cumpliera en su integridad la obligación exigida contenida en el título, incluido en el caso de ejecución dineraria el abono de los intereses procesales si procedieran, dentro del plazo de los veinte días siguientes a la fecha de firmeza de la sentencia o resolución judicial ejecutable o desde que el título haya quedado constituido o, en su caso, desde que la obligación declarada en el título ejecutivo fuese exigible, no se le impondrán las costas de la ejecución que se hubiere instado.

4. El órgano jurisdiccional despachará ejecución siempre que concurran los presupuestos y requisitos procesales, el título ejecutivo no adolezca de ninguna irregularidad formal y los actos de ejecución que se solicitan sean conformes con la naturaleza y contenido del título. Contra el auto que resuelva la solicitud de ejecución podrá interponerse recurso de reposición, en el que, además de alegar las posibles infracciones en que hubiera incurrir la resolución y el cumplimiento o incumplimiento de los presupuestos y requisitos procesales exigidos, podrá deducirse la oposición a la ejecución despachada aduciendo pago o cumplimiento documentalmente justificado, prescripción de la acción ejecutiva u otros hechos impeditivos, extintivos o excluyentes de la responsabilidad que se pretenda ejecutar siempre que hubieren acaecido con posterioridad a su constitución del título, no siendo la compensación de deudas admisible como causa de oposición a la ejecución.

Del escrito de reposición presentado se dará traslado para impugnación a la parte contraria, salvo que el órgano jurisdiccional, en atención a las cuestiones planteadas o por afectar a hechos necesitados de prueba, acuerde seguir el trámite incidental del artículo 238.

5. Solamente puede decretarse la inejecución de una sentencia u otro título ejecutivo si, decidiéndose expresamente en resolución motivada, se fundamenta en una causa prevista en una norma legal y no interpretada restrictivamente. Contra el auto resolutorio del recurso de reposición interpuesto contra el auto en que se deniegue el despacho de la ejecución procederá recurso de suplicación o de casación ordinario, en su caso.

Artículo 240. Partes y sujetos de la ejecución.– 1. Quienes, sin figurar como acreedores o deudores en el título ejecutivo o sin haber sido declarados sucesores de unos u otros, aleguen un derecho o interés legítimo y personal que pudiera resultar afectado por la ejecución que se trate de llevar a cabo, tendrán derecho a intervenir en condiciones de igualdad con las partes en los actos que les afecten.

2. La modificación o cambio de partes en la ejecución debe efectuarse, de mediar oposición y ser necesaria prueba, a través del trámite incidental previsto en el artículo 238. Para que pueda declararse, es requisito indispensable que el cambio sustantivo en que se funde, basado en hechos o circunstancias jurídicas sobrevenidos, se hubiere producido con posterioridad a la constitución del título objeto de ejecución.

3. En el caso de títulos ejecutivos frente a entidades sin personalidad jurídica que actúen en el tráfico como sujetos diferenciados, podrá despacharse ejecución frente a los socios, partícipes, miembros o gestores que hayan actuado en el tráfico jurídico o frente a los trabajadores en nombre de la entidad, siempre que se acredite cumplidamente a juicio del juez o tribunal, por medio del incidente de ejecución previsto en el artículo 238, la condición de socio, partícipe, miembro o gestor y la actuación ante terceros o ante los trabajadores en nombre de la entidad. Lo dispuesto en el párrafo anterior no será de aplicación a las

comunidades de propietarios de inmuebles en régimen de propiedad horizontal.

4. El Ministerio Fiscal será siempre parte en los procesos de ejecución derivados de títulos ejecutivos en que se haya declarado la vulneración de derechos fundamentales y de libertades públicas, velando especialmente por la integridad de la reparación de las víctimas.

Artículo 241. Tutela ejecutiva.– 1. La ejecución se llevará a efecto en los propios términos establecidos en el título que se ejecuta.

2. Frente a la parte que, requerida al efecto, dejare transcurrir injustificadamente el plazo concedido sin efectuar lo ordenado, y mientras no cumpla o no acredite la imposibilidad de su cumplimiento específico, el secretario judicial, con el fin de obtener y asegurar el cumplimiento de la obligación que ejecute, podrá, tras audiencia de las partes, imponer apremios pecuniarios cuando ejecute obligaciones de dar, hacer o no hacer o para obtener el cumplimiento de las obligaciones legales impuestas en una resolución judicial. Para fijar la cuantía de dichos apremios se tendrá en cuenta su finalidad, la resistencia al cumplimiento y la capacidad económica del requerido, pudiendo modificarse o dejarse sin efecto, atendidas la ulterior conducta y la justificación que sobre aquellos extremos pudiera efectuar el apremiado. La cantidad fijada, que se ingresará en el Tesoro Público, no podrá exceder, por cada día de atraso en el cumplimiento, de la suma de trescientos euros.

3. De la misma forma y con idénticos trámites, el órgano judicial podrá imponer multas coercitivas a quienes, no siendo parte en la ejecución, incumplan injustificadamente sus requerimientos tendentes a lograr la debida y completa ejecución de lo resuelto o para obtener el cumplimiento de las obligaciones legales impuestas en una resolución judicial. Todo ello sin perjuicio de la posible responsabilidad derivada de lo dispuesto en el apartado 3 del artículo 75.

Artículo 242. Ejecución parcial.– 1. Podrá ejecutarse parcialmente la sentencia, aunque se hubiere interpuesto recurso contra ella, respecto de los pronunciamientos de la misma que no hubieren sido impugnados.

2. Para ello será necesario que, por la naturaleza de las pretensiones, sea posible un pronunciamiento separado que no prejuzgue las restantes cuestiones impugnadas.

3. Contra el auto resolutorio del recurso de reposición interpuesto contra el auto en que se deniegue el despacho de la ejecución definitiva parcial procederá recurso de suplicación o de casación ordinario, en su caso.

Artículo 243. Plazo para solicitar la ejecución.– 1. Sin perjuicio de lo dispuesto en el artículo 279, el plazo para instar la ejecución será igual al fijado en las leyes sustantivas para el ejercicio de la acción tendente al reconocimiento del derecho cuya ejecución se pretenda. Dicho plazo será de prescripción a todos los efectos[117].

2. En todo caso, el plazo para reclamar el cumplimiento de las obligaciones de entregar sumas de dinero será de un año. No obstante, cuando se trate del pago de prestaciones periódicas de la Seguridad Social, el plazo para instar la ejecución será el mismo que el fijado en las leyes sustantivas para el ejercicio de la acción para el reconocimiento del derecho a la prestación de que se trate o será imprescriptible si dicho derecho tuviese este carácter en tales leyes[118].

Si la Entidad gestora o colaboradora de la Seguridad Social hubiese procedido por aplicación del artículo 126 del Texto Refundido de la Ley General de la Seguridad Social, aprobado por el Real Decreto Legislativo 1/1994, de 20 junio[119], al pago de las prestaciones económicas de las que haya sido declarada responsable de la empresa, podrá instar

---

117 Art. 59 ET.

118 Arts. 53 y 54 LGSS.

119 Actualmente, art. 167 LGSS.

la ejecución de la sentencia en los plazos establecidos en el párrafo anterior a contar a partir de la fecha de pago por parte de la Entidad que hubiera anticipado la prestación.

3. Iniciada la ejecución, podrá reiniciarse en cualquier momento mientras no esté cumplida en su integridad la obligación que se ejecute, incluso si las actuaciones hubieren sido archivadas por declaración de insolvencia provisional del ejecutado.

Artículo 244. Supuestos de suspensión y aplazamiento de la ejecución.– 1. La ejecución únicamente podrá ser suspendida en los siguientes casos:

a) Cuando así lo establezca la ley.

b) A petición del ejecutante o de ambas partes por un máximo de tres meses, salvo que la ejecución derive de un procedimiento de oficio.

2. Las partes podrán solicitar de mutuo acuerdo la suspensión de la ejecución, por un tiempo que no podrá exceder de quince días, para someter las discrepancias que se susciten en el ámbito de la ejecución a los procedimientos de mediación que pudieran estar constituidos de acuerdo con lo dispuesto en el artículo 63. De alcanzarse un acuerdo deberá someterse a homologación judicial en la forma y con los efectos establecidos para la transacción en el artículo 246. En caso contrario, se levantará la suspensión y se continuará con la tramitación.

3. Suspendido o paralizado el proceso a petición del ejecutante o por causa a él imputable y transcurrido un mes sin que haya instado su continuación o llegado el plazo a que se refiere la letra b) del apartado 1, el letrado o letrada de la Administración de Justicia requerirá a aquél a fin de que manifieste, en el término de cinco días, si la ejecución ha de seguir adelante y solicite lo que a su derecho convenga, con la advertencia de que transcurrido este último plazo se archivarán las actuaciones.

4. Si el cumplimiento inmediato de la obligación que se ejecuta pudiera ocasionar a trabajadores dependientes del ejecutado perjuicios

desproporcionados en relación a los que al ejecutante se derivarían del no cumplimiento exacto, por poner en peligro cierto la continuidad de las relaciones laborales subsistentes en la empresa deudora, el letrado o letrada de la Administración de Justicia, mediante decreto recurrible directamente en revisión, podrá, previa audiencia de los interesados y en las condiciones que establezca, conceder un aplazamiento por el tiempo imprescindible.

5. El incumplimiento de las condiciones que se establezcan comportará, sin necesidad de declaración expresa ni de previo requerimiento, la pérdida del beneficio concedido.

Artículo 245. Reglas para la suspensión de la ejecución.– 1. Salvo en los casos expresamente establecidos en la ley, las resoluciones dictadas en ejecución se llevarán a efecto, no obstante su impugnación, no siendo necesario efectuar consignaciones para recurrirlas en suplicación o casación, excepto para recurrir el auto resolutorio del incidente de no readmisión, de no existir en la ejecución en el momento del anuncio o de la preparación, embargo actual y suficiente de bienes y derechos realizables en el acto o ingreso de cantidades en la cuenta del juzgado para atender al importe objeto de la ejecución. La entrega de cantidades podrá demorarse, en todo o en parte, motivadamente hasta la firmeza de la resolución impugnada.

2. No obstante, el órgano ejecutor podrá durante un mes, excepcionalmente prorrogable por otro, suspender cautelarmente, con o sin exigencia de fianza, la realización de los actos ejecutivos que pudieran producir un perjuicio de imposible o difícil reparación. Igual facultad tendrá la Sala que conozca del recurso interpuesto contra las resoluciones del órgano ejecutor y por el tiempo de tramitación del recurso.

3. La suspensión o su denegación podrá ser modificada en virtud de circunstancias sobrevenidas o que no pudieron conocerse al tiempo de haberse resuelto sobre la suspensión.

Artículo 246. Transacción en la ejecución.– 1. Se prohíbe la renuncia de los derechos reconocidos por sentencias favorables al trabajador, sin perjuicio de la posibilidad de transacción dentro de los límites legalmente establecidos[120].

2. La transacción en el proceso de ejecución deberá formalizarse mediante convenio, suscrito por todas las partes afectadas en la ejecución y sometido a homologación judicial para su validez, debiendo ser notificado, en su caso, al Fondo de Garantía Salarial.

3. El convenio podrá consistir en el aplazamiento o en la reducción de la deuda, o en ambas cosas a la vez, entendiéndose en tales casos que el incumplimiento de alguno de los plazos o de las obligaciones parciales acordadas, determina el fin del aplazamiento o el vencimiento de la totalidad de la obligación; podrá consistir, igualmente, en la especificación, en la novación objetiva o subjetiva o en la sustitución por otra equivalente de la obligación contenida en el título, en la determinación del modo de cumplimiento, en especial del pago efectivo de las deudas dinerarias, en la constitución de las garantías adicionales que procedan y, en general, en cuantos pactos lícitos puedan establecer las partes.

4. El órgano jurisdiccional homologará el convenio mediante auto, velando por el necesario equilibrio de las prestaciones y la igualdad entre las partes, salvo que el acuerdo sea constitutivo de lesión grave para alguna de las partes o para terceros, de fraude de ley o de abuso de derecho, o contrario al interés público, o afecte a materias que se encuentren fuera del poder de disposición de las partes. La ejecución continuará hasta que no se constate el total cumplimiento del convenio, siendo título ejecutivo la resolución de homologación del acuerdo en sustitución del título ejecutivo inicial.

5. La impugnación del auto por el que se apruebe la transacción en la ejecución, se efectuará ante el órgano jurisdiccional que hubiera

---

120 Artículo 3.5 ET.

homologado la misma y se regirá por lo dispuesto para la impugnación de la conciliación judicial.

SECCIÓN 2.ª Normas sobre ejecuciones colectivas

Artículo 247. Ejecución en conflictos colectivos[121].– 1. Las sentencias recaídas en procesos de conflictos colectivos estimatorios de pretensión de condena y susceptibles de ejecución individual en los términos del apartado 3 del artículo 160 podrán ser objeto de ejecución definitiva conforme a las reglas generales de ésta con las especialidades siguientes:

a) El proceso de ejecución se iniciará mediante escrito por los sujetos legitimados. Están legitimados, en nombre propio o en el de los afectados por el título ejecutivo en los conflictos de empresa o de ámbito inferior, el empresario y los representantes legales o sindicales de los trabajadores, y en los conflictos de ámbito superior a la empresa, las asociaciones patronales y los sindicatos afectados. Los órganos unitarios de la empresa contra la que se interponga la ejecución, así como la empresa frente a la que se inste la misma, estarán legitimados en este proceso de ejecución aunque no hayan sido parte en el procedimiento previo de constitución del título ejecutivo. En todo caso, los sindicatos más representativos y los representativos, de conformidad con los artículos 6 y 7 de la Ley Orgánica 11/1985, de 2 de agosto de Libertad Sindical, las asociaciones empresariales representativas en los términos del artículo 87 del Estatuto de los Trabajadores y los órganos de representación legal o sindical de los trabajadores podrán personarse como partes en la ejecución, aunque no hayan sido parte en el procedimiento previo de constitución del título ejecutivo, siempre que su ámbito de actuación se corresponda o sea más amplio que el del conflicto. El Fondo de Garantía Salarial será siempre parte en estos procesos.

---

121 Arts. 153 ss. LJS.

b) El sindicato acreditará la autorización para instar o adherirse al proceso de ejecución respecto a sus afiliados en la forma establecida en el artículo 20 de esta Ley. Con relación a los no afiliados, lo acreditará mediante autorización documentada ante cualquier órgano judicial o de mediación o conciliación social o ante la persona expresamente autorizada por el propio sindicato haciendo constar ésta bajo su responsabilidad la autenticidad de la firma del trabajador en la autorización efectuada en su presencia y acompañando los documentos de acreditación oportunos. Este último sistema de acreditación se aplicará en caso de que, quien inste la ejecución, sea un órgano de representación unitaria de los trabajadores.

c) El secretario judicial, comprobada la legitimación activa de los ejecutantes y que el título ejecutivo es susceptible de ejecución individual en los términos establecidos en el apartado 3 del artículo 160 de esta Ley, requerirá a la parte ejecutada para que, tratándose de ejecución pecuniaria, en el plazo de un mes, que podrá prorrogarse por otro mes cuando la complejidad del asunto lo exija, en relación a cada uno de los trabajadores en cuya representación se inste la ejecución, cuantifique individualizadamente la deuda y proponga, en su caso, una fórmula de pago.

d) De cumplir el ejecutado el requerimiento, el secretario judicial instará a la parte ejecutante para que manifieste su conformidad o disconformidad con los datos proporcionados, así como sobre la propuesta de pago, en el plazo de un mes, que podrá prorrogarse por otro mes cuando lo requiera la complejidad del asunto.

e) Si la parte ejecutante acepta, en todo o en parte, los datos suministrados de contrario sobre la cuantificación y la propuesta de pago, el secretario judicial documentará, en su caso, la avenencia en los extremos sobre los que exista conformidad, incluyéndose el abono de los intereses si procedieran, pero sin imposición de costas.

f) Si el ejecutado no cumple el requerimiento oponiéndose formalmente a la ejecución, en todo o en parte, en el término concedido, o de no aceptarse por la parte ejecutante, en todo o en parte, los datos proporcionados por aquél o su propuesta de pago, se seguirá el trámite incidental previsto en el artículo 238.

g) Para concretar, en su caso, si los solicitantes están afectados por el título y las cantidades líquidas individualizadas objeto de condena las partes deberán aportar prueba pericial o de expertos, o la proposición de una prueba conjunta de dicha clase o encomendarle al órgano judicial el nombramiento de un perito o de un experto a tal fin. El juez o tribunal dictará auto en el que, previa resolución de las causas de oposición que hubiere formulado la parte ejecutada, resolverá si, según los datos, características y requisitos establecidos en el título ejecutivo, reconoce a los solicitantes como comprendidos en la condena y, en el caso de condena de cantidad, el importe líquido individualmente reconocido a su favor, dictándose, a continuación, la orden general de ejecución en los términos establecidos en esta Ley.

h) Contra las resoluciones que se dicten conforme a lo dispuesto en los apartados anteriores cabrá interponer recurso de reposición, que no suspenderá su ejecución y no tendrá ulterior recurso.

i) Los títulos ejecutivos de ámbito superior a la empresa se ejecutaran colectivamente empresa por empresa.

j) Los sujetos que, pudiendo resultar beneficiados por el título ejecutivo, no quieran ejercitar su acción en el proceso de ejecución colectivo, podrán, en su caso, formularla individualmente a través del proceso declarativo que corresponda.

2. La modalidad de ejecución de sentencias firmes regulada en este artículo será aplicable a los restantes títulos ejecutivos, judiciales o extrajudiciales, de naturaleza social, estimatorios de pretensión de condena y susceptibles de ejecución individual en los términos del apartado 3 del artículo 160, así como a las sentencias firmes u otros títulos ejecutivos sobre movilidad geográfica, modificaciones sustanciales de condiciones de trabajo, suspensión del contrato o reducción de jornada por causas económicas, técnicas, organizativas o de producción, de carácter colectivo, y en los supuestos de despido colectivo en los que la decisión empresarial colectiva haya sido declarada nula.

Artículo 247 bis. Extensión de efectos.– 1. Los efectos de una sentencia firme que hubiera reconocido una situación jurídica individualizada a favor de una o varias personas podrán extenderse a otras, en ejecución de la sentencia, cuando concurran las siguientes circunstancias:

a) Que los interesados se encuentren en idéntica situación jurídica que los favorecidos por el fallo.

b) Que el juez, la jueza o el tribunal sentenciador fuera también competente, por razón del territorio, para conocer de sus pretensiones de reconocimiento de dicha situación individualizada.

c) Que los interesados soliciten la extensión de los efectos de la sentencia en el plazo de un año desde la última notificación de ésta a quienes fueron parte en el proceso.

2. La solicitud deberá dirigirse al órgano jurisdiccional competente que hubiera dictado la resolución cuyos efectos se pretende que se extiendan.

3. La petición al órgano jurisdiccional se formulará en escrito razonado al que deberá acompañarse el documento o documentos que acrediten la identidad de situaciones o la no concurrencia de alguna de las circunstancias del apartado 5.

4. Antes de resolver, se dará traslado a la parte condenada en la sentencia y a los posibles responsables subsidiarios para que en el plazo máximo de quince días puedan efectuar alegaciones y aportar los antecedentes que estimen oportunos y, de tratarse de una entidad del sector público, para que aporte, en su caso, a través de su representante procesal, un informe detallado sobre la viabilidad de la extensión solicitada.

De no aceptarse, en todo o en parte, la extensión solicitada, se pondrá de manifiesto el resultado de esas actuaciones a las partes para que aleguen por plazo común de cinco días, con emplazamiento en su caso de los interesados directamente afectados por los efectos de la extensión, salvo que el órgano jurisdiccional, en atención a las cuestiones planteadas o por afectar a hechos necesitados de prueba, acuerde seguir el trámite incidental del artículo 238.

El juez, jueza o tribunal dictará auto en el que resolverá si estima la extensión de efectos solicitada, sin que pueda reconocerse una situación jurídica distinta a la definida en la sentencia firme de que se trate. Con testimonio de este auto, los sujetos reconocidos podrán instar la ejecución.

5. El incidente se desestimará, en todo caso, cuando concurra alguna de las siguientes circunstancias:

a) Si existiera cosa juzgada.

b) Cuando la doctrina determinante del fallo cuya extensión se postule fuere contraria a la jurisprudencia del Tribunal Supremo o, en su defecto, a la doctrina reiterada de la Sala de lo Social del Tribunal Superior de Justicia territorialmente competente.

c) Si para el interesado se hubiere dictado resolución que, habiendo causado estado en vía administrativa, fuere consentida y firme por no haberla impugnado jurisdiccionalmente.

6. Si la sentencia firme cuya extensión se pretende se encuentra pendiente de un recurso de revisión o de un incidente de nulidad, quedará en suspenso la decisión del incidente de extensión de efectos hasta la resolución de aquellos.

Igualmente, quedará en suspenso hasta su resolución cuando se encuentre pendiente un recurso de casación para unificación de doctrina cuya resolución pueda resultar contraria a la doctrina determinante de la sentencia firme cuya extensión se pretende.

7. El régimen de recurso del auto dictado se ajustará a las reglas generales previstas para los autos dictados en ejecución de sentencia contenidas en los artículos 191.4.d) y 206.4. En todo caso procederá recurso de suplicación, atendiendo a la pretensión instada en el incidente de extensión de efectos, cuando la misma sea susceptible de recurso conforme a lo previsto en el artículo 191.1, 2 y 3.

Artículo 247 ter. Extensión de efectos en caso de procedimiento testigo.- Cuando se hubiera acordado suspender la tramitación de uno o más procesos, con arreglo a lo previsto en el artículo 86 bis, una vez declarada la firmeza de la sentencia dictada en el procedimiento que se hubiera tramitado con carácter preferente, el letrado o letrada de la Administración de Justicia requerirá a los demandantes afectados por la suspensión para que, en el plazo de cinco días, interesen la extensión de los efectos de la sentencia o la continuación del pleito suspendido, o bien manifiesten si desisten del proceso.

Si se solicitase la extensión de efectos de aquella sentencia, el juez, la jueza o el tribunal la acordará, salvo que concurran las circunstancias previstas en el artículo 247 bis 5, o alguna causa de inadmisibilidad propia del proceso suspendido que impida el reconocimiento de la situación jurídica individualizada.

Igualmente quedará en suspenso hasta su resolución cuando se encuentre pendiente un recurso de casación para la unificación de doctrina cuya resolución pueda resultar contraria a la doctrina determinante de la sentencia firme cuya extensión se pretenda.

CAPÍTULO II. De la ejecución dineraria

SECCIÓN 1.ª Normas generales

Artículo 248. Concurrencia de embargos.– 1. En caso de concurrencia de embargos decretados por órganos judiciales del orden jurisdiccional social sobre unos mismos bienes, la preferencia para seguir la vía de apremio contra ellos corresponde, sin perjuicio de lo establecido en esta Ley en los supuestos de acumulación de ejecuciones, al órgano que con prioridad trabó dichos bienes.

No obstante, el embargante posterior podrá continuar la vía de apremio si quedan garantizados los derechos de los embargantes anteriores.

2. La regla anterior no afectará a la prelación de créditos entre diversos acreedores.

3. En caso de concurso, las acciones de ejecución que puedan ejercitar los trabajadores para el cobro de los salarios e indemnizaciones por despido que les puedan ser adeudados quedan sometidas a lo establecido en la Ley Concursal.

Artículo 249. Manifestación de bienes para la ejecución.– 1. El ejecutado está obligado a efectuar, a requerimiento del secretario judicial, manifestación sobre sus bienes o derechos, con la precisión necesaria para garantizar sus responsabilidades. Deberá, asimismo, indicar las personas que ostenten derechos de cualquier naturaleza sobre sus bienes y, de estar sujetos a otro proceso, concretar los extremos de éste que puedan interesar a la ejecución.

2. Esta obligación incumbirá, cuando se trate de personas jurídicas, a sus administradores o a las personas que legalmente las representen y cuando se trate de comunidades de bienes o grupos sin personalidad, a quienes aparezcan como sus organizadores, directores o gestores.

3. En el caso de que los bienes estuvieran gravados con cargas reales, el ejecutado estará obligado a manifestar el importe del crédito garantizado y, en su caso, la parte pendiente de pago en esa fecha.

Esta información podrá reclamarse al titular del crédito garantizado, de oficio o a instancia de parte o de tercero interesado.

Artículo 250. Investigación judicial del patrimonio del ejecutado.– 1. Si no se tuviere conocimiento de la existencia de bienes suficientes, el secretario judicial deberá dirigirse a los pertinentes organismos y registros públicos a fin de que faciliten la relación de todos los bienes o derechos del deudor de los que tengan constancia, tras la realización por éstos, si fuere preciso, de las averiguaciones legalmente posibles.

2. También podrá el secretario judicial, dentro de los límites del derecho a la intimidad personal, dirigirse o recabar la información precisa

para lograr la efectividad de la obligación pecuniaria que ejecute, de entidades financieras o depositarias o de otras personas privadas que por el objeto de su normal actividad o por sus relaciones jurídicas con el ejecutado deban tener constancia de los bienes o derechos de éste o pudieran resultar deudoras del mismo.

Artículo 251. Intereses de demora y costas.– 1. Salvo que motivadamente se disponga otra cosa, la cantidad por la que se despache ejecución en concepto provisional de intereses de demora y costas no excederá, para los primeros, del importe de los que se devengarían durante un año y, para las costas, del diez por ciento de la cantidad objeto de apremio en concepto de principal.

2. En cuanto a los intereses de la mora procesal se estará a lo dispuesto en el artículo 576 de la Ley de Enjuiciamiento Civil. No obstante, transcurridos tres meses del despacho de la ejecución sin que el ejecutado cumpliere en su integridad la obligación, si se apreciase falta de diligencia en el cumplimiento de la ejecutoria, se hubiere incumplido la obligación de manifestar bienes o se hubieren ocultado elementos patrimoniales trascendentes en dicha manifestación, podrá incrementarse el interés legal a abonar en dos puntos.

Artículo 252. Notificación a los representantes de los trabajadores de la empresa deudora.– Atendida la cantidad objeto de apremio, los autos en que se despache la ejecución y las resoluciones en que se decreten embargos se notificarán a los representantes unitarios y sindicales de los trabajadores de la empresa deudora, a efectos de que puedan comparecer en el proceso.

Artículo 253. Intervención en la ejecución del Fondo de Garantía Salarial y las Entidades gestoras o servicios comunes de la Seguridad Social.– 1. El Fondo de Garantía Salarial y las Entidades Gestoras o Servicios Comunes de la Seguridad Social, cuando estén legitimados para intervenir en el proceso, quedan obligados a asumir el depósito, la administración, intervención o peritación de los bienes embargados, designando a tal fin persona idónea, desde que se les requiera por el secretario judicial mediante decreto. De tal obligación podrán liberarse si justifican ante el secretario la imposibilidad de cumplirla o su desproporcionada gravosidad.

2. Igual obligación y con los mismos límites puede, motivadamente, imponerse a cualquier persona o entidad que por su actividad y medios pueda hacerse cargo de la misma, sin perjuicio del resarcimiento de gastos y abono de las remuneraciones procedentes conforme a la ley.

3. Las actuaciones materiales relativas al depósito, conservación, transporte, administración y publicidad para su venta de los bienes judicialmente embargados podrá encomendarse a entidades autorizadas administrativamente con tal fin o a las entidades previstas a este fin en la Ley de Enjuiciamiento Civil, si así lo acordara el secretario judicial[122].

SECCIÓN 2.ª El embargo

Artículo 254. Orden en los embargos. Bienes embargables.– 1. De constar la existencia de bienes suficientes, el embargo que se decrete se ajustará al orden legalmente establecido. En caso contrario y al objeto de asegurar la efectividad de la resolución judicial cuya ejecución se insta, se efectuará la adecuación a dicho orden una vez conocidos tales bienes.

2. Será nulo el embargo sobre bienes y derechos cuya efectiva existencia no conste. No obstante podrán embargarse saldos favorables de cuentas y depósitos obrantes en bancos, cajas o cualquier otra persona o entidad pública o privada de depósito, crédito, ahorro y financiación, tanto los existentes en el momento del embargo, como los que se produzcan posteriormente, así como disponerse la retención y puesta

---

[122] D.A. 2ª LJS.

a disposición del juzgado de cualesquiera bienes o cantidades que se devengaren en el futuro a favor del ejecutado como consecuencia de las relaciones de éste con la entidad depositaria, siempre que, en razón del título ejecutivo, se hubiere determinado por el secretario judicial una cantidad como límite máximo a tales efectos.

Los referidos saldos, depósitos u otros bienes, y en general cualquier otro bien embargable, son susceptibles de embargo con independencia de la naturaleza de los ingresos o rentas que hubieran podido contribuir a su generación. A estos efectos, las limitaciones absolutas o relativas de inembargabilidad que puedan afectar a ingresos o rentas de carácter periódico conforme al artículo 607 de la Ley de Enjuiciamiento Civil se aplicarán a partir del embargo en el momento de la generación o devengo de cada una de las mensualidades o vencimientos de tales rentas.

También podrá acordarse la administración judicial, en los términos establecidos en el artículo 256, cuando se comprobare que la entidad pagadora o perceptora no cumple la orden de retención o ingreso, sin perjuicio de las demás responsabilidades que procedieran según lo dispuesto en el apartado 3 del artículo 241 por falta de colaboración con la ejecución y efectividad de lo resuelto.

Artículo 255. Embargo de bienes inmuebles.– 1. Si los bienes embargados fueren inmuebles u otros inscribibles en registros públicos, el secretario judicial ordenará de oficio que se libre y remita directamente al registrador mandamiento para que practique el asiento que corresponda relativo al embargo trabado, expida certificación de haberlo hecho, de la titularidad de los bienes y, en su caso, de sus cargas y gravámenes.

2. El registrador deberá comunicar a la oficina judicial la existencia de ulteriores asientos que pudieren afectar al embargo anotado.

Artículo 256. Administración judicial de los bienes embargados.– 1. Podrá constituirse una administración o una intervención judicial cuando por la naturaleza de los bienes o derechos embargados fuera preciso[123].

2. Con tal fin, el secretario judicial citará de comparecencia ante sí mismo a las partes para que lleguen a un acuerdo y, una vez alcanzado en su caso, establecerá mediante decreto los términos de la administración judicial en consonancia con el acuerdo.

3. Para el supuesto que no se alcance acuerdo, el secretario les convocará a comparecencia ante el juez o Magistrado que dictó la orden general de ejecución, a fin de que efectúen las alegaciones y pruebas que estimen oportunas sobre la necesidad o no de nombramiento de administrador o interventor, persona que deba desempeñar tal cargo, exigencia o no de fianza, forma de actuación, rendición de cuentas y retribución procedente, resolviéndose mediante auto lo que proceda.

4. El administrador o, en su caso, el interventor nombrado deberá rendir cuenta final de su gestión.

Artículo 257. Designación de depositario[124].– Puede ser designado depositario el ejecutante o el ejecutado, salvo oposición justificada de la parte contraria. También podrá el secretario judicial aprobar la designación como depositario de un tercero, de existir común acuerdo de las partes o a propuesta de una de ellas, sin oposición justificada de la contraria.

Artículo 258. Reembargo.– 1. De estar previamente embargados los bienes, el secretario judicial que haya acordado el reembargo adoptará las medidas oportunas para su efectividad.

2. La oficina judicial o administrativa a la que se comunique el reembargo acordará lo procedente para garantizarlo y, en el plazo máximo de diez días, informará al reembargante sobre las circunstancias y

---

123 Véanse artículos 630 ss. LEC.

124 Art. 628 LEC.

valor de los bienes, cantidad objeto de apremio de la que respondan y estado de sus actuaciones.

3. Deberá, asimismo, comunicar al órgano que decretó el reembargo las ulteriores resoluciones que pudieren afectar a los acreedores reembargantes.

Artículo 259. Adopción de la traba.– 1. El secretario judicial, tras la dación de cuenta por el gestor procesal y administrativo de la diligencia de embargo positiva, ratificará o modificará lo efectuado por la comisión ejecutiva, acordando, en su caso, la adopción de las garantías necesarias para asegurar la traba según la naturaleza de los bienes embargados.

2. Podrá también, en cualquier momento, atendida la suficiencia de los bienes embargados, acordar la mejora, reducción o alzamiento de los embargos trabados.

Artículo 260. Tercería de dominio[125].– 1. El tercero que invoque el dominio sobre los bienes embargados, adquirido con anterioridad a su traba, podrá pedir el levantamiento del embargo ante el órgano del orden jurisdiccional social que conozca de la ejecución y que a los meros efectos prejudiciales resolverá sobre el derecho alegado, alzando en su caso el embargo.

2. La solicitud, a la que se acompañará el título en que se funde la pretensión, deberá formularse por el tercerista con una antelación a la fecha señalada para la celebración de la primera subasta no inferior a quince días.

3. Admitida la solicitud, se seguirá el trámite incidental regulado en esta Ley. El secretario judicial suspenderá las actuaciones relativas a la liquidación de los bienes discutidos hasta la resolución del incidente.

---

[125] En la LEC, la regulación de las tercerías de dominio en los arts. 595 ss.

SECCIÓN 3.ª Realización de los bienes embargados

Artículo 261. Tasación de los bienes embargados.– 1. Cuando fuere necesario tasar los bienes embargados previamente a su realización, el secretario judicial designará el perito tasador que corresponda de entre los que presten servicio en la Administración de Justicia, y además o en su defecto podrá requerir la designación de persona idónea a las entidades obligadas legalmente a asumir la peritación.

2. El nombramiento efectuado se pondrá en conocimiento de las partes o terceros que conste tengan derechos sobre los bienes a tasar para que, dentro del segundo día, puedan designar otros por su parte, con la prevención de que, si no lo hicieran, se les tendrá por conformes.

Artículo 262. Deducción de cargas.– Si los bienes o derechos embargados estuvieren afectos con cargas o gravámenes que debieran quedar subsistentes tras la venta o adjudicación judicial, el secretario, con la colaboración pericial y recabando los datos que estime oportunos, practicará la valoración de aquéllos y deducirá su importe del valor real de los bienes, con el fin de determinar el justiprecio.

Artículo 263. Procedimientos para la liquidación de los bienes.– 1. Para la liquidación de los bienes embargados, podrán emplearse estos procedimientos:

a) Por venta en entidad autorizada administrativamente o en las entidades previstas en la Ley de Enjuiciamiento Civil con tal fin, si así lo acordara el secretario judicial, cualquiera que fuere el valor de los bienes.

b) Por subasta ante fedatario público, en los términos que se establezcan reglamentariamente.

c) Mediante subasta judicial, en los casos en que no se empleen los procedimientos anteriores.

d) Por los demás procedimientos establecidos en la legislación procesal civil.

2. Si lo embargado fueren valores, se venderán en la forma establecida para ellos en la Ley de Enjuiciamiento Civil[126].

3. A fin de dotarla de mayor efectividad, la venta de los bienes podrá realizarse por lotes o por unidades.

Artículo 264. Realización de los bienes.- La realización de los bienes embargados se ajustará a lo dispuesto en la legislación procesal civil, con la única excepción de que para el caso de resultar desierta la subasta tendrán los ejecutantes o, en su defecto, los responsables legales solidarios o subsidiarios, el derecho a adjudicarse los bienes por el 30 por ciento del avalúo, dándoseles, a tal fin, el plazo común de diez días. De no hacerse uso de este derecho, se alzará el embargo.

Artículo 265. Reparto entre los ejecutantes.- Si la adquisición en subasta o la adjudicación en pago se realiza en favor de una parte de los ejecutantes y el precio de adjudicación no es suficiente para cubrir todos los créditos de los restantes acreedores, los créditos de los adjudicatarios sólo se extinguirán hasta la concurrencia de la suma que sobre el precio de adjudicación debería serles atribuida en el reparto proporcional. De ser inferior al precio deberán los acreedores adjudicatarios abonar el exceso en metálico.

Artículo 266. Calidad de la adquisición a favor de los ejecutantes o sus representantes.- Sólo la adquisición o adjudicación practicada en favor de los ejecutantes o de los responsables legales solidarios o subsidiarios podrá efectuarse en calidad de ceder a tercero.

---

126 Art. 635 LEC.

Artículo 267. Formalización de la adjudicación de bienes.– 1. No será preceptivo documentar en escritura pública el decreto de adjudicación.

2. Será título bastante para la inscripción, el testimonio del decreto de adjudicación, expedido por el secretario judicial.

SECCIÓN 4.ª Pago a los acreedores

Artículo 268. Orden de los pagos.– 1. Las cantidades que se obtengan en favor de los ejecutantes se aplicarán, por su orden, al pago del principal, intereses y costas una vez liquidados aquéllos y tasadas éstas.

2. Si lo hubiere aprobado previamente el juez, el secretario judicial podrá anticipar al pago del principal el abono de los gastos que necesariamente hubiere requerido la propia ejecución y el de los acreditados por terceros obligados a prestar la colaboración judicialmente requerida.

Artículo 269. Liquidación de intereses y costas.– 1. Cubierta la cantidad objeto de apremio en concepto de principal, el secretario practicará diligencia de liquidación de los intereses devengados[127].

2. La liquidación de intereses podrá formularse al tiempo que se realice la tasación de costas y en la propia diligencia. Si se impugnaran ambas operaciones, su tramitación podrá acumularse.

3. Los honorarios o derechos de abogados, incluidos los de las Administraciones públicas, procuradores y graduados sociales colegiados, devengados en la ejecución podrán incluirse en la tasación de costas.

Artículo 270. Insuficiencia de bienes en ejecuciones acumuladas.– De estar acumuladas las ejecuciones seguidas contra un mismo deudor y ser insuficientes los bienes embargados para satisfacer la

127 Art. 576 LEC.

totalidad de los créditos laborales, se aplicarán soluciones de proporcionalidad, con respeto, en todo caso, a las preferencias de crédito establecidas en las leyes.

Artículo 271. Reglas de reparto entre los ejecutantes en caso de insuficiencia de bienes del deudor. Propuesta común de distribución.– 1. Entre los créditos concurrentes de igual grado, se repartirán proporcionalmente las cantidades obtenidas, sin tener en cuenta ningún tipo de prioridad temporal.

2. Si las cantidades obtenidas no son suficientes para cubrir la totalidad de los créditos, se procederá del siguiente modo:

a) Si ninguno de los acreedores concurrentes alegare preferencia para el cobro, el secretario judicial dispondrá la distribución proporcional de cantidades conforme se vayan obteniendo[128].

b) Si alguno de ellos alega preferencia, podrán presentar los acreedores o requerírseles por el secretario judicial para que lo hagan, en el plazo que se les fije, una propuesta común de distribución.

3. No presentándose o no coincidiendo las propuestas formuladas, el secretario judicial, en el plazo de cinco días, dictará decreto estableciendo provisionalmente los criterios de distribución y concretando las cantidades correspondientes a cada acreedor conforme a aquéllos.

Artículo 272. Traslado de la propuesta de distribución.– 1. De la propuesta común o de la formulada por el secretario judicial, se dará traslado en su caso, a los acreedores no proponentes, al ejecutado y al Fondo de Garantía Salarial, para que manifiesten su conformidad o disconformidad en el plazo de tres días.

2. Si no se formulara oposición, el secretario judicial deberá aprobar la propuesta común presentada o se entenderá definitiva la distribución por él practicada. De formularse aquélla, se convocará a todos

---

128 Art. 32 ET.

los interesados a una comparecencia, dándose traslado de los escritos presentados.

Artículo 273. Comparecencia para la aprobación de la propuesta de distribución.– 1. Si en la comparecencia se lograre un acuerdo de distribución, podrá aprobarse en el mismo acto por el secretario judicial. A los interesados que no comparezcan injustificadamente se les tendrá por conformes con lo acordado por los comparecientes.

2. De no lograrse acuerdo, el secretario citará a los interesados a una comparecencia ante el juez o tribunal, quien continuará el incidente, efectuándose las alegaciones y pruebas relativas, en su caso, a la existencia o subsistencia de las preferencias invocadas. Se resolverán, mediante auto, las cuestiones planteadas y se establecerá la forma de distribución.

Artículo 274. Participación en la distribución proporcional.– Podrán participar en la distribución proporcional los que, hasta el momento de obtenerse las cantidades a repartir, ostenten la condición de ejecutantes de los procesos acumulados, con auto firme despachando ejecución a su favor.

Artículo 275. Tramitación de las tercerías de mejor derecho.– 1. Las tercerías fundadas en el derecho del tercero, sea o no acreedor laboral del ejecutado, a ser reintegrado de su crédito con preferencia al acreedor ejecutante, deberán deducirse ante el órgano judicial del orden social que esté conociendo de la ejecución, sustanciándose por el trámite incidental regulado en esta Ley.

2. La tercería así promovida no suspenderá la ejecución tramitada, continuándose la misma hasta realizar la venta de los bienes embargados y su importe se depositará en la entidad de crédito correspondiente.

SECCIÓN 5.ª Insolvencia empresarial

Artículo 276. Intervención del Fondo de Garantía Salarial. Declaración de insolvencia de la empresa.– 1. Previamente a la declaración de insolvencia, si el Fondo de Garantía Salarial no hubiere sido llamado con anterioridad, el secretario judicial le dará audiencia, por un plazo máximo de quince días, para que pueda instar la práctica de las diligencias que a su derecho convenga y designe bienes del deudor principal que le consten.

2. Dentro de los treinta días siguientes a la práctica de las diligencias instadas por el Fondo de Garantía Salarial, el secretario judicial dictará decreto declarando, cuando proceda, la insolvencia total o parcial del ejecutado, fijando en este caso el valor pericial dado a los bienes embargados. La insolvencia se entenderá a todos los efectos como provisional hasta que se conozcan bienes al ejecutado o se realicen los bienes embargados.

3. Declarada la insolvencia de una empresa, ello constituirá base suficiente para estimar su pervivencia en otras ejecuciones, pudiéndose dictar el decreto de insolvencia sin necesidad de reiterar los trámites de averiguación de bienes establecidos en el artículo 250, si bien en todo caso se deberá dar audiencia previa a la parte actora y al Fondo de Garantía Salarial para que puedan señalar la existencia de nuevos bienes.

4. De estar determinadas en la sentencia que se ejecute las cantidades legalmente a cargo del Fondo de Garantía Salarial, firme la declaración de insolvencia, el secretario judicial le requerirá en su caso de abono, en el plazo de diez días y, de no efectuarlo, continuará la ejecución contra el mismo.

5. La declaración firme de insolvencia del ejecutado se hará constar en el registro correspondiente según la naturaleza de la entidad.

Artículo 277. Embargo de bienes afectados al proceso productivo.– 1. Cuando los bienes susceptibles de embargo se encuentren afectos al proceso productivo de la empresa deudora y ésta continúe su actividad, el Fondo de Garantía Salarial podrá solicitar la suspensión de la ejecución, por el plazo de treinta días, a fin de valorar la imposibilidad de satisfacción de los créditos laborales, así como los efectos de la enajenación judicial de los bienes embargados sobre la continuidad de las relaciones laborales subsistentes en la empresa deudora.

2. Constatada por el Fondo de Garantía Salarial la imposibilidad de satisfacer los créditos laborales por determinar ello la extinción de las relaciones laborales subsistentes, lo pondrá de manifiesto motivadamente, solicitando la declaración de insolvencia a los solos efectos de reconocimiento de prestaciones de garantía salarial.

CAPÍTULO III. De la ejecución de las sentencias firmes de despido

Artículo 278. Readmisión del trabajador[129]**.–** Cuando el empresario haya optado por la readmisión deberá comunicar por escrito al trabajador, dentro de los diez días siguientes a aquel en que se le notifique la sentencia, la fecha de su reincorporación al trabajo, para efectuarla en un plazo no inferior a los tres días siguientes al de la recepción del escrito. En este caso, serán de cuenta del empresario los salarios devengados desde la fecha de notificación de la sentencia que por primera vez declare la improcedencia hasta aquella en la que tenga lugar la readmisión, salvo que, por causa imputable al trabajador, no se hubiera podido realizar en el plazo señalado.

Artículo 279. Plazos para solicitar la readmisión por el trabajador.– 1. Cuando el empresario no procediere a la readmisión del trabajador, podrá éste solicitar la ejecución del fallo ante el Juzgado de lo Social:

a) Dentro de los veinte días siguientes a la fecha señalada para proceder a la readmisión, cuando ésta no se hubiere efectuado.

---

[129] Arts 56 ET y 110 LJS.

b) Dentro de los veinte días siguientes a aquel en el que expire el de los diez días a que se refiere el artículo anterior, cuando no se hubiera señalado fecha para reanudar la prestación laboral.

c) Dentro de los veinte días siguientes a la fecha en la que la readmisión tuvo lugar, cuando ésta se considerase irregular.

2. No obstante, y sin perjuicio de que no se devenguen los salarios correspondientes a los días transcurridos entre el último de cada uno de los plazos señalados en las letras a), b) y c) del apartado anterior y aquél en el que se solicite la ejecución del fallo, la acción para instar esta última habrá de ejercitarse dentro de los tres meses siguientes a la firmeza de la sentencia.

3. Todos los plazos establecidos en este artículo son de prescripción.

Artículo 280. Incidente de no readmisión.– Instada la ejecución del fallo en cuanto a la condena a readmisión, por el juez competente se dictará auto despachando la ejecución por la vía de incidente de no readmisión y seguidamente, el secretario señalará la vista del incidente dentro de los cinco días siguientes, citando de comparecencia a los interesados. La ejecución de otros pronunciamientos distintos de la condena a readmisión se someterá a las reglas generales aplicables según su naturaleza.

El día de la comparecencia, si los interesados hubieran sido citados en forma y no asistiese el trabajador o persona que lo represente, se le tendrá por desistido de su solicitud; si no compareciese el empresario o su representante, se celebrará el acto sin su presencia.

Artículo 281. Auto de resolución del incidente.– 1. En la comparecencia, la parte o partes que concurran serán examinadas por el juez sobre los hechos de la no readmisión o de la readmisión irregular alegada, aportándose únicamente aquellas pruebas que, pudiéndose practicar en el momento, el juez estime pertinentes. De lo actuado se extenderá la correspondiente acta.

2. Dentro de los tres días siguientes, el juez dictará auto en el que, salvo en los casos donde no resulte acreditada ninguna de las dos circunstancias alegadas por el ejecutante:

a) Declarará extinguida la relación laboral en la fecha de dicha resolución.

b) Acordará se abone al trabajador las percepciones económicas previstas en los apartados 1 y 2 del artículo 56 del Estatuto de los Trabajadores. En atención a las circunstancias concurrentes y a los perjuicios ocasionados por la no readmisión o por la readmisión irregular, podrá fijar una indemnización adicional de hasta quince días de salario por año de servicio y un máximo de doce mensualidades. En ambos casos, se prorratearán los periodos de tiempo inferiores a un año y se computará, como tiempo de servicio el transcurrido hasta la fecha del auto.

c) Condenará al empresario al abono de los salarios dejados de percibir desde la fecha de la notificación de la sentencia que por primera vez declare la improcedencia hasta la de la mencionada solución.

Artículo 282. Ejecución del fallo de la sentencia[130]**.–** 1. La sentencia será ejecutada en sus propios términos cuando:

a) El trabajador despedido fuera delegado de personal, miembro del comité de empresa o delegado sindical y, declarada la improcedencia del despido, optare por la readmisión.

b) Declare la nulidad del despido.

2. A tal fin, en cualquiera de los supuestos mencionados en el número anterior, una vez solicitada la readmisión, el juez competente dictará auto conteniendo la orden general de ejecución y despachando la misma, y acordará requerir al empresario para que reponga al trabajador en su puesto en el plazo de tres días, sin perjuicio de que adopte, a instancia de parte, las medidas que dispone el artículo 284.

---

[130] Arts 110 y 111 LJS.

Artículo 283. Incumplimiento de la sentencia de readmisión por el empresario.– 1. En los supuestos a que se refiere el artículo anterior, si el empresario no procediera a la readmisión o lo hiciera en condiciones distintas a las que regían antes de producirse el despido, el trabajador podrá acudir ante el Juzgado de lo Social, solicitando la ejecución regular del fallo, dentro de los veinte días siguientes al tercero que, como plazo máximo para la reincorporación, dispone el artículo precedente.

2. El juez oirá a las partes en comparecencia, que se ajustará a lo dispuesto en el artículo 280 y en el apartado 1 del artículo 281, y dictará auto sobre si la readmisión se ha efectuado o no y, en su caso, si lo fue en debida forma. En el supuesto de que se estimara que la readmisión no tuvo lugar o no lo fue en forma regular, ordenará reponer al trabajador a su puesto dentro de los cinco días siguientes a la fecha de dicha resolución, apercibiendo al empresario que, de no proceder a la reposición o de no hacerlo en debida forma, se adoptarán las medidas que establece el artículo siguiente.

Artículo 284. Consecuencias del incumplimiento del empresario.– Cuando el empresario no diese cumplimiento a la orden de reposición a que se refiere el artículo anterior, el secretario judicial acordará las medidas siguientes:

a) Que el trabajador continúe percibiendo su salario con la misma periodicidad y cuantía que la declarada en la sentencia, con los incrementos que por vía de convenio colectivo o mediante norma estatal se produzcan hasta la fecha de la readmisión en debida forma. A tal fin, cumplimentará la autorización contenida en el auto despachando ejecución en tantas ocasiones como fuese necesario, por una cantidad equivalente a seis meses de salario, haciéndose efectivas al trabajador con cargo a la misma las retribuciones que fueran venciendo, hasta que, una vez efectuada la readmisión en forma regular, acuerde la devolución al empresario del saldo existente en esa fecha.

b) Que el trabajador continúe en alta y con cotización en la Seguridad Social, lo que pondrá en conocimiento de la entidad gestora o servicio común a los efectos procedentes.

c) Que el delegado de personal, miembro del comité de empresa o delegado sindical continúe desarrollando, en el seno de la empresa, las funciones y actividades propias de su cargo, advirtiendo al empresario que, de impedir u oponer algún obstáculo a dicho ejercicio, se pondrán los hechos en conocimiento de la autoridad laboral a los efectos de sancionar su conducta de acuerdo con lo que dispone el Texto Refundido de la Ley sobre infracciones y sanciones en el orden social, aprobada por el Real Decreto Legislativo 5/2000 de 4 de agosto.

Artículo 285. Lanzamiento del trabajador de la vivienda por razón de trabajo.– 1. Cuando recaiga resolución firme en que se declare la extinción del contrato de trabajo, si el trabajador ocupare vivienda por razón del mismo deberá abandonarla en el plazo de un mes. El secretario judicial, si existe motivo fundado, podrá prorrogar dicho plazo por dos meses más.

2. Una vez transcurridos los plazos del apartado anterior, el empresario podrá solicitar del juzgado la ejecución mediante el oportuno lanzamiento, que se practicará seguidamente observando las normas previstas en la Ley de Enjuiciamiento Civil[131].

Artículo 286. Imposibilidad de readmisión del trabajador.– 1. Sin perjuicio de lo dispuesto en los artículos anteriores, cuando se acreditase la imposibilidad de readmitir al trabajador por cese o cierre de la Empresa obligada o cualquier otra causa de imposibilidad material o legal, el juez dictará auto en el que declarará extinguida la relación laboral en la fecha de dicha resolución y acordará se abonen al trabajador las indemnizaciones y los salarios dejados de percibir que señala el apartado 2 del artículo 281.

---

[131] Art. 704 LEC.

2. En los supuestos de declaración de nulidad del despido por acoso laboral, sexual o por razón de sexo o de violencia de género en el trabajo, la víctima del acoso podrá optar por extinguir la relación laboral con el correspondiente abono de la indemnización procedente y de los salarios de tramitación, en su caso, conforme al apartado 2 del artículo 281.

CAPÍTULO IV. De la ejecución de sentencias frente a entes públicos

Artículo 287. Cumplimiento de la sentencia por Entes públicos.– 1. Las sentencias dictadas frente al Estado, Entidades Gestoras o Servicios Comunes de la Seguridad Social y demás entes públicos deberán llevarse a efecto por la Administración o Entidad dentro del plazo de dos meses a partir de su firmeza, justificando el cumplimiento ante el órgano jurisdiccional dentro de dicho plazo. Atendiendo a la naturaleza de lo reclamado y a la efectividad de la sentencia, ésta podrá fijar un plazo inferior para el cumplimiento cuando el de dos meses pueda hacer ineficaz el pronunciamiento o causar grave perjuicio.

2. Trascurrido el plazo a que se refiere el número anterior, la parte interesada podrá solicitar la ejecución.

3. Mientras no conste la total ejecución de la sentencia, el órgano judicial, de oficio o a instancia de parte, adoptará cuantas medidas sean adecuadas para promoverla y activarla, siendo con tal fin de aplicación supletoria lo dispuesto para la ejecución de sentencias en la Ley 29/1998, de 13 de julio, reguladora de la Jurisdicción Contencioso-administrativa.

4. El órgano jurisdiccional, previo requerimiento de la Administración condenada por un nuevo plazo de un mes y citando, en su caso, de comparecencia a las partes, podrá decidir cuantas cuestiones se planteen en la ejecución, y especialmente las siguientes:

a) Órgano administrativo y funcionarios que han de responsabilizarse de realizar las actuaciones, pudiendo requerir a la Administración a tal efecto para que facilite la identidad de la autoridad o funcionario responsable del cumplimiento de la ejecutoria, al objeto de individualizar oportunamente las responsabilidades derivadas, incluidas las responsabilidades patrimoniales a que hubiere lugar, sin perjuicio de las comprobaciones de oficio que deban llevarse a cabo al respecto.

b) Plazo máximo para su cumplimiento, en atención a las circunstancias que concurran.

c) Medios con que ha de llevarse a efecto y procedimiento a seguir.

d) Medidas necesarias para lograr la efectividad de lo mandado, en los términos establecidos en esta Ley, salvo lo previsto en el artículo 241, que no será de aplicación excepto en caso de incumplimiento de lo resuelto por el órgano jurisdiccional en la comparecencia a que se refiere el presente apartado.

e) Cuando la Administración pública fuera condenada al pago de cantidad líquida, el devengo de intereses procederá conforme a lo dispuesto en la legislación presupuestaria, si bien en el supuesto de que hubiera sido necesario el ulterior requerimiento establecido en este apartado, la autoridad judicial, apreciando falta de diligencia en el incumplimiento, podrá incrementar en dos puntos el interés legal a devengar.

Artículo 288. Liquidación e ingreso de cantidades correspondientes a prestaciones de pago periódico de la Seguridad Social.– 1. En los procesos seguidos por prestaciones de pago periódico de la Seguridad Social, una vez sea firme la sentencia condenatoria a la constitución de un capital coste de pensión o al pago de una prestación no capitalizable, se remitirá por el secretario judicial copia certificada a la entidad gestora o servicio común competente.

2. El indicado organismo deberá, en el plazo máximo de diez días, comunicar a la oficina judicial el importe del capital coste de la pensión o el importe de la prestación a ingresar, lo que se notificará a las partes, requiriendo el secretario a la condenada para que lo ingrese en el plazo de diez días.

TÍTULO II. De la ejecución provisional

CAPÍTULO I. De las sentencias condenatorias al pago de cantidades

Artículo 289. Abono de anticipos.– 1. Cuando el trabajador tuviere a su favor una sentencia en la que se hubiere condenado al empresario al pago de una cantidad y se interpusiere recurso contra ella, tendrá derecho a obtener anticipos a cuenta de aquélla, garantizando el Estado su reintegro y realizando, en su caso, su abono, en los términos establecidos en esta Ley.

2. El anticipo alcanzará, como máximo total, hasta el 50 por ciento del importe de la cantidad reconocida en la sentencia, pudiendo abonarse en períodos temporales durante la tramitación del recurso, desde la fecha de la solicitud y hasta que recaiga sentencia definitiva o por cualquier causa quede firme la sentencia recurrida.

3. La cantidad no podrá exceder anualmente del doble del salario mínimo interprofesional fijado para trabajadores mayores de dieciocho años, incluida la parte proporcional de gratificaciones extraordinarias, vigente durante su devengo.

Artículo 290. Ejecución provisional con cargo a cantidades consignadas.– 1. La ejecución provisional podrá instarse por la parte interesada ante el órgano judicial que dictó la sentencia. El solicitante asumirá, solidariamente con el Estado, la obligación de reintegro, cuando proceda, de las cantidades percibidas.

2. Si para recurrir la sentencia que provisionalmente se ejecute se hubiere efectuado consignación en metálico, mediante aval o por cualquier otro medio admitido, el secretario judicial dispondrá el anticipo con cargo a aquélla, garantizándose por el Estado la devolución al empresario, en su caso, de las cantidades que se abonen al trabajador.

Si el importe de la condena se hubiera garantizado mediante aval o por cualquier otro medio admitido, el secretario judicial, antes de disponer el anticipo prevenido en el párrafo anterior, requerirá a la empresa para que, en el plazo de cuatro días, proceda a consignar en metálico la cantidad a anticipar, disponiendo, luego de acreditada la consignación, la devolución del aval o del correspondiente medio de garantía inicialmente constituido, contra entrega simultánea del nuevo aval o medio de garantía por la menor cuantía relicta. En este supuesto regirá igualmente la garantía por el Estado en los términos establecidos en el párrafo anterior.

3. De no haber sido preceptivo consignar para recurrir, el anticipo se abonará al trabajador directamente por el Estado. En este supuesto, el secretario judicial notificará a la Abogacía del Estado testimonio suficiente de lo actuado y le requerirá para que el organismo gestor efectúe el abono al trabajador en el plazo de diez días.

Artículo 291. Confirmación de la sentencia recurrida.- 1. Si la sentencia impugnada queda firme, el trabajador tendrá derecho al percibo de la diferencia entre el importe de la condena y la cantidad anticipada, haciéndose efectiva con cargo a la consignación, si de ella se hubiera detraído el anticipo.

2. De haberse efectuado el anticipo por el Estado, el trabajador podrá reclamar la diferencia al empresario, y el Estado se subrogará en los derechos de aquél frente al empresario por el importe de la cantidad anticipada.

Artículo 292. Revocación de la sentencia recurrida.- 1. Si la sentencia impugnada fuera revocada por el tribunal superior y el trabajador resultare deudor en todo o en parte de la cantidad anticipada, habrá de reintegrar esta cantidad al empresario si se hubiera detraído el anticipo de la consignación, quedando en este caso el Estado responsable solidario con el trabajador respecto del empresario.

2. Cuando el Estado hubiera abonado directamente el anticipo o, en virtud de la responsabilidad solidaria contraída, hubiera respondido

frente al empresario, aquél podrá reclamar al trabajador el reintegro de la cantidad anticipada.

Artículo 293. Incumplimiento de la obligación de reintegro por el trabajador.– 1. Si se incumple la obligación de reintegro, será título bastante para iniciar la ejecución destinada a hacerla efectiva la resolución firme en que se acordaba la ejecución provisional junto con la certificación, librada por el secretario judicial o por el organismo gestor, en la que se determinaran las cantidades abonadas.

2. Cuando la realización forzosa inmediata de la cantidad adeudada pudiera causar perjuicio grave al trabajador, el juez podrá conceder aplazamiento hasta por un año de la obligación de pago, adoptando las medidas de aseguramiento oportunas para garantizar la efectividad de la ejecución.

CAPÍTULO II. De las sentencias condenatorias en materia de Seguridad Social

Artículo 294. Ejecución provisional de la sentencia condenatoria al pago de prestaciones de pago periódico de Seguridad Social.– 1. Las sentencias recurridas, condenatorias al pago de prestaciones de pago periódico de Seguridad Social, serán ejecutivas, quedando el condenado obligado a abonar la prestación, hasta el límite de su responsabilidad, durante la tramitación del recurso.

2. Si la sentencia favorable al beneficiario fuere revocada, en todo o en parte, no estará obligado al reintegro de las cantidades percibidas durante el período de ejecución provisional y conservará el derecho a que se le abonen las prestaciones devengadas durante la tramitación del recurso y que no hubiere aún percibido en la fecha de firmeza de la sentencia, sin perjuicio de lo dispuesto en las letras c) y d) del apartado 2 del artículo 230.

Artículo 295. Ejecución de sentencias condenatorias al pago de prestaciones de pago único.– El beneficiario de prestaciones del régimen público de la Seguridad Social que tuviera a su favor una sentencia recurrida en la que se hubiere condenado al demandado al pago de una prestación de pago único, tendrá derecho a solicitar su ejecución provisional y obtener anticipos a cuenta de aquélla, en los términos establecidos en el Capítulo anterior.

Artículo 296. Ejecución provisional de sentencias condenatorias a obligaciones de hacer o no hacer en materia de Seguridad Social.– A petición del beneficiario favorecido por ellas, el juez o la Sala, ponderando las circunstancias concurrentes, podrá acordar también la ejecución provisional, sin exigencia de fianza, de las sentencias condenatorias a obligaciones de hacer o no hacer en materia de Seguridad Social.

CAPÍTULO III. De las sentencias de despido

Artículo 297. Ejecución provisional de la sentencia que declare la improcedencia o nulidad del despido.– 1. Cuando en los procesos donde se ejerciten acciones derivadas de despido o de decisión extintiva de la relación de trabajo la sentencia declare su improcedencia y el empresario que hubiera optado por la readmisión interpusiera alguno de los recursos autorizados por la Ley, éste vendrá obligado, mientras dure la tramitación del recurso, a satisfacer al recurrido la misma retribución que venía percibiendo con anterioridad a producirse aquellos hechos y continuará el trabajador prestando servicios, a menos que el empresario prefiera hacer el abono aludido sin compensación alguna.

Lo anteriormente dispuesto también será aplicable cuando, habiendo optado el empresario por la readmisión, el recurso lo interpusiera el trabajador.

2. La misma obligación tendrá el empresario si la sentencia hubiera declarado la nulidad del despido o de la decisión extintiva de la rela-

ción de trabajo; sin perjuicio de las medidas cautelares que pudieran adoptarse, en especial para la protección frente al acoso, en los términos del apartado 4 del artículo 180.

3. Si el despido fuera declarado improcedente y la opción, correspondiente al trabajador, se hubiera producido en favor de la readmisión, se estará a lo dispuesto por el apartado 1 de este artículo.

4. En los supuestos a que se refieren los apartados anteriores se suspenderá el derecho a la prestación por desempleo en los términos previstos en el Texto Refundido de la Ley General de la Seguridad Social, aprobado por el Real Decreto Legislativo 1/1994, de 20 de junio.

Artículo 298. Petición de ejecución provisional por parte del trabajador.– Si en virtud de lo dispuesto en el artículo anterior se presentase petición del trabajador, por escrito o por comparecencia, con el fin de exigir del empresario el cumplimiento de aquella obligación o solicitud de éste para que aquél reanude la prestación de servicios, el juez o Sala, oídas las partes, resolverá lo que proceda.

Artículo 299. Incumplimiento del trabajador del requerimiento empresarial de readmisión.– El incumplimiento injustificado por parte del trabajador del requerimiento empresarial de reanudación de la prestación de servicios acarreará la pérdida definitiva de los salarios a que se refieren los artículos anteriores.

Artículo 300. Revocación de la sentencia favorable al trabajador.– Si la sentencia favorable al trabajador fuere revocada en todo o en parte, éste no vendrá obligado al reintegro de los salarios percibidos durante el período de ejecución provisional y conservará el derecho a que se le abonen los devengados durante la tramitación del recurso y que no hubiere aún percibido en la fecha de la firmeza de la sentencia.

Artículo 301. Anticipos reintegrables.– En los casos en que no proceda la aplicación de las normas de ejecución provisional establecidas en este Capítulo, si concurren los presupuestos necesarios, podrán concederse anticipos reintegrables, en los términos establecidos en esta Ley, cuando la sentencia recurrida declare la nulidad o improcedencia del despido o de las decisiones extintivas de las relaciones de trabajo.

Artículo 302. Despido de representante de los trabajadores.– Cuando el despido o la decisión extintiva hubiera afectado a un representante legal de los trabajadores o a un representante sindical y la sentencia declarara la nulidad o improcedencia del despido, con opción, en este último caso por la readmisión, el órgano judicial deberá adoptar, en los términos previstos en el párrafo c) del artículo 284 las medidas oportunas a fin de garantizar el ejercicio de sus funciones representativas durante la sustanciación del correspondiente recurso.

CAPÍTULO IV. De las sentencias condenatorias recaídas en otros procesos

Artículo 303. Ejecución provisional de sentencias dictadas en otras modalidades procesales.– 1. Las sentencias que recaigan en los procesos de conflictos colectivos, en los de impugnación de los convenios colectivos y en los de tutela de la libertad sindical y demás derechos fundamentales y libertades públicas, serán ejecutivas desde que se dicten, según la naturaleza de la pretensión reconocida, no obstante el recurso que contra ellas pudiera interponerse y sin perjuicio de las limitaciones que pudieran acordarse para evitar o paliar perjuicios de imposible o difícil reparación.

2. En las sentencias recaídas en procesos seguidos en impugnación de actos administrativos en materia laboral, sindical y seguridad social podrá acordarse la ejecución provisional, salvo que la misma sea susceptible de producir situaciones irreversibles o perjuicios de difícil reparación. En materia de prestaciones de Seguridad Social se estará a su normativa específica.

3. De ser recurrida por el empresario la sentencia que acuerde la extinción del contrato de trabajo a instancia del trabajador con fundamento en el artículo 50 del Estatuto de los Trabajadores, el trabajador podrá optar entre continuar prestando servicios o cesar en la prestación en cumplimiento de la sentencia, quedando en este último caso en situación de desempleo involuntario desde ese momento, sin perjuicio de las medidas cautelares que pudieran adoptarse. La opción deberá ejercitarse mediante escrito o comparecencia ante la oficina judicial, dentro del plazo de cinco días desde la notificación de que la empresa ha recurrido. Si la sentencia fuera revocada, el empresario deberá comunicar al trabajador, dentro del plazo de diez días a partir de su notificación, la fecha de reincorporación, para efectuarla en un plazo no inferior a los tres días siguientes a la recepción del escrito. Si el trabajador no se reincorporase quedará extinguido definitivamente el contrato, siguiéndose en otro caso los trámites de los artículos 278 y siguientes, si la sentencia hubiese ganado firmeza.

En este caso y a efectos del reconocimiento de un futuro derecho a la protección por desempleo, el período al que se refiere el párrafo anterior se considerará de ocupación cotizada.

CAPÍTULO V. Normas comunes a la ejecución provisional

Artículo 304. Competencia, medidas cautelares e impugnación de la ejecución provisional.– 1. La ejecución provisional de resoluciones judiciales se despachará y llevará a cabo por el juzgado o tribunal que haya dictado, en su caso, la resolución a ejecutar y las partes dispondrán de los mismos derechos y facultades procesales que en la ejecución definitiva.

2. No obstante lo dispuesto en el número anterior, el juez o tribunal, en cualquier momento, a instancia de la parte interesada o de oficio, podrá adoptar las medidas cautelares que sean pertinentes para asegurar, en su caso, la ejecución de la sentencia y en garantía y de

fensa de los derechos afectados atendiendo a los criterios establecidos en el artículo 79.

3. Frente a las resoluciones dictadas por el juez o tribunal en ejecución provisional, sólo procederá el recurso de reposición, salvo cuando en el auto se adopte materialmente una decisión comprendida fuera de los límites de la ejecución provisional o se declare la falta de jurisdicción o competencia del orden jurisdiccional social en que procederá recurso de suplicación o, en su caso, de casación ordinaria, conforme a las normas generales de tales recursos.

4. Frente a las resoluciones dictadas por el secretario judicial en ejecución provisional procederá recurso de reposición, salvo que fueren directamente recurribles en revisión.

Artículo 305. Aplicación de las normas de la Ley de Enjuiciamiento Civil.– Las sentencias favorables al trabajador o beneficiario que no puedan ser ejecutadas provisionalmente conforme a esta Ley podrán serlo en la forma y condiciones establecidas en la legislación procesal civil[132].

Disposición adicional primera. Especialidades procesales.– Al proceso social le serán de aplicación las especialidades procesales contempladas en la Ley 52/1997, de 27 de noviembre, de Asistencia Jurídica al Estado y otras Instituciones públicas, en los casos y términos previstos por dicha Ley y por la normativa que la complementa y desarrolla.

Disposición adicional segunda. Autorización de actuaciones a entidades públicas o privadas.– El Gobierno, previo informe del Consejo General del Poder Judicial, podrá autorizar a entidades públicas o privadas, que reúnan las garantías que se establezcan, la realización de las actuaciones materiales relativas al depósito, conservación, trans-

---

[132] Arts. 524 ss. LEC.

porte, administración, publicidad y venta de los bienes judicialmente embargados.

Disposición adicional tercera. Aplicación de la Ley 22/2003, de 9 de julio, Concursal.– Las disposiciones de la presente Ley no resultarán de aplicación en las cuestiones litigiosas sociales que se planteen en caso de concurso y cuya resolución corresponda al juez del concurso conforme a la Ley 22/2003, de 9 de julio, Concursal, con las excepciones expresas que se contienen en dicha Ley[133].

Disposición transitoria primera. Normas aplicables a los procesos en tramitación.– 1. Los procesos que se inicien en instancia a partir de la vigencia de la presente Ley se regirán en todas sus fases e incidencias por lo dispuesto en la misma.

2. Los procesos iniciados con anterioridad a la vigencia de esta Ley cuya tramitación en instancia no haya concluido por sentencia o resolución que ponga fin a la misma, continuarán sustanciándose por la normativa procesal anterior hasta que recaiga dicha sentencia o resolución, si bien en cuanto a los recursos contra resoluciones interlocutorias o no definitivas se aplicará lo dispuesto en esta Ley.

Disposición transitoria segunda. Normas aplicables en materia de recursos y ejecución forzosa de sentencias dictadas a partir de la entrada en vigor de la Ley.– 1. Las sentencias y demás resoluciones que pongan fin a la instancia o al recurso, dictadas a partir de la vigencia de esta Ley, se regirán por lo dispuesto en ella, en cuanto al régimen de recursos y demás medios de impugnación contra las mismas, así como en cuanto a su ejecución provisional y definitiva.

2. Las sentencias y demás resoluciones que hayan puesto fin a la instancia o al recurso con anterioridad a la vigencia de esta Ley se regirán, en cuanto al régimen de recursos de suplicación, casación y

---

133 Véanse arts. 53, 136 ss., 169 ss. y 551 vigente LC.

demás medios de impugnación, por lo dispuesto en la legislación procesal anterior, hasta la conclusión del recurso o medio de impugnación correspondiente, rigiéndose no obstante su ejecución provisional por la presente Ley.

3. Los recursos de suplicación y casación que se encuentren en trámite a la entrada en vigor de esta Ley se seguirán sustanciando por la legislación anterior hasta su resolución, aplicándose a la misma en lo sucesivo el régimen de recursos de la nueva legislación.

Disposición transitoria tercera. Ejecución de sentencias y demás títulos ejecutivos. Medidas cautelares.– La presente Ley será de aplicación a la ejecución de las sentencias y demás títulos que lleven aparejada ejecución, incluidas las que se encuentren en trámite, siendo válidas las actuaciones, incluidas las medidas cautelares, realizadas al amparo de la legislación anterior.

Disposición transitoria cuarta. Competencia del orden jurisdiccional social.– El orden jurisdiccional social conocerá de los procesos de impugnación de actos administrativos dictados a partir de la vigencia de esta Ley en materia laboral, sindical y de seguridad social, cuyo conocimiento se atribuye por la misma al orden jurisdiccional social.

Disposición transitoria quinta. Reclamaciones al Fondo de Garantía Salarial efectuadas al amparo de la disposición transitoria tercera de la Ley 35/2010, de 17 de septiembre, de medidas urgentes para la reforma del mercado de trabajo.– En las reclamaciones al Fondo de Garantía Salarial efectuadas al amparo de la disposición transitoria tercera de la Ley 35/2010, de 17 de septiembre, de medidas urgentes para la reforma del mercado de trabajo, serán de aplicación las previsiones incluidas en el apartado 2 del artículo 23 y en el apartado 1 del artículo 70.

Disposición derogatoria única. Derogación de normas.– Queda derogado el Real Decreto Legislativo 2/1995, de 7 de abril, por el que se aprueba el Texto Refundido de la Ley de Procedimiento Laboral, así como todas las normas de igual o inferior rango en cuanto se opongan a la presente Ley.

Disposición final primera. Modificación de la disposición adicional decimoséptima del Estatuto de los Trabajadores.– Se da nueva redacción a la disposición adicional decimoséptima del Texto Refundido de la Ley del Estatuto de los Trabajadores, aprobado por el Real Decreto Legislativo 1/1995, de 24 de marzo, que queda redactada del modo siguiente:

> «Disposición adicional decimoséptima. Discrepancias en materia de conciliación.
>
> Las discrepancias que surjan entre empresarios y trabajadores en relación con el ejercicio de los derechos de conciliación de la vida personal, familiar y laboral reconocidos legal o convencionalmente se resolverán por la jurisdicción competente a través del procedimiento establecido en el artículo 139 de la Ley Reguladora de la Jurisdicción Social.»

Disposición final segunda. Modificación de la regulación del trabajo autónomo económicamente dependiente.– Se añaden un artículo 11 bis y una disposición transitoria cuarta y se modifican los artículos 12 y 17 de la Ley 20/2007, de 11 de julio, del Estatuto del trabajo autónomo, en los términos siguientes:

Uno. Se añade un nuevo artículo 11 bis con la siguiente redacción:

> «Artículo 11 bis. Reconocimiento de la condición de trabajador autónomo económicamente dependiente.
>
> El trabajador autónomo que reúna las condiciones establecidas en el artículo anterior podrá solicitar a su cliente la formalización de un contrato de trabajador autónomo económicamente dependiente a través de una comunicación fehaciente.

En el caso de que el cliente se niegue a la formalización del contrato o cuando transcurrido un mes desde la comunicación no se haya formalizado dicho contrato, el trabajador autónomo podrá solicitar el reconocimiento de la condición de trabajador autónomo económicamente dependiente ante los órganos jurisdiccionales del orden social. Todo ello sin perjuicio de lo establecido en el apartado 3 del artículo 12 de la presente Ley.

En el caso de que el órgano jurisdiccional del orden social reconozca la condición de trabajador autónomo económicamente dependiente al entenderse cumplidas las condiciones recogidas en el artículo 11 apartados 1 y 2, el trabajador solo podrá ser considerado como tal desde el momento en que se hubiere recibido por el cliente la comunicación mencionada en el párrafo anterior. El reconocimiento judicial de la condición de trabajador autónomo económicamente dependiente no tendrá ningún efecto sobre la relación contractual entre las partes anterior al momento de dicha comunicación.»

Dos. Se modifican los apartados 1 y 4 del artículo 12, que quedan redactados del siguiente modo:

«Artículo 12. Contrato.

1. El contrato para la realización de la actividad profesional del trabajador autónomo económicamente dependiente celebrado entre éste y su cliente se formalizará siempre por escrito y deberá ser registrado en la oficina pública correspondiente. Dicho registro no tendrá carácter publico.»

«4. Cuando el contrato no se formalice por escrito o no se hubiera fijado una duración o un servicio determinado, se presumirá, salvo prueba en contrario, que el contrato ha sido pactado por tiempo indefinido.»

Tres. Se modifica el apartado 1 del artículo 17, que queda redactado de la siguiente forma:

«1. Los órganos jurisdiccionales del orden social serán los competentes para conocer las pretensiones derivadas del contrato celebrado entre un trabajador autónomo económicamente dependiente y su cliente, así como para las solicitudes de reconocimiento de la condición de trabajador autónomo económicamente dependiente.»

Cuatro. Se añade una disposición transitoria cuarta con la redacción siguiente:

«Disposición transitoria cuarta. Régimen transitorio del reconocimiento previsto en el artículo 11 bis.

El reconocimiento de la condición de trabajador autónomo económicamente dependiente previsto en el artículo 11 bis de esta Ley, sólo podrá producirse para las relaciones contractuales entre clientes y trabajadores autónomos que se formalicen a partir de la entrada en vigor de la Ley reguladora de la jurisdicción social.»

Disposición final tercera. Título competencial.– Esta Ley se dicta al amparo de la competencia exclusiva del Estado en materia de legislación procesal, de acuerdo con lo dispuesto en el artículo 149.1.6º de la Constitución.

Disposición final cuarta. Normas supletorias.– En lo no previsto en esta Ley regirá como supletoria la Ley de Enjuiciamiento Civil y, en los supuestos de impugnación de los actos administrativos cuya competencia corresponda al orden social, la Ley de la Jurisdicción Contencioso-Administrativa, con la necesaria adaptación a las particularidades del proceso social y en cuanto sean compatibles con sus principios.

Disposición final quinta. Sistema de valoración de daños derivados de accidentes de trabajo y de enfermedades profesionales.– En el plazo de seis meses a partir de la entrada en vigor de esta Ley, el Gobierno adoptará las medidas necesarias para aprobar un sistema de valoración de daños derivados de accidentes de trabajo y de enfermedades profesionales, mediante un sistema específico de baremo de indemnizaciones actualizables anualmente, para la compensación objetiva de dichos daños en tanto las víctimas o sus beneficiarios no acrediten daños superiores.

Disposición final sexta. Habilitación al Gobierno para la modificación de cuantías.– 1. El Gobierno, previo informe del Consejo General del Poder Judicial y audiencia del Consejo de Estado, podrá modificar la cuantía que establece esta Ley para la procedencia del recurso de suplicación y, en su caso, de casación ordinaria.

2. Igualmente, y tras los informes mencionados, podrá modificar las cantidades que se establecen en esta Ley respecto de los honorarios de los letrados y graduados sociales colegiados de la parte recurrida en caso de desestimación del recurso, de las sanciones pecuniarias y multas, y de la cuantía de los depósitos para recurrir en suplicación, casación y revisión y, en general, de cualquier importe con trascendencia procesal que pudiere venir establecido en la normativa procesal social, incluido el fijado para el acceso al proceso monitorio.

Disposición final séptima. Entrada en vigor.– La presente Ley entrará en vigor a los dos meses de su publicación en el «Boletín Oficial del Estado».

ÍNDICE ANALÍTICO

tirant PRIME

Inteligencia jurídica
en expansión

Trabajamos para
mejorar el día a día
del **operador jurídico**

Adéntrese en el universo
de **soluciones jurídicas**

atencionalcliente@tirantonline.com

prime.tirant.com/es/